名人的青少年时代

许德林　编著

吉林人民出版社

图书在版编目(CIP)数据

名人的青少年时代 / 许德林编著. -- 长春：吉林人民出版社, 2012.4
(看世界丛书)
ISBN 978-7-206-08781-3

Ⅰ.①名… Ⅱ.①许… Ⅲ.①名人 – 生平事迹 – 世界 – 青年读物②名人 – 生平事迹 – 世界 – 少年读物 Ⅳ.①K811-49

中国版本图书馆 CIP 数据核字(2012)第 071027 号

名人的青少年时代
MINGREN DE QINGSHAONIAN SHIDAI

编　　著：许德林
责任编辑：韩春娇　　　　　　封面设计：七　洱
吉林人民出版社出版 发行（长春市人民大街7548号 邮政编码:130022）
印　　刷：北京市一鑫印务有限公司
开　　本：670mm×950mm　1/16
印　　张：13.5　　　　　　　字　　数：200千字
标准书号：ISBN 978-7-206-08781-3
版　　次：2012年7月第1版　　印　　次：2021年8月第2次印刷
定　　价：48.00元

如发现印装质量问题，影响阅读，请与出版社联系调换。

目录 CONTENTS 1

阿基米德	001
阿拉法特	002
艾森豪威尔	004
爱迪生	005
爱因斯坦	006
安　培	008
安徒生	009
奥巴马	011
奥黛丽·赫本	013
奥纳西斯	014
奥斯特洛夫斯基	016
巴　顿	018
巴尔扎克	019
巴甫洛夫	021
巴　赫	022
柏拉图	024
拜　伦	025
贝　尔	027
贝多芬	028
本　田	030
比尔·盖茨	032
毕加索	033
玻利瓦尔	035
布莱叶	036
柴可夫斯基	038
车尔尼雪夫斯基	039
达·芬奇	041
达尔文	042
戴高乐	044
戴　维	045
但　丁	047
道尔顿	048
邓　肯	050
狄更斯	051
迪士尼	052
笛　福	054

目录 CONTENTS 2

笛卡儿……………………055
多萝西娅·兰格…………057
恩格斯……………………058
法布尔……………………060
法拉第……………………062
范思哲……………………063
费雯·丽…………………064
弗洛伊德…………………066
伏尔泰……………………067
福楼拜……………………069
福　特……………………070
富尔顿……………………072
富兰克林…………………073
伽利略……………………075
甘　地……………………076
高尔基……………………078
高　更……………………079
高　斯……………………081
哥白尼……………………082
哥伦布……………………084
歌　德……………………085
格林兄弟…………………087
顾拜旦……………………088
海伦·凯勒………………090
海明威……………………091
海　涅……………………093
黑格尔……………………094
华盛顿……………………096
惠特曼……………………097
霍　金……………………099
嘉　宝……………………100
焦　耳……………………102
居里夫人…………………103
卡夫卡……………………105
卡内基……………………106
开普勒……………………107

目录 CONTENTS 3

凯瑟琳·格雷厄姆	109
凯瑟琳·赫本	110
克拉克·盖博	112
拉斐尔	114
莱特兄弟	115
李斯特	117
列　宾	119
列　宁	120
林　肯	122
卢　梭	123
路易·巴斯德	125
罗　丹	126
罗斯福	128
马丁·路德·金	130
马可·波罗	131
马可尼	132
马克·吐温	134
马克思	135
麦克斯韦	137
曼德拉	138
门捷列夫	140
米开朗琪罗	141
米　勒	143
米丘林	144
莫里哀	145
莫扎特	147
拿破仑	149
南丁格尔	150
牛　顿	152
诺贝尔	153
欧　拉	155
帕格尼尼	156
帕瓦罗蒂	158
培　根	159
皮尔·卡丹	161
普鲁斯特	162

目录 CONTENTS 4

普希金……………………164
契诃夫……………………165
琴　纳……………………167
琼·克劳馥………………169
丘吉尔……………………170
塞万提斯…………………172
莎士比亚…………………173
舒伯特……………………175
司汤达……………………176
乔治·斯蒂芬孙…………178
松下幸之助………………179
苏格拉底…………………181
泰戈尔……………………182
特里萨嬷嬷………………183
提　香……………………185
托尔斯泰…………………186
陀思妥耶夫斯基…………188
瓦　特……………………189
乌兰诺娃…………………191
香奈儿……………………192
萧伯纳……………………194
小林多喜二………………195
肖　邦……………………197
秀兰·邓波儿……………198
亚里士多德………………199
易卜生……………………201
英迪拉·甘地……………202
雨　果……………………204
约瑟夫·普利策…………205
卓别林……………………207
左　拉……………………208

阿基米德

阿基米德（前287—前212）是西西里岛叙拉古人的后代，父亲是天文学家兼数学家，学识渊博，为人谦逊。

他11岁时，借助与王室的关系，被送到古希腊文化中心亚历山大里亚城，跟随欧几里得的学生埃拉托塞和卡农学习，后来他和亚历山大的学者保持着紧密联系，因此他算是亚历山大学派的成员。阿基米德在这里学习和生活了许多年，他在学习期间对数学、力学和天文学有着浓厚的兴趣。他在学习天文学时，发明了用水力推动的星球仪，并用它模拟太阳、行星和月亮的运行及表演日食和月食现象。为解决用尼罗河水灌溉土地的难题，他发明了圆筒状的螺旋扬水器，后人称它为"阿基米德螺旋"。

毕业后阿基米德回到了叙拉古。那时希耶隆二世制造了一顶金王冠，但是，他总是怀疑金匠偷了他的黄金而在王冠中掺了银。于是，他请来阿基米德鉴定，条件是不许弄坏王冠。当时，人们并不知道不同的物质有不同的比重，阿基米德冥思苦想了好多天，也没有想出好的办法。有一天他去洗澡，刚躺进盛满温水的浴盆时，水便漫溢出来了，而他则感到自己的身体在微微上浮。于是他忽然想到，相同重量的物体，由于体积的不同，排出的水量也不同……他不再洗澡，从浴盆中跳出来，一丝不挂地从大街上跑回家。当他的仆人气喘吁吁地追回家时，阿基米德已经在做实验了。他把王冠放到盛满水的盆中，量出溢出的水，又把同样重量的纯金放到盛满水的盆中，但溢出的水比刚才溢出的少，于是，他判断出金匠在王冠中掺了银子。由此，他发现了浮力原理，并在名著《论浮体》中记载了这个原理，人们今天称之为阿基米德原理。

在埃及公元前1500年左右，就有人用杠杆来抬起重物了，不过人们不知道它的道理。阿基米德潜心研究了这个现象并发现了杠杆原理。他推断说，只要能够取得适当的杠杆长度，任何重量都可以用很小的力量举起来。他曾经说过这样的豪言壮语:"给我一个支点,我就能撬动地球。"叙拉古国王听说后,不客气地说道:"你这种话等于白说,因为你不可能去证明它。""那是因为我无法到地球以外去站着,否则它就会被证明出来。不过可以找一个比较重的东西代替地球。""那行啊!在我的船队里,就有一艘三桅的新船,它正在沙滩上放着等着你一个人去把它送进大海呢!"

阿基米德要独自一人挪动大船的消息很快传开了。那一天围观的人多得一眼望不到头。阿基米德不慌不忙地来到了大船边,指挥人把一个螺旋似的东西固定在船坞上,然后将一套套的绳索和轮子从大船连到了这个螺杆上。等那些人把这一切都忙完以后,阿基米德双手摇着手柄,大船终于缓慢地离开了造船架,一点点地向大海挪动了。突然阿基米德停了下来,他向国王招了招手,示意国王来试一试,国王会意地来到了阿基米德身旁,阿基米德让他握住手柄,国王在阿基米德的指导下摇了摇手柄,并没用多大的力气,船就动起来了。

人群更是兴奋不已了,国王放下了手中的手柄,举着阿基米德的手说:"大家听着,从今以后,阿基米德说什么大家都要相信。"

阿拉法特

阿拉法特(1929—2004)的全名是:拉赫曼·阿卜杜勒·拉乌夫·阿拉法特·古德瓦·侯赛尼。出生在耶路撒冷一个地地道道的巴勒斯坦家庭里。阿拉法特只有4岁的时候,他的母亲就离开了人世。

阿拉法特从7岁起开始上学。他聪明过人,理解能力很强,深得老师的喜爱。他的老师为纪念死去的战友亚西尔,便给他改名为亚西尔·阿拉法特,激励他长大继承巴勒斯坦革命先辈的遗志,完成他们未竟的事业。

阿拉法特小时候是一个聪明勇敢的少年。他经常模仿军人的动作,做一些带有军事色彩的儿童游戏。他是个"孩子王",放学之后便把小伙伴们集中起来进行操练。他手里拿着一根指挥棒,俨然一个指挥员,向小朋友们发布命令。当大姐英阿姆看到这一情景时,便亲切地叫他"将军"。"训练"结束后,阿拉法特把大姐给他的糖果分给小伙伴们吃。有时候,阿拉法特在院子里搭上一顶帐篷,晚上就睡在里面,体验军人的生活。

随着岁月的流转,阿拉法特不断成长,逐渐成为一个富有强烈爱国主义思想和正义感的青年,较早地参加了反对殖民主义、争取民族独立的学生运动。

1950年,阿拉法特进入开罗大学土木工程系学习。在这段时间里,他结识了埃及自由军官组织集团中的一些成员,并成为纳赛尔的崇拜者。1952年上半年,阿拉法特当选为巴勒斯坦学生联合会主席。从此他投身于争取恢复巴勒斯坦人民合法民族权利的正义事业中。

长期以来,阿拉法特在自己的祖国没有安身立足之地,为了巴勒斯坦事业只好四处奔波。他是世界上空中飞行最多的领袖人物,被称为"空中总统"。在谈到这个问题时,他曾这样说:"我这一辈子在飞机上的时间比在地面上的还多。因此,飞机既是我的祖国,又是我的坟墓。"

自第二次世界大战以来,巴勒斯坦地区成为世界有名的"火药库",爆发了4次中东战争。阿拉法特参加了这4次中东战争。他不仅是这些战争的直接参与者,也是这段历史的见证人。

后来阿拉法特由空中总统变为"笼中鸟",失去了行动自由,他被软禁在位于约旦河西岸城市拉马拉的官邸中。这座官邸多次遭以色列空袭、炮击和坦克破坏,到处是断壁残垣和碎石瓦砾。阿拉法特的活动空间很小,除了办公和会客外,他还住在这里。

和平是阿拉法特一生的追求。阿拉法特曾有一句名言:"我带着橄榄枝和自由战士的枪来到这里,请不要让橄榄枝从我手中落下。"为了表彰阿拉法特为和平做出的贡献,1993年9月,联合国教科文组织授予他"博瓦尼和平奖"。1994年,阿拉法特与以色列总理拉宾和外长佩雷斯一起获得诺贝尔和平奖。

艾森豪威尔

艾森豪威尔（1890—1969）出生于美国得克萨斯州的丹尼森。他自幼家境贫寒，其他的6个兄弟都没有受过高等教育。

1911年，艾森豪威尔报考美国海军学院，却因超龄而未被录取，后经该州参议员推荐，进入美国西点军校。西点军校这一届毕业生将星闪耀，168名毕业生中有56人晋升为将军，因此被称为"将星云集之班"。艾森豪威尔1915年从西点军校毕业并获得少尉军衔。

艾森豪威尔的母亲是一个和平主义者，她不愿让自己的儿子从军，却又不便阻拦。

但是，19世纪末期美洲的战事不断，从军对于年轻人来说是一件神圣而新鲜的事，许多同学都去法国参战了，他却被留在国内从事训练工作，赴得克萨斯州圣安东尼奥任职。1916年艾森豪威尔晋升为少校。他创办了美国陆军的第一所战车训练营。

巴拿马地区司令康纳少将看中了这位年轻人的军事才华，便邀请他到巴拿马服役。在巴拿马服役的3年中，他受到了康纳的特殊栽培，军事知识和技能大有长进。后来，康纳又保送他进入陆军指挥参谋学院受训。艾森豪威尔学习认真，训练刻苦，于1926年以全校第一名的成绩毕业。毕业后，又经康纳介绍而赴法国进行战场考察。1927—1928年，艾森豪威尔在陆军军事学院深造，之后任陆军部助理部长办公室任职。

艾森豪威尔是格兰特总统之后第二位职业军人出身的总统。在美军历史上，他是一个充满戏剧性的传奇人物。曾获得很多个第一。在美军历史上，共授予10名五星上将，艾森豪威尔晋升得"第一快"；他出身"第一穷"；他是美军统率最大战役行动的第一人；他第一个担任北大西洋公约组织盟军最高统帅；他是美军退役高级将领担任哥伦比亚大学校长的第一人；他的前途是"第一大"——唯一的一个当上总统的五星上将。

艾森豪威尔是个戎马半生、战功卓著的美国总统。现代战争需要各方面的知识和人才，要使各方面的作用充分发挥，而不互相摩擦、自我消耗，就要有人从中协调。艾森豪威尔在具体战役指挥上可能不如巴顿、蒙哥马利，但在协调各方面关系上极具才能。他以坚定、镇静而又平等待人的态度赢得了广泛的信赖和支持。他还善于发现人才，所以蒙哥马利、巴顿、范佛里特等一大批名将，都能为他所用。

爱 迪 生

爱迪生（1847—1931）生于美国中西部俄亥俄州的米兰小市镇。父亲是荷兰人的后裔，母亲曾当过小学教师，是苏格兰人的后裔。

爱迪生7岁时，父亲经营屋瓦生意亏本，将全家搬到密歇根州休伦北郊的格拉蒂奥特堡定居下来。搬到这里不久，爱迪生就患了猩红热，病了很长时间，人们认为这种疾病是造成他耳聋的原因。

爱迪生8岁上学，但仅仅读了3个月的书，就被老师斥为"低能儿"而撵出校门。从此以后，他的母亲是他的"家庭教师"。由于母亲的良好的教育方法，使得他对读书产生了浓厚的兴趣，他不仅博览群书，而且一目十行，过目成诵。8岁时，他读了英国文艺复兴时期最重要的剧作家莎士比亚、狄更斯的著作和许多重要的历史书籍，到9岁时，他就能迅速读懂难度较深奥的书了，如帕克的《自然与实验哲学》。

爱迪生对于自然科学的最早兴趣是在化学方面。10岁时他就酷爱化学，他搜集了二百来个瓶子，并节省每个小钱去购买化学药品装入瓶中。11岁那年，他实验了他的第一份电报。为了赚钱购买化学药品和设备，他开始了工作。12岁的时候，他找到了在列车上售报的工作，辗转于休伦港和密歇根州的底特律之间。他一边卖报，一边兼做水果、蔬菜生意，只要有空他就到图书馆看书。

1861年美国爆发了南北战争，刚满14周岁的爱迪生买了一架旧印刷机，利用火车的便利条件，办了一份小报（周刊）——《先驱报》，来传递战况和沿途消息，第一期周刊就是在列车上印刷的。他一人兼任记者、编辑、排字、校对、印刷、发行的工作。小报受到欢迎，他也从紧张的工作中增长了才干、知识和经验，还挣了不少钱，得以继续进行化学试验。

后来爱迪生又在一个小站上找到了一份卖报的工作。有一天，一节混合列车上的货车脱了钩，不远处一个小男孩正在铁轨上玩耍。正在卖报的爱迪生一个箭步冲了上去，救出了男孩。小男孩的父亲是这个车站的站长，对此感恩戴德，但由于无钱可以酬报，愿意教他电报技术。发报技术在当时来说是十分先进的，爱迪生很快学会了这门技术。也因为这一门技术使爱迪生踏进了科学发明的门槛。

到1868年，他终于发明了一台自动电力记录器，这是他的第一个发明。后来他又发明了两种新型的电报机。1877年他发明了碳精电话送话器，使原有的电话声音更为清晰；此外他还发明了留声机。人们都称他为"魔术师"。

由于爱迪生的刻苦钻研，一生中他成功地获得了一千多项发明，因此而获得"发明大王"的称号。

爱因斯坦

爱因斯坦（1879—1955）生于德国乌尔姆一个经营电器作坊的小业主家庭，父母都是犹太人，父亲赫尔曼·爱因斯坦是一名成功的商人，母亲波林·科克是一位钢琴家。

爱因斯坦从小不很聪明，3岁时还不会说话，父母亲都为他着急，他们带他去医院检查，可医生也表示没有什么办法。就在父母忧心忡忡之中，爱因斯坦突然说话了。

6岁那年，父亲给爱因斯坦买了一个磁针，他一下子对这个东西发生了兴趣。他手里拿着罗盘左右地晃动，针也跟着他的晃动左右摇摆，但当一切都停止下来的时候，针还是指向原来的方向。"爸爸，这个针为什么老是指向那个方向呢？""那是磁力吸引的原因，因为磁力的吸引所以它老是指着北方。""什么是磁力呢？"父亲被爱因斯坦的问题给问住了。

爱因斯坦到了上学的年龄，父母就把他送进了附近的一家小学里去念书，在上小学一年级的时候，他碰到了一个很死板的老师，他经常要求学生背诵课文，背不下来的学生总是被罚，爱因斯坦因为拒绝背课文而经常受到惩罚。

10岁那年爱因斯坦进了路提波德中学，这所学校的纪律更加严明，要求学生绝对服从学校和老师的管教，爱因斯坦更感到压抑。他渴望能得到一点轻松的东西。有一天，他与叔叔雅哥布聊天，谈到了代数。

"究竟什么叫代数啊？"爱因斯坦问叔叔。

叔叔解释道："代数这个东西，就是懒鬼算术，凡是不知道的东西，都把它叫作X，然后我们一步步地来找X，一直到找到X为止，找到了X，我们的题目就解出来了。"

从此以后，爱因斯坦常常听叔叔讲趣味数学题，因此他对这种藏有X的数学开始着迷了，他一放学就一个人在自己的桌子上计算。

有一次他花了整整3个星期，终于把著名的毕达哥拉斯定理证明出来了。他把结果拿给叔叔看，把他的叔叔吓了一跳。他真没有想到爱因斯坦是这样好学和聪明。

这以后，他开始向别人借高等数学书来看了，在课堂上老师在上面讲初等数学，爱因斯坦却常常把自己在高等数学中遇到的问题请教老师，结果把老师搞得洋相百出。出了洋相的老师把他告到了校长那里，学校认为爱因斯坦故意顶撞老师，弄坏了班上的风气。为了不让再有第二个爱因斯坦出现，他们只好把这个"故意顶撞老师"的学生给开除了。

离开学校的爱因斯坦靠自学数学和物理考进了瑞士的苏黎世联

邦工业大学。进了大学以后，爱因斯坦本来是想按照父亲的意愿选修电机工程的，后来他考虑再三，觉得它不合自己的兴趣，又改读了物理学。

大学毕业后的两年里，爱因斯坦一直都没找到工作，后来在他大学时代的朋友格罗斯曼的介绍下，才在瑞士的首都伯尔尼的专利局找到了一份工作。在伯尔尼9年里，他获得了一生中最大的成就，那就是1905年，他冲破了常规，创立了狭义相对论。1916年他又在狭义相对论的基础上创立了广义相对论。

为此，人们把20世纪上半叶看作是阿尔伯特·爱因斯坦的时代。由于在物理学上的卓越贡献，1921年，爱因斯坦获得了诺贝尔物理学奖。

安　培

安德烈·玛丽·安培（1775—1836）生于里昂一个富商家庭，他父亲受卢梭的教育思想影响很深，决定让安培自学，经常带他到图书馆看书。

安培小时候记忆力极强，数学才能出众。他在父亲的引导下，自学了《科学史》《百科全书》等著作。他对数学最着迷，13岁就发表了第一篇数学论文，论述了螺旋线。

1799年，24岁的安培在里昂的一所中学教数学。1802年2月，安培离开里昂去布尔格学院讲授物理学和化学，当年4月他发表了一篇论述赌博的数学理论，显露出深厚的数学根底，引起了社会上的注意。

安培后来应聘在拿破仑创建的法国公学任职。1808年任法国帝国大学总学监，1809年任巴黎工业大学数学教授。1814年当选为法国科学院院士。

安培最主要的成就是对电磁作用的研究。当时奥斯特发现电流磁效应的实验，引起了安培注意，使他长期信奉库仑关于电、磁没有关系的信条受到极大震动，他集中全部精力研究，两周后就提出了磁针转动方向和电流方向的关系及右手定则的报告，以后这个定则被命名为安培定则。

接着他又提出了电流方向相同的两条平行载流导线互相吸引，电流方向相反的两条平行载流导线互相排斥。对两个线圈之间的吸引和排斥也做了讨论。

安培还发现，电流在线圈中流动的时候表现出来的磁性和磁铁相似，创制出第一个螺线管，在这个基础上发明了探测和量度电流的电流计。

后来他又根据磁是由运动的电荷产生的这一观点，来说明地磁的成因和物质的磁性，提出了著名的分子电流假说。安培的分子电流假说，在当时物质结构知识甚少的情况下无法证实，它带有相当大的臆测成分；在今天已经了解到物质由分子组成，而分子由原子组成，原子中有绕核运动的电子，安培的分子电流假说有了实在的内容，已成为认识物质磁性的重要依据。

安培做了关于电流相互作用的四个精巧的实验，并运用高度的数学技巧总结出电流元之间作用力的定律，描述两电流元之间的相互作用同两电流元的大小、间距以及相对取向之间的关系。后来人们把这一定律称为安培定律。安培第一个把研究动电的理论称为"电动力学"，1827年，安培将他的电磁现象的研究综合在《电动力学现象的数学理论》一书中。这是电磁学史上一部重要的经典论著。为了纪念他在电磁学上的杰出贡献，电流的单位"安培"以他的姓氏命名。

安培在数学和化学方面也有不少贡献。他曾研究过概率论和积分偏微方程；他几乎与戴维同时认识元素氯和碘，导出过阿伏伽德罗定律，论证过恒温下体积和压强之间的关系，还试图寻找各种元素的分类和排列顺序关系。

安 徒 生

安徒生（1805—1875）的父亲是丹麦富恩岛欧登塞城的一

个穷鞋匠。据说他父母在结婚的时候,连一张床也买不起,只好把别人家放棺材的木架子抬来,钉上几块木板就算是新婚的床铺了。

安徒生出生以后,家里的生活更是贫穷了,为了能维持生计,父母努力干活,有时深更半夜父亲还在替别人缝补鞋子。

父母都觉得安徒生是一个聪明的孩子,于是就用他们辛苦挣来的钱送安徒生上学读书。安徒生的学习在班上十分出色,可是没过多久学校就倒闭了,他只好回到家里。不久父亲也得了一场大病,因无钱医治而去世了。父亲去世以后,为了生活,母亲只好忍痛把瘦小羞怯的儿子送到工厂里做童工。11岁的安徒生被沉重的活计累得头晕眼花,然而他的歌声救了他。有一次间歇时他唱起歌来,那清脆、响亮的歌声打破了工地的沉闷,工人们从此不再让他干活,只要他为大家唱歌。小安徒生心满意足,因为他向来就喜欢在大庭广众下表演,他甚至独自演起了威廉·莎士比亚的《麦克白》。一个工人对他说:"干吗你不去当演员?"

于是,当安徒生14岁受过坚信礼以后,他对母亲安排他做裁缝学徒的计划表现出惊人的执拗——他要去哥本哈根当演员。母亲开始不同意他去,在母亲的心里,哥本哈根是富人的天地,像安徒生这样的穷孩子是不能到那样的地方去的。但是安徒生决心已定,母亲没有办法,只好同意他的请求。

他刚来到哥本哈根的时候,找了许多剧院经理,可是没有一家剧院愿意让一个穷孩子登台表演。这时安徒生身边的钱已经用完了。没有办法,他只好到一家家具作坊去打工,干了几天,老板嫌他力气太小,又把他辞退了。

走投无路的安徒生只好在大街上睡觉,他把别人扔掉的报纸拿来当被子盖在身上。等到天亮的时候,他把一张张报纸叠起来,这时他意外地在报纸上看到了歌唱家西博尼的地址,于是他找到西博尼的家,请求西博尼教他唱歌。和安徒生一样是穷人出身的西博尼收留了安徒生,于是安徒生在西博尼家一边学唱歌,一边学文化。

半年后的一天,安徒生得了一场重感冒,等到他的感冒好了以后,声带却受到了很大的损伤,再也不能唱歌了,他不得不离开西博尼家的大门。

但是天无绝人之路,就在这时,一位诗人看上了他的勤奋精神,并决定帮助他。在这位诗人的接济下，他一边学习拉丁文，一边进行戏剧创作。

17岁那年，他写了悲剧《阿芙索尔》和《维木堡大盗》，《阿芙索尔》被一家文学刊物发表了，并受到了著名的文艺评论家拉贝克教授的赞赏。后来拉贝克和剧院的经理柯林为安徒生申请到了一笔学费，介绍他到一所教会学校去接受正规教育。在学校里，安徒生如饥似渴地阅读了莎士比亚、歌德、席勒、海涅、拜伦等人的作品，他在文学上的修养一下子得到了大大的提高。

从此以后，安徒生便走上了文学创作的道路，他创作了大量的游记、喜剧、诗歌和小说。1835年，安徒生出版了一部童话集。这本集子出版后，便受到了孩子们的喜爱，于是每逢圣诞节，他便为孩子们奉献一部童话，后来他的童话征服了全世界孩子们的心。

奥 巴 马

奥巴马（1961—）生于美国夏威夷，母亲是夏威夷大学东西方中心的一位19岁的大学生，是纯粹的白人女孩；父亲则是一个正在攻读计量经济学的硕士，是东西方中心里唯一的非洲学生。

在小奥巴马刚满1岁的时候，父亲就申请到了哈佛大学的博士奖学金，离开夏威夷前往波士顿，父母在他不满3岁的时候正式离婚。奥巴马6岁的时候，他的母亲与同在东西方中心的印尼留学生结婚。婚后便带着小奥巴马追随丈夫的足迹去了印尼。小奥巴马与继父相处了6年，他早期的人生哲学和为人处世之道，实际上很大程度上是受继父罗洛的影响。罗洛曾教给他：必须把自己变成一个强者，因为这是一个弱肉强食的社会。

奥巴马10岁的时候母亲再次离婚，母子俩回到了夏威夷，开始了地道的美国生活。

奥巴马的外祖父母虽然并不富裕，但还是把他送进了夏威夷最好的私立中学——普拉荷中学，可惜奥巴马却没能在这所精英学校里成为一个"好学生"。他在自传中坦承，自己在恣意放纵中度过了中学时代。"我在十几岁的时候是个瘾君子。当时，我与任何一个绝望的非洲裔青年一样，不知道生命的意义何在。"1979年，成绩一般却酷爱运动的奥巴马从中学毕业。

中学毕业后，经过一个偶然认识的同学的推荐，奥巴马来到了加州的私立大学西方学院读本科。二年级下半学期，他又是通过一个偶然的机会申请上了哥伦比亚大学。

奥巴马到哥大之后凭借自己的好强个性和从父母身上继承的优秀基因，从一个成绩平平的一般生变成了一个出色的优等生。奥巴马的大学时代并不总是阳光灿烂，实际上由于经济原因，他的居住环境非常不理想，地下室、枪声、死老鼠都留在他的记忆中。奥巴马形容那是"一段高强度的求学过程"。

从哥大毕业的时候，他没有像其他同学那样忙着寻找高薪工作或者进入法学院继续深造，却为了得到一份黑人社区的组织工作而四处投简历。可能没人相信一个哥大毕业的优等生能心甘情愿地从事社区工作，他竟然没有收到一份回复。无奈之下，为了偿还学生贷款，奥巴马只好在纽约的一家商务咨询公司找了份工作，成了标准的商界精英。

可只有奥巴马自己清楚，这并不是他想要的生活，他在自传中写道："有时候，我送谈判伙伴去乘电梯，看到电梯门反射出自己西装革履、手提公文包的样子，我很不喜欢这样的自己，我更希望自己是为了社区活动而忙碌，而不是为了每天多挣些钱在奔波。"

在1985年的夏天，为了实现自己的梦想，他终于在芝加哥谋得了一份黑人社区的工作，年薪只有区区1.3万美元，外加2000美元差旅费。

两年后，奥巴马经过一番苦学，终于拿到了全美最好的法学院——哈佛大学法学院的录取通知书。在哈佛法学院这个精英聚集的地方，奥巴马的表现出色到了什么程度，仅用一点就足以说明：他凭借过人的智慧和领导才能，成为全美最权威的法学杂志——《哈佛法学评论》104年历史上的第一位非洲裔总编辑。

奥巴马还没有毕业，很多著名机构就已经向他抛来橄榄枝。但当时的奥巴马做出了人生中又一个出人意料的决定：他放弃了至少25万美元的年薪，重新回到了芝加哥的黑人社区。奥巴马后来这样解释自己的选择："好的教育能让我有可能比一般人承担更大的风险。因为在任何时候，如果我失业而没钱付账时，我会很容易并且很快找到一份不错的工作。也正因为这个原因，我才没有后顾之忧，可以专心地为我自己的理想奋斗。"

从哈佛回到芝加哥之后，可以说奥巴马才真正开始了自己的从政生涯，那时的奥巴马曾经说过，自己的目标是通过竞选获得公职，从州议员到联邦议员，直到美国第一位非洲裔总统。

奥黛丽·赫本

奥黛丽·赫本（1929—1993）生于比利时布鲁塞尔，父亲是一位英国银行家，母亲是荷兰贵族后裔，袭有男爵的封号，家族谱系甚至可以回溯到英王爱德华三世。

为了改变赫本过度内向的个性，5岁的时候，赫本被送到英国的一所可供住宿的贵族学校念书。到了假日，赫本便住在一个矿工的家里，以便学好英文和英国的生活习惯。

不久，赫本的父亲忽然不辞而别，抛下他们一家人而自己前往英国了。这件事在赫本幼小的心灵上造成了很大的伤害。也就是在这个时候，赫本开始上芭蕾的课程，并随团到布鲁塞尔演出。这些经验也是后来赫本曾经一度十分希望成为一名专业的芭蕾舞者的原因。

1939年，第二次世界大战在继续。母亲认为赫本回到荷兰会比留在英国安全，于是让赫本搬回荷兰和他们在一起。

在战争的饥荒期间，赫本经常靠郁金香球茎以及由烘草做成的"绿色面包"来充饥，并喝大量的水填饱肚子。长期的营养不良促成她日后瘦削的身材。尽管如此，赫本仍然不断地练习她最爱的芭蕾舞，即使穷到要穿上最难挨的木制舞鞋也没关系。在此期间，赫本曾为荷兰地下游击队秘密工作（包括表演芭蕾舞募集捐款、传递情报等），为反法西斯战争做出贡献。1944年安恒战役时，16岁的奥黛丽成为一名志愿护士。

战役期间很多盟军伤兵被送到了赫本所在的医院，其中一名受伤的英国伞兵在赫本和其他护士的帮助和照护下康复，这名伞兵就是后来的导演特伦斯·杨，他在1967年执导了赫本主演的《盲女惊魂记》。

二战后的1948年，赫本和母亲来到伦敦并做了短暂的停留。在这里她通过著名的玛丽兰伯特芭蕾舞学校的入学考试并获得奖学金，然而因为筹不足学费，只好暂缓了入学的时间。回到荷兰后，赫本通过试镜，在一部半纪录片性质的荷兰片里扮演一个航空公司的一名空职人员的小角色。这部电影被视为赫本电影生涯的第一部作品。经过几个月的训练后，赫本被告知她不适合当芭蕾舞者。面对家庭的经济压力，她转而成为兼职模特儿，并参与歌舞团演出。这年赫本击败多数应征者，成为音乐剧《高跟纽扣鞋》的合唱团员。由于表现突出，她正式参与了另一部音乐剧《鞑靼酱》的演出。

1951年，赫本首次在英国电影《天堂笑语》中露脸，正式成为电影演员，并在一些电影中扮演较次要的人物。之后她在电影《双姝艳》里施展舞技，同时接演另一部电影《蒙特卡罗宝贝》。为了拍摄后者的法国翻拍版《前进蒙特卡罗》，她到法国出外景，演出期间意外地被坐在台下的法国著名女作家高莱特夫人看好，一眼便认定她是自己作品《金粉世家》中"姬姬"一角的化身，便邀请她到纽约好莱坞出演这个角色，这令赫本在好莱坞一举成名，并为她开启了美国之门。

由于赫本在银幕上的形象，广大观众十分喜爱她。在她声誉鼎盛的五六十年代，世界各地的影迷把她奉为"银幕女神"，对她的名作百看不厌。《罗马假日》成功后，全世界都赞美她的美貌，说她是"仙女下凡"。

奥纳西斯

亚里士多德·苏格拉底·奥纳西斯（1906—1975）出生于爱琴海之滨的伊兹密尔。他的父母是烟草商人。父母之所以用两个古希腊哲学家的名字为他起名，是希望他长大后也能出人头地，闻名于世。

1922年，正当奥纳西斯准备去德国读大学时，土耳其人占领了伊兹密尔。接着奥纳西斯及其父母都遭逮捕。由于奥纳西斯年龄还小，不久便被释放了。回到家里以后，他取走了父亲锁在保险柜里的钱，将全家人保释了出来。这一年，奥纳西斯只有16岁。

出狱后，奥纳西斯全家已无法在伊兹密尔生活下去了。1922年9月，他们全家便随着小亚细亚的150万难民来到了希腊。

贫穷而狭小的希腊哪里容得下这么多难民啊！更不要说提供这些难民就业的机会了。所以奥纳西斯一家在希腊四处都找不到工作。在这样的绝境逼迫下，奥纳西斯便告别了父母及小妹妹，只身漂洋过海，奔向那时被人们称作"黄金大陆"的美洲大陆。

奥纳西斯乘坐一艘驶向阿根廷的破旧货船来到阿根廷首都布宜诺斯艾利斯，不久便在电话公司找到了一份做电焊工的工作。当时，电话公司实行计件工资制，只要努力工作，任何一个移民都可以获得不少的报酬。由于生活所迫，奥纳西斯每天工作16个小时，有时甚至通宵达旦地加班。为了节省一点钱，他和另一个打工仔合租了一张床，轮流睡觉。经过一段简朴、艰苦的生活，奥纳西斯积攒了一笔数目可观的钱。

当奥纳西斯手中有了一定的积蓄后，他便着手准备开展自己的商业计划了。

奥纳西斯选择了从小就耳濡目染的烟草业作为投资对象。在阿根廷，人们普遍有吸烟的嗜好，且烟瘾很大，因此烟草比较走俏。当时，南美烟草业被几个大老板所垄断，要跻身于这个行列比较困难。但奥纳西斯从自己吸烟的独特癖好中找到了突破口。他发现南美洲及阿根廷的烟草不像希腊烟草那么柔和，包括奥纳西斯本人在内的许多希腊人都吸不惯阿根廷带有浓烈烟味的香烟，往往是托人从希腊买烟来抽。阿根廷市场很少有看见卖希腊香烟的市场。敏锐的奥纳西斯从中看到了成功的希望，于是他就把市场定位在专营希腊香烟上。看准了机会以后，奥纳西斯毅然辞去了电话公司的职务，把全部资金和精力都投在了烟草经营上面。

开始，奥纳西斯只能在家里搞一个手工卷烟的作坊。烟卷生产出来以后无法销售，奥纳西斯设法让一位著名歌星在电视镜头前抽这种香烟，由于这位歌星的歌迷很多，一时间抽希腊烟在阿根廷时髦起来，他的手工生产一时供不应求。于是奥纳西斯决定扩大生产规模，他四处借钱，买了一台卷烟机，专门生产起希腊香烟来。不到两年，他就赚了将近一百万比索。

奥纳西斯对此并不满足，他知道，个人小作坊是不可能真正赚大钱的，真正能赚钱的是烟草贸易和烟草的运输。他租了一艘轮船，开始了运输生涯，短短4年他就从中获利30万美元，成为希腊侨民中的杰出代表，并受到阿根廷的普遍关注和尊重。

1930年，年仅24岁的奥纳西斯已拥有资产百万元，成为希腊产品最大的进口商。此后，奥纳西斯开始开发油田，并购买轮船经营石油运输业。至1975年，他已拥有45艘油轮，其中有15艘是20万吨以上的超级油轮，从而成立了世界上最大的私人商船队。

奥斯特洛夫斯基

奥斯特洛夫斯基（1904—1936）出生在乌克兰的维利亚河畔一个叫维利亚的小村庄里，他的父亲是一个普通的工人，母亲是一个善良而温和的家庭主妇。由于父亲的收入非常微薄，奥斯特洛夫斯基家里的生活非常贫苦。

奥斯特洛夫斯基只上了3年的学，家里就再也没能拿出钱来供他读书了。那一年他只有12岁。

为了生存，他只好去做工，只要能挣到钱，他什么工种都干，烧水的锅炉工、材料场的工人和电站的司炉他都干过，从来没有选择过工作，小小的奥斯特洛夫斯基从小便学会了吃苦耐劳。

15岁那年奥斯特洛夫斯基参加了红军，然后同一支由共青团组成的队伍上了前线。第二年，在一次激烈的战斗中，奥斯特洛夫斯基一只眼睛失明了。

1923年冬天，身体恢复后的奥斯特洛夫斯基又接到了新的任务，他被上级任命为军事训练第二营政委，他的这个工作就是在青年中进行组织工作。他来到了别烈兹多夫，在那里建立起了共青团组织。到1924年，别烈兹多夫地区的共青团员已经发展到了123名。由于奥斯特洛夫斯基工作成绩显著，那一年的8月，他被舍佩托夫卡俄共（布）州委会接受为共产党员。后来他担任了共青团区委书记和地委书记，成了青年们的带头人。这时他更是忘我地工作，经常是从早上6点一直工作到深夜2点才躺下来休息。

1927年，奥斯特洛夫斯基终因劳累过度而导致旧病复发，最后全身瘫痪，那一年他只有23岁。

可是奥斯特洛夫斯基不相信这一事实，他找来锻炼用的绳子和器材，他一定要自己站起来，他一边坚持锻炼，一边看书，这个时候，书成了他的精神食粮。

长时间地看书使奥斯特洛夫斯基眼睛的视力渐渐减弱，最终双目失明了。可是他没有对自己失去信心，他坚持让家人以及朋友读书给他听。

这些文学作品，让奥斯特洛夫斯基对写作充满了信心与激情，他希望写出一部伟大的作品，可是眼睛看不见，怎么写呢？

这一天，奥斯特洛夫斯基拿起笔开始了《钢铁是怎样炼成的》一书的写作，他摸索着在纸上一笔一画地写着，等到妻子下班回到家，他已经写了好几篇。于是他让妻子把他写好的再抄写一遍，看不清的地方可以问他，由于他的眼睛不好，重复写在一起的字比较多，为了能让妻子可以看得清楚，同时也为了节约时间，奥斯特洛夫斯基便让朋友做了一个又厚又硬的纸板，然后在纸板上划一道一道的深槽，这样就可以用纸板上的槽来控制行距了。

小说第一部很快完成了，但这时他却感到双手的关节疼痛难忍，他已经是无法动笔了。为了完成作品，他没有被困难吓倒，妻子下班以后，他就口述，然后让妻子记录；妻子上班了，他就让邻居家的小姑娘给他记录，有时他还让来看望他的朋友帮他记录。经过几年坚韧不拔的努力，《钢铁是怎样炼成的》终于完成了。小说出版以后，在全国引起了巨大的影响，不到两年的时间就再版了41次，共发行100万册，而且还被翻译成多种文字。他作品里的主人公保尔成了全世界人们佩服的英雄。

巴　顿

巴顿（1885—1945）生于美国加利福尼亚州南部雷克维尼亚德一个军人世家。他从小爱出风头，立志要成为将军。

1903年，18岁的巴顿考入弗吉尼亚军事学院。第二年6月入西点军校实习。在西点军校读书期间，队列训练每星期六进行一次，可巴顿常常在星期天下午就苦练下一课。等下个星期六时，他的动作已完美无缺了。同学曾对巴顿说："队列训练在毕业成绩中只记15分，而数学却有200分。你的数学已经很差了。如果你把用于准备队列训练的时间拿出80%来攻一攻数学，你不但仍可通过队列的考试，而且数学成绩也会跟上去。"但巴顿不为所动，依然如故。

他沉溺在自己创造的世界里，有他自己独创的一套硬性常规，一直都在拼命地摸索，希望得到别人的理解和爱戴。

24岁那年，巴顿毕业于美国西点军校，同年被调往美国第一集团军骑兵第十五团任少尉。

1912年斯德哥尔摩奥运会上，根据顾拜旦的建议，现代五项首次被列入奥运会，由射击、游泳、击剑、马术和越野组成。如同一个军事训练项目，参赛者也多是军人。此项赛事有32名选手参赛，27岁的巴顿获得第五名。

第五届奥运会后，巴顿被称为"军中第一击剑高手"，并获得了"剑术大师"的荣誉称号。在参加完奥运会后，巴顿到法国索米尔军事学校学习击剑课。在那里，他发现法国骑兵使用马刀的方法远远超过美国骑兵：法国人是用刀尖去刺杀，而美国人则是用刀刃去砍杀。于是他决心"以法国式的直剑取代美军盛行的弯刀"。巴顿把自己的想法明白无误地写在文章里，并把文章交给迈尔堡骑兵团团长格拉德上校。上校是位老骑兵，当然看出了巴顿的主张有多么重要的意义。他建议巴顿再增添一些内容，然后把文章投寄给《骑兵月刊》。

受到鼓舞的巴顿没有听从团长的建议，他把目光投向了更高级别的军事刊物。他知道，小小的《骑兵月刊》不足以引起军界高层的注意。果然，1913年1月11日，颇有影响的《陆海军杂志》刊登了巴顿的文章，并立即引起军界的关注。

　　几个月后，陆军参谋长伍德将军命令，按照巴顿设计的样式和规格打造两万把新军刀。这种新型骑兵军刀是直线型设计，刀有940毫米长，刀身的宽度为257毫米，刀刃非常长，是一种理想的击刺武器，能够完美地用于刺杀。巴顿的钻研和思考结出了果实。

　　新军刀还需要新的训练教程。春风得意的巴顿开始编写《军刀教员讲义》。1914年3月，《军刀训练》一书由陆军部批准出版。巴顿在书里进一步强化了他附着在新军刀中的"刀尖"精神：要记住刀尖是压倒一切的重点，富有活力、勇于进取的勇士要像刀尖一样，在进攻中刺穿敌人的身体……

　　批量生产的新型骑兵军刀在骑兵部队中广泛使用，并以"巴顿剑"闻名天下。1916年3月，巴顿调任布利斯堡骑兵团时，高兴地看到团队使用的军刀全是自己设计的"巴顿剑"。

　　巴顿后来成为美国名将，二战中挥师北非、意大利、法国、德国，叱咤风云，威名赫赫。

巴尔扎克

　　巴尔扎克（1799—1850）出生于法国中部的图尔城。父亲是个商人，他非常希望儿子能出人头地，在巴尔扎克7岁时就把他送到了寄宿学校去读书。

　　上学期间，他结识了一位年轻的图书管理员，管理员常常为他补习功课，并借书给他读。就像沙漠中的游人发现绿洲一样，他完全沉浸在书的海洋中。正是这段寄宿生活使巴尔扎克在图书馆的书籍中学到了大量的知识，为他日后的写作打下了坚实的基础。12岁时，他的写作欲望就已显露出来。那时，他写了一篇关于心理与肉体的论文《意志论》，并在同学中竞相传阅。

17岁那年，巴尔扎克考进了巴黎大学的法律系学习，这时已经迷上了文学的巴尔扎克便利用学校的图书馆看了大量的文学著作。大学毕业后，他担任了公证人巴赛的助手。这使他了解到很多为法律治不了的万恶之事，也看到了资本主义法律的虚伪，为他日后的创作提供了最好的素材。

巴尔扎克的父亲一心想把他培养成一位名律师，可巴尔扎克的志向是要当一名作家。父子俩就达成了一个协议：巴尔扎克必须在2年内写出作品来，否则就得乖乖地去当律师。于是，巴尔扎克租了一间破屋子，里面除了一张破椅子和一张旧桌子外，其他的一无所有了。就是在这样艰苦的条件下，巴尔扎克开始了文学创作。他写的第一部作品叫《克伦威尔》，但言辞贫乏、结构松散、情节乏味，他失败了。这使他父亲很恼火，就断绝了对巴尔扎克的经济援助。

1825年他又与一位出版商合作，出版古典作品，谋求利益，结果欠债达万余法郎。为了还债，他相继经营过印刷厂、铸字厂，结果是债台高筑，沉重的债务令他年轻的梦幻成为永远。但是商人丢失的无非是钱财，作为文学家，他获得了无比丰厚的创作素材。

巴尔扎克顶住压力，一边工作一边写作。他深刻地认识到自己的不足是因为知识的贫乏，于是他一个人躲在屋子里，对经济学、历史、自然科学、神学等领域都进行了认真研究。巴尔扎克有个创作时间表：从半夜到第二天中午工作，也就是说在椅子上坐12个小时，专心修改稿件和写作。然后，从中午到下午4点阅读各种报刊，5点用餐，5点半才上床睡觉，到半夜又起床继续工作。法国一位传记作家介绍他时说："每3天巴尔扎克的墨水瓶就得重新装满一次，并且得用掉10个笔头。"

1829年，他终于发表了一部历史小说《朱安党人》，这是他的成名作。之后便佳作迭出，《高老头》《欧也妮·葛朗台》以及《幻灭》相继发表。巴尔扎克以其对现实观察之仔细、对社会本质揭露之深刻、塑造人物形象之生动、艺术手法之高超，无可争议地列入世界文学史一流作家之林。此后20年是他创作的鼎盛时期，他集中精力，进行了规模宏大的《人间喜剧》的创作。他因劳累过度，于1850年逝世。他的生命是短促的，但给人类留下了丰富的遗产，以致雨果在《巴尔扎克葬词》中说，他的"作品比岁月还多"。

巴甫洛夫

巴甫洛夫（1849—1936）出生在俄国中部的梁赞城的一个贫苦的牧师家中，他自幼活泼贪玩，一次因为爬到阁楼上偷吃苹果而摔下楼来，接下来的一段时间里，他的身体瘦弱面色苍白，但因家境贫寒，看不起医生，只能想一些土法子给他调治，可是病情仍不见好转，幸好他的教父来到他家做客，见到他病情严重，决定带他回修道院里去疗养。

在修道院里，他的教父不仅为他制订了营养丰富的食谱，而且还让他每天到菜园里去劳动一个小时，不到半年，他的身体就变得非常结实了。也是在这一段时间里，他的教父教给了他辛勤工作和俭朴生活的态度。

从教父那里回到家中后，巴甫洛夫完全变了一个人，他放学回来后，主动帮助家人干活，干完了活也会很自觉地捧上书去读，每天晚上都是在父亲的催促下才肯放下书本睡觉。

上了3年学以后，巴甫洛夫以优异的成绩升入了教会中学。在教会中学里，教学内容主要是教学生学习宗教，在这里他除了对图书感兴趣外，对于老师上课的内容，他一点兴趣也没有。

一次，他在图书馆里读到了一本关于讲解人体生理结构的书，他从中发现了许多新奇的道理，当他把这本书读完以后，他再也不相信上帝了。

巴甫洛夫家的邻居哈哈良图大爷独自一人住在一个很大的房子里，因为孤独和寂寞，哈哈良图大爷养了一条大狼狗，那条大狼狗非常凶狠，哈哈良图大爷担心它咬着经常从这里过路的小孩子，于是就用铁链子把这条狼狗整天拴着。这条狼狗只要听到外面有一点点动静，就会大叫个不停，它的叫声常常把孩子们吓得从哈哈良图大爷家门前跑过。

有一天，哈哈良图大爷把那条大狼狗拴在了门前的大树底下，然后自己拿着一把摇椅在那里晒太阳，巴甫洛夫和一群孩子正好从这里经过。听到孩子们的声音，大狼狗便汪汪大叫起来，孩子们看见那条平时凶恶的大狼狗，吓得扭头就跑。

而小巴甫洛夫却一点也不害怕，他走到这条大狼狗的身边。

"孩子，退远点，小心它咬着你。""哈哈良图大爷，你为什么不把它的铁链子给解下来呢？"

"这条狼狗很凶，我怕它咬着你们这些整天来森林里玩的孩子。""如果你把它的铁链子给解掉以后，我想它就不会再这么凶了。"小巴甫洛夫一边说着，一边走到了这条大狼狗的身边。十分奇怪的是，小巴甫洛夫离那条大狼狗越近，那条大狼狗就越不叫唤了，并且还十分友好地摇摇尾巴。小巴甫洛夫同情地把那条大狼狗的铁链子给解了下来，然后摸了摸大狼狗的头，大狼狗听话地围着小巴甫洛夫转了两圈，便跑到主人的身边去了。

"嘿，你这小子还真有两下子。""这是书上告诉我的，这叫条件反射。"

有了思想的巴甫洛夫向父亲要求去上彼得堡大学，父亲却很担心地问："你将来干什么职业呢？"巴甫洛夫回答道："我想研究人体科学！"

于是巴甫洛夫离开了家乡，他以很好的成绩考上了彼得堡大学，由于家庭的贫困，学校免掉了他的学费，但贫困却促使巴甫洛夫更加勤奋刻苦地读书。

在大学里，巴甫洛夫用10年时间攻读完了生理学、医学等课程，获得了博士学位。为后来的科学研究铺平了道路。1904年，由于他在研究消化生理学方面的突破性发现而获得了诺贝尔生理学或医学奖。

巴　赫

约翰·塞巴斯蒂安·巴赫（1685—1750）生于德国爱森纳

赫。巴赫的家族是一个人丁兴旺的音乐家族，这个家族从16世纪中叶就开始出现音乐家，一直延续到19世纪末，300年中出现了52位音乐家。

巴赫9岁丧母，10岁就成了孤儿。由于他嗓音美妙，少年时期靠奖学金进了吕讷堡的圣·米歇尔学校。1702年他从圣·米歇尔学校毕业，第二年在一家室内乐队当上了小提琴手。

18岁时，巴赫曾在阿恩施塔特的教会担任风琴师，同时也为宫廷作曲。从那时起，他写了许多著名的作品。1704年创作的d小调托卡塔，其中具有某种威力，像在用非常有力的语言说话。在中间转调处，他杰出地运用了许多减七和弦，像狂风一般有力。过去一度有人认为这是他的晚期的作品。只是因为他带了后来成为他妻子的妇女到教堂唱歌，被城市议会列为罪状后，就自动辞职了。

1708年他曾在魏玛宫廷任风琴手。这时，虽然他的身份也很低，但是作为一个风琴师，他的地位和名声却逐渐提高。在德累斯顿，巴赫应邀与法国演奏家作即兴演奏的比较竞争，虽然那位法国人跑了，而他却成为德国音乐家和外国人竞争获得第一次胜利的好榜样。

1717年，巴赫平生第一次担任奎登宫廷乐长。由于奎登公爵非常爱好音乐，他甚至在国家支出中抽了三十分之一作为经费组成18个人的乐队。巴赫在奎登宫廷服务了6年，他的重要器乐创作都是这个时期完成的。他献给勃兰登堡侯爵的《勃兰登堡协奏曲》，富于生活气息，也具有骄傲、华丽的贵族性格。此外，他还写了《半音阶幻想曲与赋格》，为独奏小提琴用的3首奏鸣曲、3首"帕蒂塔"等。另外在1721年，巴赫写了C大调、d小调的管弦乐组曲、法国组曲；1722年写了《平均律钢琴曲》上集，1723年写了两部和三部创意曲等等。这一时期的创作，被认为具有广阔和大胆的思想和技术手法。

巴赫是一位多产的作曲家，他的作品包括有将近三百首的大合唱曲；组成《平均律钢琴曲集》的一套48首赋格曲和前奏曲；至少还有140首其他前奏曲；100多首其他大键琴乐曲；23首小协奏曲；4首序曲；33首奏鸣曲；5首弥撒曲；3首圣乐曲及许多其他乐曲。总计起来，巴赫谱写出800多首严肃乐曲。

巴赫的作品深沉、悲壮、广阔、内在，充满了18世纪上半叶德国现实生活的气息。他谱写了许多充满戏剧性因素的大型声乐作品，其中

《马太受难曲》《b小调弥撒》是最有影响的作品。

巴赫的一生有许多功绩：第一，把音乐从宗教附属品的位置上解放出来，使之平民化，让音乐不总是歌颂上帝，也歌唱平凡的生命。第二，他把复调音乐发展成主调音乐，大大丰富了音乐的表现力。第三，他确立了键盘乐器十二平均律原则。第四，除了声乐作品外，巴赫奠定了现代西洋音乐几乎所有作品样式的体例基础。因此巴赫被后世尊称为"西方音乐之父"。

柏 拉 图

柏拉图（前427—前347）出生在雅典城里的一个奴隶主贵族的家庭里，因为家里非常富有，所以到他该接受教育的年龄时，父亲便给他请了3位启蒙老师，其中一位教文法、修辞学和写作，另一位教美术、音乐，还有一位教他体育。

柏拉图的写作老师经常讲一些故事给他听，有时让他模仿着书中的故事，写一些小故事出来。渐渐的，柏拉图对写作产生了浓厚的兴趣。

柏拉图不仅热爱写作，在美术、音乐老师的培养下，他对美的东西的辨别能力也越来越强，后来他在美学上的理论见解，和他童年的启蒙有着很大的联系。

当时在雅典最有学问的人是苏格拉底，苏格拉底经常在一些公开场合讲课。柏拉图20岁的那一年，有一天他去听苏格拉底的演说，演说听完以后，他便下决心要拜苏格拉底为师。他来到苏格拉底的住处，敲开了苏格拉底的门："尊敬的苏格拉底先生，我是柏拉图，我想成为您的学生。"

苏格拉底接见了他，坐下以后苏格拉底问道："年轻人，你的名字我早就听说过了，你已经是一个学识很渊博的人了，为什么还要拜我为师呢？"

"您有一句话我记得很清楚，那就是'认识自己'，如今我就是没有认识自己。"

"你既然知道我这一句话,那么你也应该知道我对自己的评价了——'我所知道的是我始终一无所知'。"

"神都认为您最聪明,可是您却这样评价自己,这正是我学习的地方。一个人不知道自己的无知,那才是双倍的无知呢!这也是我为什么来拜您为师的理由。"

经过这次谈话以后,苏格拉底答应将柏拉图收为自己的学生。苏格拉底没有看错,柏拉图成了他最好的学生。柏拉图从公元前407年开始,在苏格拉底的身边整整学习了8年。

公元前399年,苏格拉底受审并被判死刑,柏拉图对现存的政体完全失望了,于是他开始游遍意大利、西西里岛、埃及、昔兰尼等地以寻求知识。在40岁时他结束旅行返回雅典,并在雅典城外西北郊的圣城阿卡德米创立了自己的学校——阿卡德米学园,成为西方文明最早的有完整组织的高等学府之一,后世的高等学术机构也因此而得名,也是中世纪时在西方发展起来的大学的前身。学院受毕达哥拉斯的影响很大,课程设置类似于毕达哥拉斯学派的传统课题,包括了算术、几何学、天文学以及声学。据说,柏拉图在学园门口立了块碑:"不懂几何者不准入内"。学院培养出了许多知识分子,其中最杰出的是亚里士多德。

此后他执教40年,直至逝世。他一生著述很多,他的教学思想主要集中在《理想国》和《法律篇》中。

拜 伦

拜伦(1788—1824)出生在伦敦一个没落的贵族家庭。拜伦生下来就是个美男子,可是美中不足的是他的右脚有一点畸形,而这一缺陷却给他后来的生活带来了不少痛苦。

7岁那年,拜伦上学了,在学校,拜伦很少跟同学们在一起玩耍,他表情忧郁,沉默寡言,而且学习成绩不好。老师喜欢把那些学习好的同学安排在最后面，拜伦从来就没有坐过这样的位置。同学们经常取笑他身上的残疾。为了维护自己的尊严，拜伦常常在打架中留下疤痕。拜伦学习虽然不好，但是他从来没有放弃自己对课外书的阅读，他常常捧着《一千零一夜》《堂吉诃德》等课外书籍看。10岁那年，拜伦的叔父去世了，因为他没有亲生的儿子，拜伦便继承了他的爵位和庄园，成为拜伦第六世勋爵。

1805年，拜伦进入剑桥大学学习文学和历史。他是个并不刻苦的学生，很少听课，却广泛阅读了欧洲和英国的文学、哲学和历史著作，同时也参与射击、赌博、饮酒、打猎、游泳、拳击等各种活动。

1807年，阅读了大量文学作品的拜伦开始出版了他的第一部诗集《懒散的时刻》，这些诗主要反映了拜伦对上流社会的蔑视和对现实社会的不满、对底层人民的关爱与同情。

1816年4月，拜伦迁到瑞士居住，在那里他认识了英国诗人雪莱，并且和雪莱结下了深厚的友谊。来到瑞士的拜伦继续写他的长诗《恰尔德·哈罗德游记》，歌颂西班牙人民的正义斗争，同时也歌颂了热爱自由的希腊人。

1817年，拜伦又迁居到意大利，当时意大利正遭受着奥地利的奴役。来到意大利以后，他不仅继续写诗，而且还参加了意大利的秘密组织烧炭党，支持意大利反对奥地利的奴役和压迫。1823年，拜伦开始创作他一生中最重要的作品——《唐璜》。《唐璜》是一部诗体长篇小说，拜伦通过主人公唐璜的爱情和生活中的一些遭遇，反映了整个欧洲的历史。

1823年7月，当拜伦听到希腊人民又爆发起义的消息时，他激动得卖掉了自己的庄园，买了赫库利斯号战舰和两门大炮、5匹马、许多枪支弹药，坐上赫库利斯号战舰向希腊出发。1824年初，他来到了希腊的迈索隆尼翁，受到了当地人民的热烈欢迎，并且军队还向他行鸣炮礼，总督亲自出面迎接他的到来，希腊政府任命他为远征军总司令。

1824年1月22日，这一天是拜伦的生日，他写下了《今天我度过了三十六年》，在诗中他表达了自己渴望战斗、为自由献身的理想：是时候了，这颗心无所牵挂，既然它已不再感动人心；看，刀剑、军旗、辽阔的战场，荣誉和希腊就在周身沸腾！那由盾牌抬回的斯巴达人，何曾有过这种驰骋。醒来！（不，希腊已经觉醒）醒来，我的灵魂！寻求一个战士的归宿吗？这样的归宿对你最适宜；看一看四周，选择一块地方然后静静地安息。

写完这首诗拜伦就奔赴了战场,不久,他就真的离开了人世。

贝　尔

亚历山大·格雷厄姆·贝尔(1847—1922)出生于英国苏格兰的爱丁堡。他的祖父毕生都从事聋哑人的教育事业,他的父亲是一位嗓音生理学家,并且是矫正说话、教授聋人的专家。由于家庭的影响,贝尔从小就对声学和语言学有浓厚的兴趣。

小贝尔该到上学的年龄了,可是脑子灵活的小贝尔很淘气,书包里常常装着麻雀、老鼠这类小动物。有一次老师正在讲《圣经》,老鼠钻出来了,满教室同学你追我赶,哄堂大笑。

贝尔后来被祖父接到伦敦,由这个很有个性的倔老头直接管教。他很疼爱孙子,但是要求非常严格,起初使贝尔觉得有点望而生畏,后来就很喜欢他了。因为祖父知识渊博,简直是一部百科全书。贝尔同他生活了一年,学到了很多东西。

1867年,贝尔在爱丁堡大学毕业,接着进了伦敦大学继续深造。这时,不幸的事发生了:他的两个兄弟相继害肺病死去。贝尔的父亲把病因归到英国阴冷潮湿的气候上,于是带着全家远渡重洋,到了加拿大。

1869年,贝尔被聘请为美国波士顿大学的语音学教授,他的名声很快传遍了大西洋西岸。当时,莫尔斯发明的电报已广泛使用,成为一种新兴的通信工具。不过,电报只能传送电码,有一定的局限性。能不能发展一步,用电流直接传递人的语音呢?这个问题引起了很多发明家、科学家的兴趣。人们苦思冥想,进行了多年的探索,都没有成功。因为发明电话要比发明电报困难得多。用电线传递电码,只要按规定截止、导通就行了,可是语音是声波的振动,它怎样从导线上传送呢?

1873年初夏,贝尔辞去波士顿大学语音系教授的职务,正式搞起实验来。一次偶然的机会,他遇到了18岁的年轻电气技师沃特森,两人一见如故。沃特森支持贝尔的理想,并成为他的得力助手。两个发明家整天关在屋子里,一边研究电声转换原理,一边设计实用的机器。贝尔一有新的构想,沃特森马上就去制造。由于电话是从来没有过的东西,没有什么实物可以参考,只能反复试验,从失败中积累经验。他们究竟试过多少个方案、有过多少次失败,已经无法统计。最后制成了两台粗糙的样机。贝尔的设计是这样的:在一个圆筒底部蒙上一张薄膜,薄膜中央垂直连接一根炭杆,插在硫酸液里,人讲话的时候,薄膜受到振动,炭杆同硫酸相接触的地方,电阻发生变化,电流随着变化有强有弱,接收处利用电磁原理,再把电信号复原成声音。

为了验证机器的效果,他们把导线从住房架到公寓的另一头。试验开始了,贝尔和沃特森对着自己的装置大声呼喊,可是他们听到的声音不是从墙壁来的,就是从房顶上来的,机器像聋哑人一样毫无反应。他们一连试了几天,直到嗓子都哑了,通话还是没有成功。

在一次试验中,贝尔偶尔发现了铁片在电磁铁前的振动,这种振动竟然能够通过导线传送出去。这一发现让贝尔产生了极大期望,他想:如果我们在说话时对着导线的一边说,另一头是否能听得到这一头的声音呢?

从此他开始动手做起这个试验来,两年中他和他的助手经过了数不清的努力,但结果都失败了。

有一天,他的助手在另一个房间,他在一个房间准备做对话实验,贝尔不小心把桌子上的硫酸弄翻了,硫酸撒在了他的腿上,不仅烧坏了他的裤子,同时也把他的大腿烧得火辣辣的。疼痛的贝尔止不住叫了起来:"沃特森,快过来,我遇到麻烦了!"

隔壁房间正拿着听筒和对话筒的沃特森清楚地听到了贝尔的喊叫,他也高兴地叫了起来:"我听到了,贝尔先生!"就这样电话终于被贝尔发明了出来。

贝 多 芬

贝多芬(1770—1827)生于莱茵河畔距法国不远的小城——

波恩。他出身于夫拉芒家族，一个音乐世家。他的祖父是波恩宫廷乐团的乐长，还兼作葡萄酒生意，而父亲早年在宫廷乐团担任男高音歌手，由于喝葡萄酒成性，渐渐地嗓子就不行了。他的母亲则是一个女佣——一个厨子的女儿。

贝多芬出生以后，他的父亲对他的期望非常高，他希望自己的儿子能够当一个莫扎特式的音乐神童。在贝多芬才4岁的时候，父亲便逼着他练琴，他把一堆曲谱放在贝多芬的面前，让他在一天之内至少得练熟5首曲子。有时候贝多芬把小手都弹得麻木了也不敢休息，因为在没有练习好父亲规定的曲子之前，他是万万不可休息的，否则就会吃父亲的鞭子。

一晃几年过去了，贝多芬也从4岁长到了8岁，经过4年的刻苦练习，他的钢琴水平有了很大的提高，他的父亲也感到满意了，于是便让他在科隆音乐院举行了一次独奏音乐会。这次演出非常成功，父亲享受到了儿子成功的喜悦。

贝多芬9岁的那一年，父亲已经感到自己再也没有能力教这个比他水平还高的儿子了，于是他便把贝多芬送到当时有名的音乐家聂费那里学习。

在聂费那里，贝多芬学到许多音乐知识，他不但跟聂费学习钢琴，并且还跟着聂费学习了作曲。10岁那年，他发表了第一首钢琴变奏曲。

贝多芬的父亲不仅喝酒，而且还赌博，家里的日子越过越艰难。贝多芬11岁就担起了家庭生活的重担，为了赚钱，他加入了波恩剧院的乐队。

14岁的时候，贝多芬便担任了宫廷里的大风琴手，这时候他非常辛苦，他白天在乐队里排练，晚上还要到宫廷里去为贵族小姐们上音乐课。后来在他的老师聂费的推荐下，他引起了波恩选帝侯的注意，并经过波恩选帝侯的同意，得到去音乐之都维也纳学习的机会，那年他17岁。

来到维也纳的贝多芬以崇敬的心情拜见了莫扎特，莫扎特给了他一个很难演奏的曲子让他即兴演奏，贝多芬看了一遍曲子后演奏起来。贝多芬的演奏得到了莫扎特的肯定："你们要注意这个孩子，他将来会惊动全世界的。"

贝多芬22岁那年，年迈的海顿从英国回来，刚好路经波恩。贝多芬对海顿敬慕已久，他抱着自己的作品去拜见海顿。海顿看了贝多芬的作品后便叫了起来："太好了！太好了！"海顿鼓励他继续到维也纳去深造。1792年的秋天，贝多芬来到了维也纳，他住在一个破旧的房子里，然后租了一架钢琴，便开始投入到艰苦的学习之中。

由于他的努力，1795年终于在维也纳的艺术舞台上占有了一席之地，他经常以钢琴家的身份登台演出，而且弹奏的都是自己创作的作品，得到了人们的承认。

正当他飞黄腾达的时候，他的耳朵却发出了轰轰乱叫的声音，他到医院去治疗，没见好转，最后竟彻底聋了。这对于一个搞音乐的人来说，真是个残酷的打击。然而，这一切并没有将贝多芬击垮，他还是靠着顽强的毅力创作出了大量的交响乐曲和钢琴奏鸣曲。在他的《命运》交响曲里，我们每个人都能听到贝多芬跟命运做斗争的声音。

本　田

本田宗一郎（1906—1991）出生于日本静冈县磐田郡光明村。父亲是个铁匠，宗一郎有8个弟妹，大家庭尽管很辛苦，但却充满了欢乐。

宗一郎自幼就十分贪玩，而且对机器有特别的兴趣。他的记忆始于碾米厂的发动机，3岁时他就老缠着祖父带他去看"隆哒隆哒"。当时发动机还很少，随着机器隆哒隆哒转动的响声，进去的稻谷就变成雪白的米粒了。宗一郎还喜欢看机器锯木头，总是百看不厌。在家里，他常到大人干活的地方去捡一些乱七八糟的铁屑，做一些莫名其妙的东西。

当他第一次看到汽车时，简直入了迷，他的传记里记载了这件事：我忘了一切地追着那部汽车，我深深地受到震动，虽然我还只是个孩子，我想就在那个时候，有一天我要自己制造一部汽车的念头已经启动了……

1922年，宗一郎的父亲由于劳累过度，损伤了肩膀，不能抡起铁锤打铁了，于是改行买卖自行车。他家卖出的是旧车，以廉价购进破旧车子，经过精心修理，擦亮后再出售。即使是改行搞买卖，父亲严肃认真的工作态度一点也没变。由于他掌握了焊接技术，断了车架的车子也能修好，其他的自行车店就做不到这一点。父亲不仅仅是补好了车胎，还把车闸和链条拆下来检查一遍，要不然就不放心。宗一郎的父亲常说："经我手修的自行车比新的还好骑吧！"活儿多时，宗一郎就去帮忙，他和父亲收留的几个徒弟一样，也遭到过斥骂，但是父亲又不得不佩服儿子的手艺。

宗一郎并不想在农村待一辈子，他早就下了决心，小学毕业后就到东京去，看看外面的世界。刚好这时他在父亲订的一份《自行车世界》杂志上看到了一则招工广告。他说服了双亲，去信应聘，录取通知书很快就寄来了。毕业典礼一结束，宗一郎马上随父亲到东京去了。他应聘的是一家名叫技术商会的汽车修理厂。厂里拥有15名职工，生意相当兴隆。父亲向主人神原问候并把儿子托付给他之后，就匆匆赶回去了。就这样，宗一郎住进了修理厂。

18岁那年，主人让他到盛冈修理消防车。是由于当地修理厂修不了，消防团才到东京来请人去修的。到车站迎接的消防团长，看到所谓的修理专家是个毛孩子，便问他："你师傅怎么没来？"当听说宗一郎就是派来的专家时，团长连连摇头说："开什么玩笑！"宗一郎不管他们，只是默默地干。查明了故障原因，换了零部件，又按原来的样子装好。整个工作花了3天时间。试车时，发动机运转正常；开动水泵，水泵喷水了。

这一年，宗一郎还组装了一辆赛车，参加比赛获得了第一名。他的修车技术已远近闻名了，只要零部件齐全，他什么车都能修好。

在技术商会长达6年的时间里，宗一郎注意学习，很快掌握了汽车的全部修理技术。他准备回到家乡自己开业。神原同意宗一郎挂"技术商会滨松支店"的牌子，并赞助了200日元，作为营业资金。

从这里开始，宗一郎走上了独立的创业生涯。经过不懈的努力与拼搏，他最终成为"日本的福特"。

比尔·盖茨

比尔·盖茨（1955—）出生于一个书香气息十分浓郁的家庭，母亲玛丽是一所学校的教师，父亲是一名律师。

盖茨从小就喜爱读书，一套《世界图书百科全书》，他可以几个小时连续地阅读，从头看到尾。在学校里，他思维敏捷，他才智远远超过同龄人，他总能以最少的努力获得最高的分数，同学们都称他为"神童"。

他的数学和自然科学知识在同龄人中遥遥领先，学校的任何功课和老师布置的作业，无论是演奏乐器，还是写作文，或者体育竞赛，他都会倾注全力，花上所有的时间去最出色地完成。

母亲渴望比尔·盖茨养成好的学习习惯，生活中有纪律约束，而不是成天坐在那里思考。母亲还希望他在学校有某种良好记载，以便能上自己想读的任何大学。父亲认为他有些不成熟，较小的班的环境对他会有所帮助。他们最后决定送他去湖滨中学上七八两个年级，然后步母亲和姐姐的后尘，上路斯威尔特中学——西雅图优秀公立中等学校之一。

到湖滨中学不久，学校的每个学生都知道了他的名字，知道他是湖滨中学尖子中的尖子。他一直都非常喜欢数学，事实上，他在这方面的天赋极高。在一次湖滨中学举行的数学例试中，他荣登第一名的宝座。后来，校委会在评定他的数学成绩时给了他一个800分的满分。

在湖滨中学时，比尔·盖茨就开始学习华盛顿大学的数学课程。由于在数学方面一直领先，所以他没有在湖滨中学的数学课上花多少时间，即使他在读8年级时，其他学科都考得不尽理想，但他的数学却始终没有考败过。

1969年，盖茨所在的西雅图湖滨中学开设了电脑课。盖茨像发现了新大陆一样，只要一有时间，便钻进计算机房，几乎到了废寝忘食的地步。13岁时，他便独立编出了第一个电脑程序。后来他利用课余时间到一家电脑公司打工,在电脑硬件和软件方面学到了许多书本上和学校里学不到的知识和技能,为日后的研究开发打下了精深的功底。

当盖茨15岁时,他的电脑才能已远近闻名了。一家名叫信息科学的公司找到盖茨,希望用提供使用PDP—10的电脑时间来交换盖茨和他的同学保罗的软件技术。因为按美国法律规定,不能给未成年人支付工资,所以该公司决定,以价值一万美元的电脑时间作为酬劳,要求他们为公司设计工资管理软件。这样就使他俩获得了足够使用一学年的电脑时间,他们不禁高兴万分。1971年,湖滨中学又让盖茨帮学校设计一套排课用的电脑软件,盖茨圆满地完成了这个艰巨的任务。

很快地,盖茨中学毕业了。父母亲经过商量,决定让盖茨报考哈佛大学的法律专业,希望他以后能够成为一名出色的律师。盖茨经不住父母的压力,最终顺从了父母的意见。1973年秋天,他成功地考入了哈佛大学。但是他却暗暗地下定决心,决不放弃自己的爱好。

在大学里,盖茨虽然学的是法律,但他把时间却用在了计算机的学习钻研上,想尽办法争取尽可能多的上机时间。他还到一家计算机中心找到了一份兼职,目的仍然是想得到更多的上机机会。他整日整夜地和计算机做伴,在计算机的王国里,他如鱼得水。

比尔·盖茨就是这样坚持不懈地努力,终于在计算机领域取得了相当杰出的成就,并且赢得了巨额的回报。

毕 加 索

毕加索(1881—1973)出生在西班牙马加拉,父亲是一位美术教师。毕加索从懂事起,便喜欢到父亲的画室里去找乐趣,他常常到这里待上几个小时不走,父亲看他对画画很有兴趣,就对他进行训练。

刚开始父亲训练毕加索观察和思考的能力,接下来他让毕加索学会吃苦,练习基本功,给他一个苹果让他照着样子画下来。毕加索坐在画室里，一边观察一边认真地画，画坏了又从头再来。他的画在父亲的指导和自己的勤奋努力下进步很大。

6岁那年，毕加索被送进了马拉加最好的一所学校里去读书，父亲希望自己的儿子能够好好读书，将来能有出息。但是他没有想到，儿子在学校不仅不好好读书，有时还逃回家里来画画，这一下可让父亲为难了。他私下里给毕加索做过思想工作，但他得到的回答是："学校里的功课一点都没意思，如果你要让我上学的话，除非我把你的画筒和画笔也带去。"没有办法，父亲只好答应孩子将画笔带到学校里。

1895年，因为父亲希望儿子能考进巴塞罗那的美术学院，毕加索全家搬迁到了巴塞罗那。这一年的秋天，他果然以突出的成绩考进了这所学院，成为班上年龄最小的学生。

两年以后，他完成了作品《科学与仁慈》的创作，这幅作品在当年的全国美展上获得了好评，并在马拉加全省美展上捧得了金像奖。在一片鲜花和掌声里，毕加索离开了巴塞罗那，在叔叔的资助下，他来到了首都马德里，顺利地读上了圣费尔纳多皇家学院。在这里，毕加索常常不去上课，整天待在普拉多美术馆里看画，或者干脆跑到大街上去写生。

叔叔听说毕加索逃学的事以后，便中断了对毕加索的接济。这一来使得毕加索的生活陷入了困境之中，他买颜料的钱没有了，肚子也常常饿得咕咕直叫。

后来他因患上了猩红热病而回到了巴塞罗那的父母身边，他遭到了叔叔和父亲的冷落，但母亲鼓励和支持他，他又重新燃起了对艺术追求的信心。为了感激母亲，他把自己所创作的作品的署名改为母亲的姓——毕加索。

1900年，19岁的毕加索来到了他向往已久的巴黎，在这里他接触了各种艺术流派。在艺术上他得到了许多营养，虽然他的生活非常艰辛，但是他没有被生活的困难所吓倒，在艺术上仍然孜孜不倦地探索着。1900年到1904年期间，由于毕加索穷困潦倒，使得他这一时期的作品充斥着忧郁苍茫的蓝色，人们把这段时期称为他的"蓝色时期"。也正是这一时期他积蓄了抵抗困难的勇气与激情，开始了他不知疲倦的创作，为人类创造了许多奇异辉煌的作品。

毕加索的一生辉煌之至，他是有史以来第一个亲眼看到自己的作品被收藏进卢浮宫的画家。在1999年12月法国一家报纸进行的一次民意调查中，他以40%的高票当选为20世纪最伟大的10位画家之首。对于作品，毕加索说："我的每一幅画中都装有我的血，这就是我的画的含义。"全世界前10名最高拍卖价的画作里面，毕加索的作品就占4幅。

玻利瓦尔

玻利瓦尔（1783—1830）出生于委内瑞拉加拉加斯城的一个大地主大资本家家庭。在他家里，除了拥有大片种植园和众多奴隶之外，还有金矿、糖厂、房产和商店。

玻利瓦尔的童年是幸福的，他在家中是最小的孩子，所以备受关爱。不过他的亲情生活并不完整，9岁时就成了孤儿。此后，他被送到监护人——富有的叔叔家里抚养。

叔叔多次请来家庭教师，试图调教这个顽皮的孩子，但都没能成功。后来，刚从欧洲留学回国的西蒙·罗德格斯被请来接任玻利瓦尔的家庭教师之职。这位青年学者对法国启蒙思想家卢梭极为崇拜，深受其资产阶级民主思想的熏陶，他对封建主义的批判和资产阶级民主思想的倡导，在玻利瓦尔的心中留下了深深的烙印。

有一次，玻利瓦尔和老师一起外出，碰到了一位衣衫褴褛的印第安人。老师指着那位印第安人对他说："你看他衣不遮体，而你的衣服却是这样的华丽，这就是人与人之间的差别。"玻利瓦尔听后马上脱下身上的一件衣服，送给了那位印第安人。

1799年，16岁的玻利瓦尔去欧洲学习并寻求革命真理，他游历了西班牙、法国和意大利等国，法国大革命和当时还是第一执政者的拿破仑给他留下了深刻的印象。在意大利，玻利瓦尔遇到了他的老师罗德格斯，两人重逢后，谈得十分投机。一天晚上，他们爬上罗马郊区的圣山，玻利瓦尔望着灯光闪烁的罗马夜景大声喊："我发誓，不打破西班牙的专制统治，解放整个南美洲，我决不罢休！"这个誓言成了他终生奋斗的目标。

1807年初，玻利瓦尔回到家乡加拉加斯，积极投入到争取民族独立的解放运动中。此时，西班牙虽然名义上还留有自己的殖民地，但由于加入拿破仑的"大陆封锁体系"及对英国的战争，其国内经济日趋衰落，与殖民地的联系也被英国切断，这给南美殖民地获得政治独立提供了良好的条件。1810年4月，玻利瓦尔领导加拉加斯市民掀起了反抗西班牙殖民统治的斗争。1811年7月5日。委内瑞拉宣告独立，第一共和国诞生。玻利瓦尔是新政府的领导成员，被授予陆军上将军衔，并兼任卡贝略港要塞司令。

　　由于共和国内部的分裂和教会的煽动破坏，一年后，委内瑞拉第一共和国在西班牙的反扑下宣告失败。但是玻利瓦尔并没有丧失信心，他乘船来到了哥伦比亚的卡塔赫纳。在那里，他招募了大批黑人士兵，并立即对他们进行了军事训练。1813年，在一切准备工作就绪之后，玻利瓦尔决定率领这支军队重返委内瑞拉。但是，这些士兵大都是哥伦比亚人，他们不愿到别的国家去作战。在军官会议上，一位青年上尉甚至反对说："我决不在别国的土地上指挥哥伦比亚的士兵。"玻利瓦尔听后怒不可遏，他拔出手枪拍在桌子上说："你必须去！不然的话，或者我打死你，或者你打死我，二者必选其一。"面对玻利瓦尔冷峻的目光，这位青年上尉退缩了，表示愿意服从命令。

　　1813年8月，在进行了一系列战斗之后，玻利瓦尔率爱国军开进加拉加斯，建立了委内瑞拉第二共和国。人们热情地欢迎玻利瓦尔归来，并对他高呼："解放者！解放者！"从此，玻利瓦尔获得了"解放者"的称号。

布　莱　叶

　　路易斯·布莱叶（1809—1852）生于法国巴黎附近的库普雷村。3岁的时候，一天他在父亲的工作室里玩耍，不慎被工具弄伤了一只眼睛，由此而引起的感染很快影响到另一只眼睛，到5岁时他就双目失明了。

幸运的是，库普雷村的乡村牧师雅克·帕路注意到了布莱叶，他非常同情这个不幸的孩子。雅克·帕路教布莱叶学习，并且说服小学校长收他当学生。似乎是为了弥补他视力上的缺陷，布莱叶有着超常的记忆力，他学得很快。最后，雅克·帕路把他送进了巴黎皇家盲人学院。

当时，盲人学院的教学比较落后。对于盲人来说，只能用耳朵去听、用手去摸来了解世界，这是一件非常艰难和痛苦的事情。布莱叶也陷入了这种痛苦中。

这一年，巴比尔船长带领一些士兵来到盲人学校，给盲童讲解战地夜战通讯的演习。他说："在伸手不见五指的夜晚，要秘密地把信息传出去，我们用的是密码。我们先在厚厚的纸上戳出各种点来表示密码，然后发送。接到密码的士兵，用手一摸，就能了解信息的内容，就像用眼睛看电报一样。"巴比尔船长还让士兵为盲童表演了一次。这次表演给了布莱叶很大启发，他决心开始研究比较便利的盲文。

因为白天是在课堂上度过的，他只能利用晚上和周末的时间，来努力研究各种类型的点，并不断尝试着简化这些通信密码，希望找到一种更快捷的读写方式。夜晚他常常忘记时间的流逝，坐在床上打点。只有当窗外的马车辘辘作响时，他才意识到黎明的到来。

可是这份热情却慢慢侵蚀着他的健康，后来他得了肺结核。

功夫不负有心人，他终于探索出了新的文字读写方式。他把原来12个孔位表示一个字母改成6个孔位表示一个字母，以排列组合的方式创造出63种不同的符号，并用这些符号编写出不同的字。

布莱叶字母符合人指尖的大小，因此阅读速度大大提高了。布莱叶字母与印刷字母所占空间几乎相同，所以书不会太大，生产成本也不高。最重要的是，布莱叶盲文和有视力的人使用的字母类似，因此很容易学习掌握。

1892年，布莱叶首次向巴黎盲人学校全体师生宣布了他的点字方案，要求领导予以审查，但遭到一些教师的反对。布莱叶经过二十多年的斗争，抑郁成疾，病倒在床。

就在他去世的前几天，他的一个女学生在一个盛大的音乐会上演奏钢琴，获得了好评。这个学生在向听众介绍她成功的经过时，提到了她的老师。她将布莱叶怎样创造这种点字，又怎样耐心地教她，以及布莱叶的点字至今尚未被学校当局所采用的情况，一一讲了出来。第二天，巴黎的报纸上登载了这个消息。

在这种情况下，巴黎盲人学校只好采用这种受人欢迎的布莱叶点字。几天之后，布莱叶就与世长辞了，那年他才43岁。

布莱叶是当今世界盲人都在使用的盲文点字符号的发明人。他的发明对盲人贡献巨大，为盲人带来了很大的幸福。

柴可夫斯基

柴可夫斯基（1840—1893）出生在沃特金斯克，一个现在乌德穆尔特共和国的小镇子。他的父亲是一位官办矿厂的采矿工程师，母亲是一位法裔俄罗斯人。他的童年是在一个典型的富裕的贵族家庭中度过的。

柴可夫斯基5岁那年的生日，父亲决定给他一件特殊的生日礼物，那就是给他请一个教音乐的家庭教师。从此以后，柴可夫斯基就开始学习音乐了，他练习钢琴时特别刻苦，有时候做梦都在学习弹琴。

在柴可夫斯基8岁那年，他们全家搬迁到了彼得堡，家庭教师当然只好重找。到了彼得堡以后，柴可夫斯基要求父母给他一个挑选老师的机会，母亲找了很多人介绍懂音乐的老师过来面试，结果柴可夫斯基看中了热情洋溢的32岁的拉娜妮娅当他的钢琴教师。

拉娜妮娅不仅钢琴弹得好，而且还很会引导柴可夫斯基，她喜欢在空余时间里跟柴可夫斯基讲莫扎特等音乐家是如何刻苦学习的故事。有一次，老师讲的故事令他激动不已，他即兴给老师表演了一首曲子，曲子激情洋溢，把老师给感染了。师生俩陶醉在优美的旋律里。

虽然柴可夫斯基非常喜欢音乐并有极好的天赋，但父亲却希望柴可夫斯基长大后能当一名律师，12岁那年，柴可夫斯基按照父亲的要求进了法律学校学习。

法律学校的刻板生活让柴可夫斯基感到很难过。一天晚上，柴可夫斯基偷偷地跑到了学校的琴房。看见钢琴后，柴可夫斯基迅速打开琴盖弹奏起来。不管别人如何议论，他仍坚持钻研乐理知识并学习作曲。在法律学校的最后一年里，他创作的第一首乐曲出版了。

由于柴可夫斯基对音乐的热爱和对音乐努力的学习，1862年，他终于如愿以偿地考上了彼得堡音乐学院。

1868年开始，柴可夫斯基与俄国国民乐派的成员逐渐走得很近。在巴拉基列夫的建议下，他写下了著名的管弦乐序曲《罗密欧与朱丽叶》。但于此后，柴可夫斯基的作曲风格越来越偏向西欧风，而逐渐与强调民族素材及风格的国民乐派渐行渐远。

有一次，柴可夫斯基在莫斯科临阵上场替代指挥他自己的歌剧《女妖》，之后便开始常态性地从事指挥工作。克服与生俱来的舞台恐惧症之后，他逐渐开始习惯在舞台上指挥自己的创作，并常在欧洲各地巡回演出，结识不少当时的音乐家。

1891年，柴可夫斯基受邀至美国指挥自己的作品，当年的5月5日，他在卡内基大厅的开幕仪式上指挥纽约音乐协会交响乐团演出。美国一行中，他还演出了著名的第一号钢琴协奏曲以及弦乐小乐曲。这首堪称柴可夫斯基最有名的降b小调钢琴协奏曲，曾受到前同事尼可莱的恶评，也因此一直束之高阁迟迟未演，未料在美国首演却一炮而红，从此成为柴可夫斯基的招牌。

柴可夫斯基最终成为一个伟大的音乐家，他的《天鹅湖》舞曲传遍了世界各地，成为人类艺术的瑰宝。

车尔尼雪夫斯基

车尔尼雪夫斯基（1828—1889）出生在伏尔加河边美丽的萨拉托夫城。他的父亲是一个平民出身的牧师，很有学问。家里有一个藏书丰富的图书室，车尔尼雪夫斯基一有空就到这里来。

车尔尼雪夫斯基7岁时就已对读书着了迷，他经常一面吃饭一面看书。有一天早晨，母亲看到孩子好长时间没从厨房里出来，心想这孩子到底吃了些什么？于是，就悄悄地走到厨房门前，却看到儿子正在那里为一篇小说中的人物而流泪。母亲喊来了他的父亲，又拿了很多他平时喜欢读的书哄他，他才擦擦眼泪继续吃饭。

车尔尼雪夫斯基最喜欢俄国大诗人普希金和莱蒙托夫的诗，喜欢英国作家狄更斯和法国女作家乔治·桑的小说，还读了许多社会科学方面的书籍。由于他坚持不懈的努力，10岁时就已赶上了15岁中学生的水平。

他14岁的时候，以优异的成绩考取了萨拉托夫的教会中学。有一次老师布置写作文，他不受老师的限制，很快写出了一篇关于读书学习方法的文章。他说："知识就像一座有无数宝藏的大山，越往深处发掘，越能得到更多的东西。尤其是青少年，更应该在知识的园地里不屈不挠地耕耘。"文章写成之后，学生们就争相传阅，这像在他的心灵里点燃了更旺盛的求知之火。

16岁时，车尔尼雪夫斯基已经通晓7种外国语，大量阅读了俄国民主主义者别林斯基和赫尔岑的文章。第二年他中学毕业后，又考入彼得堡大学文史系。

在大学读书的几年中，车尔尼雪夫斯基更加勤奋，读书常常是通宵达旦，被老师和同学们称为"伏尔加河边的读书迷"。

车尔尼雪夫斯基的著述活动是多方面的，涉及哲学、经济学、美学、文学、社会学等各个领域，他的最重要的著作有：《艺术对现实的审美关系》《俄国文学果戈理时期概观》《对反对公社所有制的哲学偏见的批判》《哲学中的人本主义原理》《生活与美学》以及小说《怎么办？》等。其中，他在监狱中写下的长篇小说《怎么办？》，被誉为"生活教科书"。

车尔尼雪夫斯基把俄国革命民主主义思想发展到空前的高度。他的光辉著作和威武不屈的品质，为他赢得了崇高的威望，成为俄国一代进步青年所景仰的英雄人物，对俄国革命运动发生了巨大的影响。他是继贵族革命家之后登上历史舞台的第二代俄国革命战士、平民知识分子革命家中最杰出的代表。列宁把他誉为"未来风暴中的年轻舵手"。

达·芬奇

达·芬奇（1452—1519）的父亲彼特罗是佛罗伦萨城的一个公证人，他的母亲是一个小镇酒馆里的女招待，因出身卑微不能和其父结婚，她生下达·芬奇后不久就和同村的另一个人结婚了。

达·芬奇从小在祖父的田庄中长大。直到5岁那年，父亲才把儿子抱回家哺养。

父亲把达·芬奇接回来以后，便给他请来了养母阿尔别拉，养母对达·芬奇非常疼爱，她常常教达·芬奇认字，并给他讲一些名人的故事。

童年时代的达·芬奇聪明伶俐，勤奋好学，兴趣广泛。他歌唱得很好，很早就学会弹七弦琴和吹奏长笛。他的即兴演唱，不论歌词还是曲调，都让人惊叹。他尤其喜爱绘画，常为邻里们作画，有"绘画神童"的美称。

父亲确信儿子有绘画天赋，便将他送往佛罗伦萨，师从著名的艺术家韦罗基奥，系统地学习造型艺术。一开始韦罗基奥便让达·芬奇每天学画蛋，达·芬奇画了一段时间就开始厌烦了："老师我画了这么多蛋了，应该可以了吧？"老师耐心地对他说："孩子，练习画蛋是练习你的基本功，要知道世上没有完全一样的蛋，如果你把这些蛋能画到随心所欲的地步也就可以了，可是我看你画的这些蛋怎么也没有我想象中的那样好。你得再来，一直要画到随心所欲的地步才行。"

从此以后，达·芬奇几乎每天都要画上几十个鸡蛋，在这样一遍一遍的练习中，他掌握了许多绘画的技巧。

一天，父亲受一位农民的委托，要画一幅盾面画。他想试试儿子的画艺，便将这任务交给了小芬奇。小芬奇凭借自己丰富的想象力，用了一个月的时间，画成了一个骇人的妖怪美杜莎。这幅作品完成后，小芬奇请父亲来到他的房间。他把窗户遮去一半，将画架竖在光线恰好落在妖怪身上的地方。彼特罗刚走进房间时，一眼就看到了这个面目狰狞的妖怪，吓得大叫起来。小芬奇则笑着对父亲说："你把画拿去吧，这就是它该产生的效果。"

韦罗基奥的作坊是当时佛罗伦萨著名的艺术中心，经常有意大利人文主义者在这里聚会，讨论学术问题。达·芬奇在这里结识了一大批知名的艺术家、科学家和人文主义者，开始接受人文主义的熏陶。达·芬奇在20岁时已经有了很高的艺术造诣，他用画笔和雕刻刀去表现大自然和现实生活的真、善、美，热情歌颂人生的幸福和大自然的美妙。

壁画《最后的晚餐》《安吉里之战》和肖像画《蒙娜丽莎》是达·芬奇一生的三大杰作，是他为世界艺术宝库留下的珍品中的珍品，是欧洲艺术的拱顶之石。

达·芬奇除了是一位绘画大师外，他还是一位思想深邃、学识渊博、多才多艺的寓言家、雕塑家、发明家、哲学家、音乐家、医学家、生物学家、地理学家、建筑工程师和军事工程师。

达 尔 文

达尔文（1809—1882）出生在英国的一个小城镇。他的祖父和外祖父都是当时英国的知名人士，祖父是一位博物学家，他对动物、植物、矿物、地质都有很深的研究，同时他还是一位发明家、哲学家、诗人和医生。而外祖父却以研制具有英国独特风格的奶油色瓷器而闻名。父亲在当时是一位有名的医生，19岁时就获得了医学博士学位。母亲虽然出身于名门，但自从嫁给达尔文的父亲以后，便心甘情愿地做起了家庭主妇。

达尔文从小受妈妈的教育很多，妈妈常常带着他和妹妹到河畔散步，让他们接触大自然，带他们捕捉蝴蝶、采集树叶。

8岁那年，父亲把达尔文送进了学校。老师总是教他们读枯燥无味的《圣经》，达尔文对此厌烦极了。于是他给祖父写了一封信，他告诉祖父非常想看他的有关植物和动物的书。达尔文的祖父收到这封信后，便叫人送了一些书给他。在祖父的支持下，达尔文读了许多自然科学的书籍。因为这些书，达尔文对大自然更是迷恋了，他经常利用课余时间去捉昆虫，收集各种各样的矿石。

由于对《圣经》不感兴趣，他的学习成绩很差，后来父亲只好把他转到了一所纪律比较严格的文法中学里去读书。上了中学的达尔文胆子更大了，他常常独自一个人来到森林里听各种鸟儿鸣叫，并且他还把这些鸟的叫声记录下来。

在文法中学，达尔文的学习成绩仍然不见好转，这时候，父亲决定送他去学医。可是达尔文对医学一点兴趣也没有，他要求父亲送他去学植物学和动物学。懂得医学的父亲没有同意达尔文的要求，1825年，达尔文便离开家乡，进入了爱丁堡大学医学院。

进了医学院的达尔文仍然热爱动植物学，他继续对动植物进行研究。他经常和好朋友们出外旅游，在旅游中他同样忘不了收集大量的标本。父亲没有办法，但也不让步。他给达尔文请来一位家庭老师，让达尔文补习拉丁文，然后准备考剑桥大学的基督学院。因为父亲希望达尔文能选择一个好的职业，以后有较高的收入。

为了听父亲的话，达尔文学会了拉丁文和希腊文，后来达尔文又考进了剑桥大学的基督学院。在剑桥大学里，他认识了通晓各门学科的亨斯罗教授，达尔文便成了亨斯罗教授家里的常客，他常常跟亨斯罗教授一起研讨自然科学中的许多问题，并选修了亨斯罗教授的植物学。每周他都和几个同学跟着亨斯罗教授到野外去采集标本。

1831年的夏天，达尔文结束了剑桥大学3年的学习生活回到了家乡。一天，正在花园里散步的他收到了亨斯罗教授的来信，信中说，有一艘叫作"比格尔号"的船要出海去航行，舰长很想找一位愿意自费出航的自然科学家出海考察，如果达尔文愿意去的话请他与"比格尔"的舰长联系。

达尔文接到这个消息以后，很快便跟"比格尔"的舰长取得了联系，1831年12月27日，"比格尔号"出海了，在这一次环球航行中，达尔文采集到了许多动植物标本和矿石标本，并且还做了大量的航海日记。

这次旅行达尔文发现了生物的进化过程，从而推断出了人类是由海洋生物发展而来的动物。1858年，他便开始着手写作《物种起源》，只用了一年的时间，就完成了这部震惊世界的名著。

戴 高 乐

戴高乐（1890—1970）生于法国西北部边境城市里尔。父亲是耶稣会学校的教师，参加过1870年的普法战争，民族主义和爱国主义情绪非常强烈，对童年的戴高乐影响很大。

戴高乐生性好斗，向往成为一名军人。1909年，戴高乐考入圣西尔军校。他入学时成绩平平，处于中等偏下，然而他在军校的表现却如他的大个子一样鹤立鸡群。同学们私下给他取了不少外号，但是无一例外地都在外号前面冠以一个"大"字。除了他个子大、鼻子大之外，还因为他的"思想大"。戴高乐学习刻苦是出了名的。老师教的那点东西似乎远远满足不了他的胃口，于是他开始研究战役、战略层次上的问题，研究政治与军事、物质与精神的关系。这使得他在学员里多少显得有些"不合群"，以至于他的很多同学都被提升为中士后，曾经有人问连长为什么不提升戴高乐，这位连长回答说："中士怎么能满足他的胃口呢？他也许只有当上统帅才会合心。"

1912年，戴高乐以优异的成绩从军校毕业后，成为步兵第33团的一名少尉。这个团的团长就是后来成为元帅的菲利浦·贝当上校。

戴高乐分到步兵团不久就参加了一次培训，贝当上校亲自给这些年轻军官讲解当年在蒂雷纳元帅与孔代王子的一次战斗中，蒂雷纳元帅的骑兵是如何骁勇善战，最终取得了战斗的胜利。正当大家听得津津有味的时候，戴高乐突然站起来打断了团长的话，指出这次战斗胜利的关键是因为蒂雷纳元帅的炮火压制住了孔代王子。在当时打断长官的讲话在等级森严的军营中是一件很犯"忌讳"的事。不仅如此，戴高乐还提出了与团长不一样的观点。这种冒犯权威的事在当时是不可想象的，大家都为戴高乐捏了一把汗。谁料到戴高乐这次交了好运，贝当上校非但没有责怪他，反而表扬了他，觉得他说得很有道理。在这次事件之后，戴高乐在军营中的声望大增。

第一次世界大战初期，戴高乐随他的团队参加了比利时境内的一次战斗，负了伤；以后他在战斗中又两次负伤。1916年3月，戴高乐在法国东北部都奥蒙指挥一个连队作战时，中弹昏死在阵地上。贝当将军把他列入"阵亡"名单，追授一枚最高荣誉十字勋章，并且给予了这样的评语："该员在激战中以身殉国，不愧为在各方面均无与伦比的军官。"等到戴高乐醒过来后，他成了德国的俘虏，直到1918年11月德国战败投降，他才重获自由。

战后，戴高乐应募去波兰同俄国红军作战。回国后，先后在圣西尔军校当战争史讲师；在法国军事学院学习；在特列尔的猎兵第19营当营长；在东地中海地区参谋总部和国防部总秘书处任职。1937年底，他晋升上校，任坦克团团长。20世纪30年代，戴高乐发表了一系列军事理论著述，论述了在未来战争中大量使用坦克以及机械化部队与空军、步兵协同作战的必要性，竭力主张在法国组建有高度机动性的机械化部队。可惜这些战略思想没有被法国军事统率机关所重视和采纳。直到第二次世界大战爆发后，德国的机械化部队绕过马其诺防线突袭法国西北部时，戴高乐才仓促受命组建一个装甲师，并被提升为准将。

历经两次世界大战，戴高乐以其坚忍的性格和灵活的手腕，保卫了法兰西的尊严和利益，并为法国在战后取得大国地位立下了赫赫功勋，最终成为法兰西第五共和国的创建者。

戴　维

亨弗利·戴维（1778—1829）出生在英格兰彭赞斯城附近的乡村。父亲是个木器雕刻匠，母亲十分勤劳，但他们的生活并不富裕。

戴维5岁入学，是个淘气、贪玩的学生。他的衣兜里常常是装着钓鱼的器械和各种矿石。但他有惊人的记忆力，别人讲过的故事或自己看过的书，他不但记得故事情节，还能生动地讲述出来。

当他读完小学后，父亲送他到彭赞斯城读书。16岁时他的父亲去世了。为了谋生糊口，戴维被送到当地一位医生那里当学徒。这项工作很符合戴维的志趣，他可以天天调配各种药物，用溶解、蒸馏的方法配制丸药和药水，真正地操作化学实验仪器。

1798年戴维来到布里斯托尔，在帕多斯医生开设的气体疗病研究所实验室当管理员。帕多斯懂得化学，擅长医术，帕多斯发现戴维有精湛的实验技术，是个有前途的人才，于是提出愿意资助戴维进大学学医。但是，这时的戴维对化学兴趣正浓，他下决心要一辈子从事化学研究，所以谢绝了帕多斯的好意。

1799年4月，戴维制取了一氧化二氮（又名笑气）。有人认为它是一种有毒气体，帕多斯认为它能治疗瘫痪病。究竟效果如何，勇于探险的性格使戴维决定亲自试验一下。事后在记录上他写道："……当吸入少量气体后，觉得头晕目眩，如痴如醉，再吸四肢有舒适之感，慢慢地筋肉无力了，脑中外界的形象在消失，而出现各种新奇的东西，一会儿人就像发了狂那样又叫又跳……"他知道这种气体显然不能过量地吸入体内，但少量的可用在外科手术中作麻醉剂。随后他将这次试验的过程和亲身的感受及笑气的性质写成小册子。许多人读到这本小册子后，为戴维的介绍所吸引，好奇地以吸入笑气为时髦。戴维的名声就随着笑气而宣扬开了，许多人争先恐后地来结识戴维。从此他的化学生涯有了一个好的开端。此时他仅22岁。

1803年，戴维当选为英国皇家学会的会员。在许多研究题目中，戴维对伏打电池的电解作用尤感兴趣，他想，电能将水分解成氢、氧，那么一定也能将其他物质分解出新元素，而化学中常用的就是苛性碱，不妨拿它试一试。于是他将一块苛性碱配成水溶液，然后通上电，溶液立即沸腾发热，两根导线附近都出现了气泡。开始戴维以为苛性碱分解了，可是后来发现跑出去的气体是氢气和氧气，也就是说分解的只是水，苛性碱根本没动。

水不行就用火。他将苛性碱熔化后通上电，在导线同苛性碱接触的地方出现了小小的火舌，淡淡的紫色。一分解出来就着火了，根本没法收集。他苦苦思索了十几天，突然想出了一个好法子：把苛性碱稍稍打湿，让它刚能导电又不含剩余水分。

要将苛性碱打湿很简单，只要把它放在空气中片刻，它就会自动吸潮，表面形成湿乎乎的一层。这次戴维真的成功了，他电解出了金属钾。

后来他又用电解的方法制得了金属钠、镁、钙、锶、钡和非金属元素硼和硅，成为化学史上发现新元素最多的人。

但　丁

但丁（1265—1321）出生于佛罗伦萨一个破落贵族的家庭，但丁5岁那年，母亲去世了。也是在这一年里，经商的父亲给他请了一位很著名的学者——哲学家布鲁内托·拉丁尼教他读书。

拉丁尼不仅教但丁拉丁文，同时还教他学习修辞学和古典作品。在拉丁尼的引导下，但丁10岁以前便读遍了古罗马作家维吉尔、奥维德和贺拉斯等名家的作品。

自从母亲去世后，但丁就有一个怪癖，他不愿意与任何人说话，哪怕是跟父亲在一起，他也从来不主动说一句话。开始拉丁尼还以为但丁是哑巴，因为刚上课的时候拉丁尼问他什么，他除了睁大眼睛听以外，一句话也不答。后来知道是由于母亲的离去给幼小的但丁带来的创伤以后，拉丁尼开始对这个孩子采取了另一种教学方式，那就是给但丁爱和关怀。

有一天，拉丁尼摸着但丁的头说："今天我们不上课了，我们到草地里去捉蝴蝶好吗？"但丁看着拉丁尼微笑着点了点头，拉丁尼第一次看到了但丁的笑容。抓住蝴蝶的但丁，总是高兴地来到老师的身边把蝴蝶给他看，跑累了的但丁终于来到拉丁尼的身边坐了下来。

"孩子，你平时怎么不爱说话呢？""妈妈不在了，没有人爱我，爸爸根本就没有时间管我。""可是你不说话，不是更难受吗？以后有什么不开心的事可以跟老师说，好吗？"但丁点了点头。从此以后，但丁便把拉丁尼当成了自己的父亲。

18岁以前但丁已经是一个知识广博的人了，并且还写出了许多流畅动人的诗歌，他出众的才华很快就远近闻名了。他的诗被一些音乐家谱上曲子在意大利的许多地方传唱。当他正进入青年的时候，父亲离开了人世，但丁成了孤儿。

30岁那年，但丁参加了政治活动，他站在新兴的市民阶级一边，和旧的封建贵族斗争，后来他被推选为长老，成为佛罗伦萨的6位执政官之一。

不久由市民组成的执政党分化成了黑、白两党，但丁站在白党的一边。1301年10月，教皇为了推翻当时执政的白党政府，唆使法国出兵佛罗伦萨，不久，黑党在法国的支持下夺取了佛罗伦萨的政权，结果白党失败了，但丁被判终身流放。

但丁在被放逐时，曾在几个意大利城市居住过，有的记载他曾去过巴黎，他以著作排遣其乡愁，并将一生中的恩人仇人都写入他的名作《神曲》中，对教皇挪揄嘲笑，他将自己一生单相思的恋人、一个叫贝亚德的25岁就去世的美女，安排到天堂的最高境界。

但丁一生著作很多，其中最有价值的无疑是《神曲》。这部作品通过作者与地狱、炼狱及天国中各种著名人物的对话，反映出中古文化领域的成就和一些重大的问题，带有"百科全书"性质，从中也可隐约窥见文艺复兴时期人文主义思想的曙光。在这部长达一万四千余行的史诗中，但丁坚决反对中世纪的蒙昧主义，表达了执着地追求真理的思想，对欧洲后世的诗歌创作有极其深远的影响。

道 尔 顿

约翰·道尔顿（1766—1844）出生在英国坎伯兰的一个贫困的乡村，他的父亲是一个纺织工人。当时正值第一次工业革命的初期，很多破产的农民沦为雇用工人。道尔顿一家的生活十分艰难。

道尔顿在童年根本没有读书的条件，只是勉强接受了一点初等教育，10岁时，他就去给一个富有的教士当仆役。也许这也算是命运赐予他的一次机会吧，在教士家里他有机会读了一些书，增长了很多知识。于是两年后，他被推举为本村小学的教师。

　　1781年，年仅15岁的道尔顿随哥哥到外地谋生，不久后他就成了肯达耳中学的教师。在教学之余，他系统地自学了许多科学知识。在这里他还结识了著名学者豪夫，在豪夫的帮助下，他的教学水平迅速提高，4年以后，便成了肯达耳中学的校长。

　　1787年，21岁的道尔顿对气象学发生了浓厚的兴趣，不断地观察和实验。6年后，在豪夫的推荐下，道尔顿又受聘于曼彻斯特的一所新学院。在这里他出版了自己的第一本科学著作——《气象观察与研究》。第二年，他在罗伯特·欧文的推荐下成为曼彻斯特文学哲学会的会员。

　　对空气和大气的研究又使他对一般气体的特征发生了兴趣。通过一系列的实验，他发现了有关气体特性的两个重要定律：第一个定律是在1801年提出来的，该定律认为一种气体所占的体积与其温度成正比（一般称为查尔斯定律，是根据法国科学家查尔斯的名字命名的。他比道尔顿早几年发现了这个定律，但未能把其成果发表出来）；第二个定律叫作道尔顿气体分压定律。

　　1804年以后，道尔顿又对甲烷和乙烯的化学成分进行分析实验，推出碳氢化合的比例关系，并发现了倍比定律：相同的两种元素生成两种或两种以上的化合物时，若其中一种元素的质量不变，另一种元素在化合物中的相对重量成简单的整数比。道尔顿认为倍比定律既可以看作是原子论的一个推论，又可以看作是对原子论的一个证明。第二年道尔顿的主要化学著作《化学哲学的新体系》正式出版。书中详细记载了道尔顿的原子论的主要实验和主要理论。自此道尔顿的原子论才正式问世。

　　在科学理论上，道尔顿的原子论是继拉瓦锡的氧化学说之后理论化学的又一次重大进步，他揭示出了一切化学现象的本质都是原子运动，明确了化学的研究对象，对化学真正成为一门学科具有重要意义。此后，化学及其相关学科得到了蓬勃发展；在哲学思想上，原子论揭示了化学反应现象与本质的关系，继天体演化学说诞生以后，又一次冲击了当时僵化的自然观，为科学方法论的发展、辩证自然观的形成以及整个哲学认识论的发展具有重要意义。

邓 肯

邓肯（1877—1927）出生在美国的圣弗朗西斯科，她的父亲是一个诗人，母亲是一个音乐教师，说起来这个家庭应该是一个和美的家庭了，然而很不幸，邓肯还在母亲怀里的时候，母亲便和父亲离婚了，4个孩子全由母亲一个人抚养。全家人生活极为困难。为了养活一家人，母亲不得不整天为生活奔波，到有钱人家去当家庭教师。

母亲常常很晚才回家，根本就没有时间照管孩子。在邓肯5岁那年，母亲为了减少对邓肯的管理便谎报了邓肯的年龄，把她送上了学。

上学第一年，邓肯就想当老师了。一天，她召集邻近比她还要小的几个孩子来到家里，让她们围着她坐在地上，然后她起身向大家挥舞着手臂。她的举动被回来的母亲看见了，母亲问她在干什么，她回答说："我在办舞蹈学校。"母亲觉得很有趣，便坐在一边弹钢琴给她伴奏。

后来，邓肯的这个"学校"还真有了一点名声，邻近的许多女孩子都来跟她学舞蹈，有的家长还给她送一些钱来。

邓肯不仅是一个有艺术天分的孩子，而且在生活中她还是一个很勇敢、很有主见的女孩。每当家里没有肉吃的时候，总是由她去游说屠夫，把肉赊给她。有一次母亲给一家商店织了几件绒线织品，等织完后店里不要了，妈妈急得哭了起来。这时邓肯提着篮子，把妈妈织的手套、帽子戴上，一家一家地去兜售，结果没多久便全部卖掉了。

10岁那年，邓肯在家里办的舞蹈学校的学生人数增加了，于是便和母亲商量：与其到学校去虚度时光，不如在家里赚钱。母亲同意了。

于是邓肯把头发盘在头顶上，谎报自己已经16岁了，从此便正式开始了她的教学生涯。没有多久，很多有钱人都把家里的女孩送来，忙得邓肯只好把寄养在外祖母家里的姐姐招回来帮忙。

几年后邓肯让母亲带她到芝加哥发展。开始是在屋顶花园晚会上表演，她觉得这里不仅不能表现她的舞蹈艺术，同时也不能充分展示她的才华，所以她只跳了一个星期，便坚决地辞了这份每周50美金的工作。

为了追求理想，她决定再到纽约去闯一闯。那时刚好美国最著名的剧院经理和画家达利先生来到芝加哥，于是邓肯找到了达利，她在达利的面前演讲了一番之后，得到了达利的支持，并因此而得到去纽约演出的机会。16岁时，邓肯因为在纽约的剧院中演出而成名，她的舞蹈让人们看到了一种自然的表演，从而，邓肯便拉开了现代舞的序幕。

21岁时她被迫去英国谋生，在不列颠博物馆潜心研究了古希腊艺术。她从古代雕塑、绘画中找到了她认为理想的舞蹈表现方式：身着长衫，赤脚，动作酷似树木摇曳或海浪翻腾。她从古典音乐中汲取灵感，追求"可以通过人体动作神圣地表现人类精神"的舞蹈。她认为：技巧会玷污人体的自然美，动作来源于自我感觉，舞蹈应该自始至终都表现生命。因此，她在伦敦的表演使观众耳目一新，她像森林女神一样，薄纱轻衫、赤脚起舞的形象，在整个欧洲受到人们的欢迎。

狄 更 斯

狄更斯（1812—1870）出生在英国南部朴次茅斯的波特西地区一个贫寒的小职员家里。父亲因无法清偿债务而被投进债务监狱。

狄更斯11岁时就被送到一家皮鞋油作坊去当童工。为节省开支，母亲和弟妹都搬进监狱和父亲住在一起。狄更斯在外做工，每逢星期日领到薪水就买些食物去监狱看望父母弟妹。

每天回来，他都要躲到家里的小阁楼上，贪婪地阅读父亲留下的小说，《鲁滨孙漂流记》《天方夜谭》《堂吉诃德》等更是他百看不厌的书。大量的阅读和对社会的细微观察，使他的知识渐渐地丰富起来。

艰难的日子不久就过去了，他的父亲因为继承了一笔遗产，还清了债务，被释放了。在父亲的坚持下，狄更斯又进了学校。过去痛苦的生活使他懂得能够读书是多么不容易，所以他十分用功，后来成了学校的优等生。

然而好景不长，狄更斯家的经济状况又恶化了。16岁时狄更斯又离开了学校，走上社会。在父母的安排下，他进了一家律师事务所当小职员。在这段时间里，他进一步认识和熟悉了形形色色的人。后来他又当上了报馆记者，四处采访，这些经历都为他后来的创作提供了丰富的素材。

狄更斯自以"博兹"为笔名发表文章后，很快便于1836年2月出版了《博兹特写集》。有了名气的狄更斯便被出版商请去在刊物上为著名的漫画家西楼先生的连载漫画配写故事。到1837年11月，故事连载完毕，在社会上引起了巨大的轰动。这些喜剧性的连载故事后来被汇编成著名的小说《匹克威克外传》。

一时间，"匹克威克先生"的名字比首相的名字还响亮。商人还以"匹克威克"作为商品的名字，人们称这股狂热为"博兹热"。

从这以后，狄更斯的小说接连不断地出版，《奥列佛·特维斯特》《尼古拉斯·尼克尔贝》《老古玩店》等，对资本主义社会作了深刻的批判。《奥列佛·特维斯特》被认为是狄更斯第一部杰出的社会小说，后来被改编为电影，更名为《雾都孤儿》，影响很大。1844年起狄更斯先后去意大利、瑞士和法国，创作了《圣诞故事集》。1848年英法大革命失败后，狄更斯对社会的认识更深化了，他先后写了《董贝父子》《大卫·科波菲尔》《荒凉山庄》《艰难时世》《双城记》等一批优秀小说。

狄更斯晚年因长期写作损害了身体，家庭的不和也增添了他的忧愁，但他仍不放下手中的笔。1870年，狄更斯在身患轻度中风的情况下，又坚持创作了他的最后一部长篇小说《艾德温·德鲁德之谜》。6月9日，这部著作未及完稿，狄更斯便去世了，他实现了自己生前所说的"死在工作中"的愿望。

迪　士　尼

沃尔特·迪士尼（1901—1966）生于美国伊利诺伊州的

芝加哥。父亲是芝加哥城的一名木匠，自己建房出售，母亲协助丈夫负责房屋的设计、材料的购买等工作，日子过得很殷实。

从小学到中学，沃尔特·迪士尼的学习成绩一直很差，可是他喜欢电影、音乐和绘画，他对马戏特别着迷。上学时他演过《照相馆里的欢乐》《林肯演讲》等，好长一段时间里都得到老师和同学们的喜欢。

1917年9月，沃尔特·迪士尼进了麦金利中学上高中。在这所学校还不到一个月，他便成了校刊《金声》杂志的漫画家兼摄影。同时他还参加了芝加哥艺术学院进修班，他每周有3天去学习解剖学、写作技巧和漫画，这些都没有让他满足，他有时还抽出时间去观摩漫画家的创作。

1919年9月，沃尔特·迪士尼高中毕业，进入俾斯麦·鲁宾广告公司，给路易斯·俾斯麦和比尔·鲁宾两个画家当学徒，他的工作很快就得到了老板的赏识。在这家广告公司里，他认识了荷兰的移民后裔乌比·依维柯，后来由于公司破产，他与乌比·依维克失业了。

1920年1月的一天，乌比·依维克在堪萨斯市《星报》上看到了本市幻灯片公司招聘动画绘制人才的广告，于是便劝说沃尔特·迪士尼去应聘。最后多才多艺的沃尔特·迪士尼被录取了。

不久，幻灯片公司改名堪萨斯市电影广告公司，他们的业务也就是制作一分钟的动画广告影片在电影院放映。这个制作过程是把人和动物画像剪下来别在幕布上，然后使关节部分活动起来并将其摄下。沃尔特·迪士尼从摄影师吉米那里学会了这些动画片制作的全过程，后来经过他的钻研，还改进了制作方法，使得他制作的人和动物的动作有了更真实的效果。

后来沃尔特·迪士尼拍摄了一部名为《欢笑卡通》的影片，收到了意想不到的效果，这个时候沃尔特·迪士尼的名字开始得到观众们的喜爱了。

1922年，他用筹集到的1 500元钱建立了"欢笑卡通公司"，很快就完成了《金发小孩子和三只熊》等5部片子的制作，并与纽约的一家公司签订了出售6部动画片的合同。

但是不幸的是，1922年这家公司破产了，随之6部动画片的事情也变成了泡影。沃尔特·迪士尼只好解散了自己的公司。身无分文的沃尔特·迪士尼衣食无着落，最后竟流落到一间仓库里，与一群老鼠为伍。也就是在这段时间里，他得以仔细观察老鼠们有趣的生活，并由此萌发了创作米老鼠系列卡通故事的念头。

1923年7月，他绘制了许多关于老鼠故事的图片，满怀信心地揣着图纸来到了好莱坞，想找一个导演的职位，可是面试了几家电影公司都遭到了拒绝。后来他只好给纽约的动画片发行人温克勒小姐写了一封信，并将以前摄制的6部卡通短片寄给她。等到10月中旬，他收到了这位热情的女发行人的电报："相信动画系列片可以销出……头6部片子每部底片将会付1 500元，为表示诚意，此6部每部底片一经收到即将款额全部付上。"

这个电报给了沃尔特·迪士尼信心，他于是跑到医院跟正在住院的三哥洛依商量，办一个公司。洛依同意了沃尔特·迪士尼这个想法，"迪士尼兄弟制片厂"就这样成立了。后来由于他们创作的"米老鼠"形象使得这家制片公司风靡了全球。

笛　福

丹尼尔·笛福（1660—1731）生于英国伦敦。父亲詹姆斯·福从事屠宰业，双亲都是长老会教徒，不信仰英国国教。笛福自己也在长老会的学校里接受中等教育，但没有上过大学。

笛福本姓福，他后来在自己的姓前面加上听起来如同贵族的"de"的前缀，形成"笛福"这一笔名。

笛福的父亲很希望自己的儿子成为一名牧师，但笛福却没有遵从父愿，而是当了内衣经销商，也经营烟酒和羊毛批发。二十多岁时，他已是伦敦的一个体面的商人了，他因商务到过西班牙、法国、荷兰、意大利。

1692年笛福经商破产了，他不得不以其他方式谋生。他给政府当过情报员，设计过开发事业。他还从事过写作，早年以写政论文和讽刺诗著称，反对封建专制，主张发展资本主义工商业。1698年他发表了《论开发》一文，建议修筑公路、开办银行、征收所得税、举办水火保险、设立疯人院、创办女学等。

1702年笛福发表了一本小册子——《消灭不同教派的捷径》，用反讽手法猛烈抨击了托利党当局迫害不同教派，因而被逮捕。经过审判，笛福被判入狱6个月，并从1703年7月31日起带枷游行3天。笛福则在狱中针锋相对地写了诗歌《枷刑颂》，讽刺法律的不公。这使得他在游行过程中，被围观的民众奉为英雄，人们向他投来的不是石块而是鲜花，并且为他的健康干杯。

辉格党首领罗伯特·哈利非常欣赏笛福的才华，在他的干涉下，笛福获得了释放。哈利希望笛福办杂志以争取民众对自己的苏格兰—英格兰联合政策的支持。

1704年至1713年，迪福为哈利主办了《评论》杂志，制造舆论，搜集情报。

1719年，笛福根据水手亚历山大·塞尔柯克的一部分经历和自己的构思，完成了最著名的作品《鲁宾孙·克鲁索》，中文翻译为《鲁宾孙漂流记》。小说讲述了一个在海难中逃生的水手在一个荒岛上通过自己的智慧与勇气，战胜险恶的自然环境，终于获救回到英国的故事。小说发表后大受欢迎，一年之内竟然出了4版。至今仍在被世界各地人阅读。

笛福的其他小说作品主要有1720年完成的《辛格尔顿船长》和1722年完成的《摩尔·弗兰德斯》。笛福还写了大量小册子与新闻报道。1722年法国马赛发生瘟疫，笛福出版了以1665年伦敦大瘟疫为内容的《大疫年纪事》，迎合了当时市民的关注，颇受欢迎。

笛福是18世纪英国现实主义小说的奠基人。他一生的经历与冒险，比起小说中主人公也毫不逊色。

笛 卡 儿

笛卡儿（1596—1650）出生于法国土伦地区的拉·爱伊城

的一个小贵族家里,他的父亲是布列塔尼议会的议员。虽然笛卡儿的家庭富裕,但他刚生下来的时候十分羸弱,父母都以为这个孩子很难长大成人。

2岁那年,笛卡儿的母亲去世了,本来就瘦小的笛卡儿没有了母亲的照料,不仅不吃东西而且经常哭泣,爸爸眼看着笛卡儿心疼得要命,于是赶紧给他请了一个温柔而善良的保姆。笛卡儿的保姆非常耐心,把笛卡儿带得很好,使得笛卡儿起死回生。

笛卡儿是一个非常聪明的孩子,3岁时他便跟着保姆学认字了。8岁那年,父亲给他选择了一所学校——拉夫累舍公学,这所学校是当时欧洲最著名的教会学校,吸引了四面八方的贵族子弟。

因为公学的培养目标是候补的官僚、教士,所以公学的教学是非常严格的,而且课程种类繁多,所学课程包括基督教经典、拉丁古典文学、修辞学、雄辩术等等,而且还学哲学、逻辑学和数学。

由于笛卡儿身体比较差,所以他的父亲便请求学校的老师特别对他进行了照顾。早晨全校的学生都在教室里背诵课文,笛卡儿却可以晚一些起床。不过笛卡儿还是没有浪费这一段时间,他利用这一段时间阅读了许多哲学、数学、文学和历史等方面的课外书籍。正是这些课外书籍使他对哲学和数学产生了浓厚的兴趣。笛卡儿的勤奋好学很得校长的赏识。

笛卡儿在拉夫累舍公学读了8年书以后,终于以模范生的资格毕业了。1612年便进入大学攻读法律,4年以后,他又以最好的成绩获得了法学博士学位。他自己感到在象牙塔里待得太久了,于是决定到外面去呼吸一下新鲜空气。

1616年,他和几个同学一起去了巴黎,笛卡儿想在这座文化和科学的中心城市里多接触各方面的人。这位拉·爱伊城来的贵族青年衣冠楚楚,腰悬宝剑,走进了巴黎的上流社会。

社会是复杂的,特别是巴黎的上流社会。笛卡儿彬彬有礼地在巴黎的上流社会交往一段时间以后,终于感到了这种生活的无聊和浪费时间,他于是来到了巴黎的郊区,隐姓埋名地在这里租了一栋房子,研究起他的数学和物理学来。

1618年欧洲爆发了战争,笛卡儿报名去参军。随着战争的进展,他先后在几个国家的军队中服过役,因而他几乎游历了整个欧洲。他认为他的这次军队旅行,简直就是在读世界这本大书。

1626年他随军来到了荷兰。一天他在街上看到一处广告栏上贴着一张悬赏征求数学难题解法的布告。他没费多少时间便把那道难题解答出来了。这时他又想起了数学和哲学,于是便离开了军队。

从此以后他在荷兰定居下来,研究起他的哲学。1637年他在荷兰完成了他的第一本哲学专著《方法谈》,并在这里完成了他的主要哲学和科学著作。

笛卡儿在其他科学领域的成就同样累累硕果。他最终成为伟大的哲学家、物理学家、数学家、生理学家。是解析几何的创始人。

多萝西娅·兰格

多萝西娅·兰格(1895—1965)出生于新泽西州的赫伯肯的一个平民家里,7岁时患了小儿麻痹症,她的右腿绵软、萎缩,脚无力地拖在地上。尽管她最终得到了很好的恢复,但她走起路来还是一瘸一拐的。

兰格最初在纽约的一个学习班里学习摄影,之后在纽约的多个摄影工作室实习,其中包括著名的阿诺德·吉恩斯。1918年她搬到了旧金山,开办了一个成功的肖像工作室。之后她的人生就在伯克利的海滩对面度过。

19世纪20年代末期,随着美国经济大萧条的开始,兰格把她的镜头从工作室转移到街道上。她关于失业和流浪人员的调查受到了当地摄影师的注意,他们邀请她加入联邦迁居管理处,也就是后来的农业安全管理局的前身。

兰格以女性特有的温情关爱注视面前的世界,关心和同情不幸者的遭遇。有评论家说:"多萝西娅·兰格以其创造的图像,反映了人类的勇气和尊严,特别是处于被侮辱和受压抑状态下的人物形象。"

标题为《移民母亲》的照片是兰格最著名的作品。照片中的妇女是佛罗伦茨·欧文斯·汤普森,但兰格显然从不知道她的名字。

1960年,兰格说出了她拍摄这幅照片时的经历:我看见那个饥饿、绝望的母亲,并走近她,就像被磁铁驱使一样。我不记得我是怎样向她说明我的来意或是我想要为她拍照,但我记得她没有问我任何问题。我拍了5张,一次比一次更接近她。我没有问她名字和她的经历。她告诉我她的年龄,32岁。她说他们依靠吃附近农田里冰冻的蔬菜,还有孩子们捕杀的鸟为生。她刚刚卖掉她车上的轮胎,用来购买食物。她坐在倾斜的帐篷前,她的孩子们依偎在她的身上。她似乎觉到我的照片能够帮助她,所以她让我拍摄,这是一个平等的交易。

1941年,兰格被授予"古根海姆奖金",以表彰她在摄影方面所做出的突出贡献。珍珠港事件之后,她放弃了这份荣誉,而是去记录被迫驱散的、聚集在美国的西海岸受到"战时指挥中心"管制的在美国出生的日本人的生活。她报道了对日裔美国人的集中、被遣往临时集中区,第一个永久集中营。对很多观察者来说,她那幅日裔女孩们在被送往集中营前向旗帜宣誓的照片,无疑是对那个时候政策最难以忘怀的记忆——在没有任何罪名的情况下实行逮捕,并且不给他们任何申诉的机会。

她的照片是那样带有明显的批判精神,以至于军队将这些照片扣押下来。今天,她关于集中营的照片可以在美国国家档案馆以及加州大学伯克利分校的班克夫特图书馆找到。

兰格是一位著名的美国纪实摄影师、摄影记者,因其曾在美国农业安全管理局所做的关于大萧条时代的作品而闻名于世。兰格的作品赋予大萧条时代悲剧以人性化的表现,深深地影响了纪实摄影的发展。

恩 格 斯

弗里德里希·恩格斯(1820—1895)出生于德国莱茵省巴门市,先祖是犹太人。父亲老弗里得里希是一个开有大纺织厂的资本家,虔诚的基督徒。母亲心地善良,遵守礼教,喜爱文学和历史。

1837年，17岁的恩格斯被父亲命令从中学辍学，到营业所学习其厌恶的经商。第二年又被父亲送到德国北部的一个重要港口城市布莱梅，到那里的一家大贸易公司工作。

布莱梅虽属德国，但不是普鲁士的领土，这里的人们思想比较自由，普鲁士专制政治对这里影响不大，人们可以自由地看书、议论。喜欢自由的人和对专制制度不满者，都希望能够来到这里，恩格斯也是这样。

到了布莱梅，恩格斯除了应付一下父亲派给的工作之外，把大部分时间用在了学习上。他如饥似渴地学习哲学、历史、物理、化学，同时也阅读了许多国家的进步书刊，这使他更为同情工人无产者的遭遇。

到了20岁，他已经掌握了英、法、意、西班牙、希腊、拉丁等十几种外语，取得了可喜的进步。1841年，恩格斯入伍了，在部队里，他认真学习理论，钻研技术，很快就成了一名好炮手。在服兵役期间，恩格斯还经常到柏林大学旁听，广泛涉猎各种专业知识。这时候，他还发表了几篇著名的理论文章，如《谢林——基督的哲学家》等，以唯物主义思想批判唯心主义的神学观。

恩格斯兵役期满后，受父亲指派来到英国工业的中心城市曼彻斯特。这时英国几百万工人正在组织集体签名，要求英国议会批准通过《人民宪章》，让每个工人都有选举权。恩格斯也积极地加入了他们的斗争行列，与他们一道，争取工人的平等权利。

不但如此，恩格斯还从更高一层入手，努力从理论方面反映工人所遭受的痛苦、揭露资本家对工人残酷剥削的本质。他几乎每天晚上都去访问工人，了解工人的斗争情况、生活情况以及他们的思想、愿望，还积极参加了"宪章派"所组织召开的各种会议，以实际行动支持工人们的斗争。

经过广泛的调查研究，反映英国工人阶级的生活、愿望和斗争的一篇文章《政治经济学批判大纲》终于完成了，恩格斯把它寄给了法国《德法年鉴》的主编马克思。

马克思非常高兴地阅读了恩格斯的这篇文章，认为它能够非常及时地推动国际工人运动，就把它刊登在《德法年鉴》上，并给恩格斯回信，希望他能再详细地反映英国工人阶级所面临的问题。不久之后，恩格斯就查阅了大量的官方文件资料，写成了《英国工人阶级状况》一书。在这部经典性著作中，恩格斯认为，无产阶级要获得自己的彻底解放，就必须团结起来，共同战斗，去推翻资产阶级所建立的资本主义制度。这部著作作为以后的工人阶级斗争指明了出路，促进了国际工人运动的发展，为工人阶级的解放点燃了指路明灯。

法 布 尔

法布尔（1823—1915）出生于法国南部普罗旺斯的圣莱昂的一户农家。此后的几年间，法布尔是在离该村不远的马拉瓦尔祖父母家中度过的。

小法布尔活泼可爱，喜欢跟父母到田地里玩耍。他常在小溪里抓蝌蚪、逮青蛙、捕小鱼；在草丛中追蜻蜓、捉甲虫、扑蝴蝶。他衣服口袋里总是装着小甲虫之类的小动物。父母见儿子整天玩这些稀奇古怪的小动物，很是生气，动不动就责骂他。小法布尔对父母的责骂并不放在心上，对大自然中的动物依然着迷。

一天傍晚，法布尔蹲在花丛中，侧耳聆听，听到了一种昆虫的鸣叫声。是谁发出的歌唱声？它隐藏在哪里呢？法布尔屏息凝神，仔细地观察、搜索。一连3天他都蹲在花丛中，静静地听，耐心地寻找。功夫不负有心人，他终于在一束花的枝条上发现了那位神秘的歌唱家——"纺织娘"！就这样，法布尔认识了许多小动物，了解到了它们不同的生活习性。

7岁是上学读书的年龄了，父母把法布尔送到学校读书。学校破旧得不像样子，而且还有鸡窝、猪圈，法布尔却立刻喜欢上了这些自己熟悉的小动物。最令法布尔兴奋的是老师给学生布置的作业是干农活儿，他偷偷地溜到溪边，用蚌肉做饵料钓鱼，或者爬到高高的树上去捉甲虫。母亲很关心儿子的学习，常常在法布尔放学回家时问他："学校怎么样？"

法布尔总是说:"有趣极了!学校里有哼哼叫的小猪,还有长着五颜六色羽毛的小鸡。"

"和那些动物打交道,你什么时候才能学得更多的知识呢?"母亲不禁为他的前途担心起来。法布尔常常赶着鸭子到池塘里去,让它们游个痛快,他自己则去看水中的小鱼游来游去,追逐飞东飞西的蜻蜓,捕捉小昆虫……他尽情地享受着大自然带给他的乐趣。天黑时,法布尔便赶鸭回家,每次他都有收获:他的口袋里总是装满了奇形怪状的石头和小昆虫。

父母见儿子总是迷恋昆虫,大失所望。但法布尔是一个十分争气的孩子,17岁那年,他以第一名的优异成绩,考取了师范学校的公费生。在校期间,他利用一切机会采集标本,专心研究花草、树木、昆虫,甚至到了孜孜不倦、夜以继日的程度,俨然一个十足的昆虫迷。

毕业后,法布尔开始专心地研究昆虫。为了搜集更多有关昆虫的材料,他进入深山老林,踏入人迹罕至的地区,经历了他人所没有遇到过的危险,克服了超乎想象的困难。一次,法布尔在路上看到一群蚂蚁拖着一只死苍蝇,立即掏出随身携带的放大镜进行观察。他一动不动地趴在地上,目不转睛地看着。农民开工时看见他趴在那里,收工回来时看见他仍趴在原地不动,都以为他是个疯子。

一分耕耘,一分收获。法布尔经过数十年的努力观察和研究,创立了动物心理学说和动物本能学说,在昆虫学方面做出了他人无法比拟的贡献。

法布尔的执着精神被广为传颂,其不图名利的淡泊胸怀更是值得推崇。一次拿破仑三世接见法布尔,欲聘请他担任宫廷老师,拿破仑三世问:"你想在宫廷里生活吗?在这里吃得好,穿得好,玩得好。""不,陛下。"法布尔不卑不亢地回答,"虽然这里生活优裕,但我家乡的空气要比这儿新鲜得多。"

"我想请你来当宫廷老师。"拿破仑三世直截了当地说,"这样,你就可以和高贵的皇族孩子朝夕相处了。""谢谢陛下的好意,可我宁愿终生与昆虫为伴。"

法布尔为昆虫学贡献了全部精力。相传在他去世后,蝴蝶立在他的灵柩上,蟋蟀从草丛中爬出来,螳螂也来致哀。人们永远记住了这位伟大的昆虫学家。

法 拉 第

法拉第（1791—1867）生于萨里郡纽因顿的一个铁匠家庭。为了养家糊口，父亲总是起早贪黑地打铁，后来终于因为积劳成疾而累倒了，全家人只好靠救济过日子。

这时候上了学的法拉第只好休学，为了生活，13岁的法拉第到一家书店里去当了一名送取报纸的报童。这是一份不管是刮风下雨都得穿街走巷的辛苦工作。后来他被书店的装订厂看中，成了装订工，从此便有机会读到新书了。他常常把装订的书籍内容都从头到尾读一遍，读后还临摹插图，工工整整地做读书笔记；用一些简单器皿照着书上进行实验，仔细观察和分析实验结果，他把自己的阁楼变成了小实验室。

在这家书店里做了8年，他废寝忘食、如饥似渴地学习。他后来回忆这段生活时说："我就是在工作之余，从这些书里开始找到我的哲学的。这些书中有两种对我特别有帮助，一个是《大英百科全书》，我从中第一次得到电的概念；另一个是马塞夫人的《化学对话》，它给了我这门课的科学基础。"

后来一位皇家学会的会员来到书店里买书，听到这里有一位热爱读书的法拉第以后，便要求见这位小伙子。他见了法拉第以后，觉得这位小伙子不错，于是他给了法拉第一张戴维教授化学演讲的入场券。

法拉第认真地听了戴维教授的4次演讲，从此燃起了进行科学研究的愿望。他曾致信皇家学院院长求助。失败后，他写信给戴维："不管干什么都行，只要是为科学服务。"他还把他的装帧精美的听课笔记整理成《亨·戴维爵士讲演录》寄给了戴维。他对讲演内容还做了补充，他的笔记书法娟秀，插图精美，显示出法拉第一丝不苟和对科学的热爱。戴维教授看了法拉第的笔记和信之后，被这位年轻人强烈的求知欲和认真的精神感动了。于是戴维教授便向皇家学院推荐法拉第做自己的助手。

经过戴维的推荐，1813年3月，24岁的法拉第担任了皇家学院助理实验员。后来戴维曾把他发现法拉第作为自己最重要的功绩而引以为荣。

在当时的科学界里，有关电与磁的异同性困扰着所有的科学家。从1821年起，法拉第开始着手研究这个难题，从一开始他便寻求把磁转变成电的规律。他在经历了实验、失败、再实验、再失败之后并没有失去信心，相反更是信心十足地再做下一次的实验。终于他通过磁铁感应产生电流，认识了电磁感应的基本定律。

跟着戴维教授的法拉第在教授的指导下更是努力地学习钻研，在实验室中，他做出了许多出色的成果。1825年，34岁的法拉第便得到了皇家化学学院的实验主任的职位。

1831年10月28日，法拉第制造的第一台感应发电机问世了，接着他又发明了储存电的方法，发现了电解定律。法拉第终于用自己坚忍不拔的精神发现了人类打开电能宝库的钥匙。

范思哲

詹尼·范思哲（1946—1997）出生于意大利的雷焦卡拉布里亚。父亲是推销员，因为工作常常出远门。母亲是个"土"裁缝，曾经开过一个名为"巴黎时装店"的店铺。她是一个聪明的女人，可以不用任何纸样，只需在布上标一些记号便可裁剪成衣。

范思哲的家与母亲的作坊只有一墙之隔，他们三兄妹就是在这么一个充满工作气氛的环境下长大的。童年的范思哲就喜欢学做裙装以自娱。回忆往事时，大师曾说："我就是在妈妈的熏陶下，从小培养出对缝制时装的兴趣。"

范思哲小时候就在母亲的缝纫店里干活。9岁时，在母亲的帮助下他设计了有生以来第一套礼服——一种用丝绒做的单肩礼服。上中学之后，范思哲对于学校的课程并不感兴趣，18岁时，他加入了母亲的作坊当助手，主要是做图样采购和裁缝工作。

范思哲小时候的另一个爱好就是音乐，他喜欢意大利南方的民歌、现代流行音乐和古典歌剧。1972年，米兰的一家服装制造商看中了范思哲的作品，并且打电话给他母亲，要求范思哲能够北上米兰。范思哲兴奋异常，立刻登上了列车到米兰去开创他的服装事业，这时他年仅26岁。

不久，一个偶然的机会，他为佛罗伦萨一家时装生产商设计的针织服装系列畅销，使他们的生意额猛增了4倍，作为奖励，他获得了一辆名车。这次空前的成功使他放弃了所学的建筑业，成为他创业史上的第一个契机。于是，初尝胜利甘果的范思哲便牛劲冲天，一发而不可收地全身心投入到了时装事业中。

待到条件成熟，范思哲便把全家人接到米兰，以传统的家族联合方式创立家业。不甘居人下的范思哲于1978年在米兰成功举办了第一个有自己签名的女装展示会，范思哲品牌从此诞生了。

范思哲的设计风格非常鲜明，是独特的美感极强的艺术先锋，他强调快乐与性感，领口常开到腰部以下，设计师拮取了古典贵族风格的豪华、奢丽，又能充分考虑穿着舒适及恰当地显示体型。范思哲善于采用高贵豪华的面料，借助斜裁方式。

除时装外，范思哲还经营香水、眼镜、丝巾、领带、内衣、包袋、皮件、床单、台布、瓷器、玻璃器皿、羽绒制品、家具产品等，他的时尚产品已渗透到了生活的每个领域。

费雯·丽

费雯·丽（1913—1967）出生于印度大吉岭海峡附近的一个偏僻地方，费雯·丽在印度这个美丽的国家度过了她生命中最初的6年。

费雯·丽3岁时就在她母亲所在的业余剧团上台表演儿歌《小波比》。母亲试图培养女儿的文学修养，常常让她阅读汉斯·克里斯蒂安·安徒生、路易斯·卡罗和约瑟夫·鲁德亚德·吉卜林的作品，以及希腊神话故事。

这时第一次世界大战正在进行中，父母想要返回祖国英国，但因为战火阻隔，还是留在了印度。尽管如此，母亲还是想要她接受正规的教会教育，于是在战争结束后把费雯·丽送回了英国，费雯·丽成了当时学校里年纪最小的学生。

7岁的费雯·丽是一个好学生，又听话，又好学，老师和同学们都喜欢她。费雯·丽也一心想做个乖孩子，她见了人总是微笑着，嘴唇的两角优雅地向上翘起。她跟别人说话时，总是睁着灰绿色的大眼睛坦率真诚地望着对方，让人有一种充分的信任感，老师们都夸她是最容易相处的朋友。在平时，费雯·丽身边总是围着一大群同学，他们不是向她请教功课，就是听她讲故事。她讲得那么形象、那么生动，大家每次都听得津津有味。

在学校里，费雯·丽结交了许多好朋友。有一天，他们聊起了自己的梦想。有的同学想成为飞行员，有的同学想成为银行家，有的同学想成为律师，可费雯·丽却待在一边一声不吭。这时，有个同学问她："费雯·丽，你的梦想是什么啊？"

费雯·丽想了一下，认真地说道："我要成为一个演员，一个伟大的演员！"

这就是一个7岁的小女孩的梦想，然而小费雯·丽坚信它会变成现实。每年学校组织业余演出，哪一次都少不了她。别看她年纪小，个子也还没长高，可她已经扮演过好几个角色了。她坚信自己演得很像，很成功。她决定要努力朝着自己的梦想前进。

费雯·丽读的是教会学校，以教授戏剧和音乐为主，这正合小费雯·丽的意。她选学了钢琴、小提琴等课程，还经常参加学校组织的戏剧、音乐、舞蹈和唱诗班的活动。

小费雯·丽慢慢长大了，到十三四岁时，她已经是一个俊俏、娇媚的大姑娘了。她的性格直率而热情，在她的内心里，一直没有停止过对戏剧的热爱，也一直没有放弃做演员的梦想。她向演员们学习戏剧表演的技巧，学习言谈举止和仪态，她向着自己的梦想不断地前进。

在欧洲完成了她的后期教育后，1931年她返回英国与父母团聚，她告诉父母自己梦想成为一个演员。父母非常支持她，她父亲帮助她进入伦敦皇家戏剧艺术学院学习。此后，费雯·丽陆陆续续演出了一些电影，她的演技逐渐得到了人们的肯定。尤其是在《乱世佳人》中，她饰演的美丽又倔强的斯佳丽深深地打动了观众，也将她的演艺事业推向了顶峰。

弗洛伊德

弗洛伊德（1856—1939）诞生在弗赖贝格市，该市现在位于捷克境内摩拉维亚省，当时是奥地利帝国的一部分。父亲是一个犹太毛织品商人，由于生不逢时，和别的家庭一样，他们家一直受到反犹、排犹者的迫害。这样恶劣的环境，也造就了弗洛伊德坚韧不屈的品格。

由于遭受迫害，弗洛伊德没有上过小学，父亲尽管知识有限，但却四处借书给他阅读。在父亲的培养下，弗洛伊德对学习产生了浓厚的兴趣，这段时期他比上学的孩子读的书还要多。

10岁时，家庭的环境稍有变化，弗洛伊德上了中学。在中学的几年里，弗洛伊德读书非常刻苦。他不满足教科书中所讲到的知识，总是按教科书的提示去阅读大量的参考书，他做的练习也总比老师布置的还要多。他把解难题当作一种乐趣，这一爱好培养了他独立思考、敢于解决困难的精神。

弗洛伊德除了学好所有的课程外，还阅读了大量课外书籍，而且还自修了希伯来文。他精通拉丁文、希腊文、法文、英文、意大利文和西班牙文。

中学时期，他年年都是班级里的第一名，中学毕业时又因品学兼优被保送到维也纳大学医学院学习。

那一段时期正值达尔文的物种起源学说风靡欧洲，弗希纳创立了心理学，巴斯德创立了细菌学，孟德尔创立了现代遗传学，这些具有划时代意义的科学成果,对弗洛伊德产生了很大影响。关心人、研究人体的奥秘,推动着这位医学院学生更加倍地努力学习,除了每周28小时的专业课程,他还要去听哲学、动物学、解剖学、生理学等课程。在大学的几年里他几乎没有一天荒废,他还没有毕业就成了生理学教授布吕克的正式助手,并在老师指导下完成了好几个难度很大的科研项目,这使他在奥地利科学界初露头角。

1881年,弗洛伊德终于顺利地获得了医学博士学位。第二年他成为维也纳总医院的临床实习医师,不久,他在老师布吕克教授的热心推荐下,得到一笔留学法国的奖学金。

在巴黎,他接受了夏尔科教授的指导,研究精神病和催眠法。

1886年秋天他回到维也纳,开设了医治精神病的私人诊所,他和布洛依尔医生创造了医治精神病症的"疏通疗法",两人合著了《精神病症状的心理结构》一文。

1900年,他出版了《梦的解析》一书,这标志着弗洛伊德精神分析学已经深入到人性领域,进入了对人类精神困境的探讨。

1908年,第一届国际精神分析大会在萨尔茨堡召开,弗洛伊德的学说受到了广泛重视。此后他先后出版了《图腾与禁忌》《精神分析引论》《超越唯乐原则》等一批著作。20世纪20年代起,他的理论扩散到欧美各国,并渗透到各个领域,一时间全世界掀起了弗洛伊德的热潮。

伏 尔 泰

伏尔泰(1694—1778)出生在法国巴黎一个富裕的中产阶级家庭,童年的时候,伏尔泰就聪敏过人。

他的父亲是法律公证人,希望他将来做个法官,可是伏尔泰却想做个诗人。因为父子的矛盾日益加深,于是伏尔泰愤然出走。他没有按照父亲的期望发展,20岁时,他因为写诗讽刺摄政王奥尔良公爵而被捕入狱。

　　10年以后，伏尔泰因得罪了一个封建贵族而被驱逐出境，来到英国。在英国生活的3年时间里，他受到了各界人士的欢迎，享受到了在法国享受不到的自由与快乐。在这一时期他开始阅读了培根、牛顿、莎士比亚等人的作品。之后他把自己的见闻和观感，用书信体形式写了一部哲学著作，名为《哲学通信》。他在书中歌颂了英国的自由，介绍了英国在科学和文学上的成就，宣扬英国资产阶级革命后的成就，抨击法国的专制政体。书简出版后即被查禁，巴黎法院下令逮捕作者。于是他逃至女友爱特莱夫人在西雷村的庄园，隐居了15年。这段时间他写出了《穆罕默德》《梅洛普》《查第格》等作品。

　　然而好景不长，15年后，爱特莱夫人病故，伏尔泰不得不重返巴黎，第二年，普鲁士国王腓特烈二世邀请伏尔泰到柏林去。伏尔泰最初以为腓特烈二世是位开明的君主，能进行社会改革，给人民带来幸福，但结果却令他大失所望。

　　为了免遭普、法两国国王的迫害，他搬到法国和瑞士边境的费尔奈庄园，住了20年之久。在费尔奈定居期间，他一直与欧洲各国的各阶层人士保持频繁通信。据统计，仅保存下来的伏尔泰的信件就有一万多封，和他通信的有七百多人。他利用这种方式，跟通信者讨论各种社会问题，宣传他反专制、反教会的启蒙思想。伏尔泰所做的不倦斗争，赢得了巨大的声誉，他的名字响彻整个欧洲的上空，不少社会名流慕名而来费尔奈求见。费尔奈成了欧洲舆论的中心，当时的进步人士尊称伏尔泰为"费尔奈教长"。

　　伏尔泰才思敏捷，多才多艺。他毕生主要从事戏剧创作，先后写了五十多部剧本，其中大部分是悲剧。伏尔泰的文学作品中最有价值的是哲理小说，这是他开创的一种新体裁，用戏谑的笔调讲述荒诞不经的故事，影射和讽刺现实，阐明深刻的哲理。他的作品以尖刻的语言和讽刺的笔调而闻名。他一生写过大量的文学作品，其中著名的有史诗《亨利亚德》《奥尔良少女》，悲剧《欧第伯》，喜剧《放荡的儿子》，哲理小说《老实人》。他还写过不少历史著作，如《路易十四时代》《论各民族的风俗与精神》等。在哲学方面，他的代表作有《哲学辞典》《形而上学论》《牛顿哲学原理》等，其中最有影响的一本书是《哲学通信》，被人称为"投向旧制度的第一颗炸弹。"

福楼拜

　　古斯塔夫·福楼拜（1821—1880）出生在法国诺曼底卢昂的一个医生世家。他的童年是在父亲的医院里度过的，医院的环境培养了他细致观察与剖析事物的习惯，对他日后的文学创作有着极大的影响。

　　福楼拜在中学时就热爱浪漫主义作品，并从事文学创作。早期习作有浓厚的浪漫主义色彩。

　　1840年福楼拜赴巴黎攻读法律，期间结识了雨果。后来因患神经系统的疾病于1843年秋辍学。

　　1846年他认识了女诗人路易丝·高莱，两人有将近十年的交往。1843—1845年间，他写了《情感教育》初稿。1846年父亲去世后，他在卢昂附近的克罗瓦塞别墅定居，埋头于文学创作，除偶尔到巴黎拜会一下文艺界的朋友外，在那里独身终其一生。

　　1849—1851年福楼拜和杜刚去马耳他、埃及、巴勒斯坦、叙利亚、土耳其、希腊和意大利旅行，这为他日后的创作积累了丰富的素材。他在中东各国所见到的社会现象使他大为失望。在国内外见到的种种丑恶现象，加深了他的悲观主义倾向，甚至对人类的前途失去信心。

　　1852年起，福楼拜花了4年多时间写成长篇小说《包法利夫人》。小说以简洁、细腻的笔触，再现了19世纪中期法国的社会生活。女主人公爱玛在修道院度过青年时代，受到浪漫主义思潮的影响。成年后，嫁给平庸的市镇医生包法利。失望之余，为纨绔子弟罗道耳弗所惑，成了他的情妇。但罗道耳弗只是逢场作戏，不久便对她心生厌倦，远离而去。爱玛遂又成了赖昂的情妇。为了满足私欲，爱玛借高利贷，导致破产，最后服毒自尽。小说一问世便轰动了文坛，福楼拜因此获得盛誉。

　　《包法利夫人》的艺术形式使它成为近代小说的一个新转机。这不仅是一部模范小说，也是一篇模范散文。但是不久就有许多人对号入座，批评福楼拜这部书"破坏社会道德和宗教"，他还被法院传了去，原因是有人告他的书"有伤风化"。这时许多读者纷纷向福楼拜表示同情和支持，甚至连一向反对他的浪漫主义作家也为他辩护。法庭上，经过一番激烈的辩论，他被宣告无罪——由此可见《包法利夫人》的影响。

这件事的出现对福楼拜的压力很大，因此他的创作转向了古代题材。5年后，福楼拜发表了第二部长篇小说《萨朗宝》，描述公元前在迦太基发生的雇佣兵和民众的起义，以现实主义笔触再现了当时激烈的社会斗争的广阔场面。

福　　特

亨利·福特（1863—1947）出生于美国密歇根州韦恩郡的史普林威尔镇，父母都是来自爱尔兰的移民，父亲威廉·福特年轻时当过铁路工人，后来回到迪尔本从事农业、放牧和种植工作。他们拥有自己的农庄。

福特从小就被父亲逼着干活，但他十分厌恶使用锄头，更讨厌养鸡和挤牛奶，从而导致了他终生不喝牛奶和吃鸡肉的习惯。

在7岁那年，福特被父亲送进了离家比较近的一所学校学习，在学校里，他只有算术成绩还勉强过得去，其他各科成绩几乎在全班倒数第一。但他却对机械非常感兴趣，后来弄得只要家人看见他放学回来，就立即把手表藏起来，免得被他拆得凌乱不堪。家里买回的新农具，一不提防他就被肢解成一堆零件。在他称为"秘密武器"的床边小柜子里，整齐地摆放着钻孔机、锉刀、铁锤、铆钉、锯子、螺栓和螺丝帽。

1870年的冬天，在底特律火车站，福特第一次看见了火车头，因为好奇，所以他大胆地向列车长提出，要坐一坐驾驶座感觉一下坐火车的滋味。列车长看着福特可爱的样子，竟然破例地把他抱上了火车头，并且为他开动了火车。那一年他只有7岁多一点。

上小学的时候，福特就更是胆大了，他常常做一些人们想象不到的事情。有一次，福特在学校制造小蒸汽引擎，结果发生爆炸，他的嘴唇被炸破，一个同学的头部受重伤，学校的栅栏也被震倒了。

16岁那年，福特独自一人离开家乡到底特律去当学徒。他先来到一家工厂，但进厂仅6天就被开除了，因为他修好了那些工人无法修理的机器，所以导致了许多人对他不满。接着，他只好找到了另一家黄铜厂，在那里他学习造阀门、汽笛和钟。6个月后他又辞职了，原因是他已经把这里的技术全都学会了。后来他又进入底特律一个造船厂工作，在那里他对蒸汽内燃机发生了极大的兴趣。工作之余，他就去摆弄蒸汽机的构件，并思考着把庞大的蒸汽引擎改制成小型的以适应小型工厂的需要。两年后，他离开了船厂回到家乡，开始尝试着汽车的发明工作。

有一次，他在妻子的风琴乐谱背面画了一幅内燃引擎设计图，画完后他兴奋得大喊："我设计出汽车构造了！"就是这张乐谱后的草图，日后成了福特T型车的引擎设计图。

1890年，可以说是福特一生中最关键的一年，这一年他来到了底特律的爱迪生照明公司修理蒸汽引擎，还担任了火力发电机部门的工程师。在此期间，他利用全部休息时间开始试制汽车，终于在1896年6月4日在一个煤仓里制造出了第一辆四轮汽车。

当福特着手试制第2辆汽车时，底特律市市长梅贝利等人便出资成立了底特律汽车公司，福特成为公司的总工程师，从此福特汽车便昂首进入了工业化生产的时代。

1903年，福特成立了以自己名字命名的汽车公司，先后推出8种车型的汽车，汽车的汽缸从两个增加到6个，动力由8马力增加到40马力。

1908年10月，福特研制的T型车问世了。T型车连续生产了19年，共1500多万辆，创下汽车销售的空前纪录，为福特汽车公司赢得了巨额利润。20世纪初，福特公司终于成为世界上最大的汽车公司，福特家族也成为美国的大垄断资本财团之一。

富 尔 顿

富尔顿（1765—1815）出生在美国宾夕法尼亚州小不列颠县的一个农场里。为了纪念这位伟大的、不屈不挠的发明家，小不列颠县已改名为富尔顿县。

富尔顿从小就有两大爱好，一是绘画，二是发明创造。17岁时他到费城独立谋生，就已经能绘制机械图和设计车辆了。1786年，他21岁时留学英国。青年时期，他曾是颇有名气的画家，在费城为富兰克林画过坐像。而制造出不用人力和风力也能在水上行驶的船，这个儿时就有的奇妙设想从来也没离开过他。

他曾想帮助拿破仑摧毁英国强大的海军。在初期潜艇实验失败后，他被拿破仑斥责并赶走。而后在他终于掌握了制造轮船的关键，欲帮助拿破仑建立不借助风力而靠蒸汽机带动航行的新式舰船时，又受到了拿破仑的辱骂。然而，富尔顿并没有因此而动摇造船的决心。

经过无数次实验，他详细记录了各种技术数据，制成表格进行比较，从中掌握了船的吨位与动力大小的比例、船身的长度与宽度的比例以及桨轮的大小等问题，设计出实用的蒸汽轮船图纸，终于造出了一艘两侧各有一只大桨轮的大船。尽管船速度很慢，几乎与人步行的速度相同，但这毕竟是富尔顿亲手制造出的世界上第一艘蒸汽轮船。面对欢呼的人们，富尔顿竟激动得说不出话来。

然而，就在这天晚上，一场特大暴风雨袭来，巨浪把他的船拦腰折断。惨痛的失败，并没有摧毁他的理想，经过一年多的苦心研究，他用瓦特提供的零件和自己亲手加工制造的其他零件，终于制造出了适合轮船使用的蒸汽机。

富尔顿带上他的蒸汽机回到美国纽约，继续他的研究。1807年，一艘长150米、宽13米、吃水2米的轮船造出来了。船体两侧各装着一个大桨轮，船中央装着他自己研究出来的、专门用于轮船的蒸汽机，船头和船尾都成60度角。富尔顿给它命名为"克莱蒙特号"。他的"克莱蒙特号"轮船的试航成功,意味着人类迎来水上航行的机械化时代。

后来,富尔顿又对"克莱蒙特号"加以改进。他调换了阀门,改造了锅炉,以克服漏气现象。他还用板遮住锅炉,仔细堵塞船缝,并增设卧铺。经过他的多次改造和检修,"克莱蒙特号"轮船的速度提高到每小时6—8英里。

从此,"克莱蒙特号"担负起从纽约到阿尔巴尼城定期航班的运载任务。1808年,富尔顿又造了两艘轮船——"海神之车号"和"典型号"。逆水逆风之下,时速达到每小时6英里,各项性能也更加完善。1809年,富尔顿组建轮船公司,广泛吸纳资金,建造各种蒸汽轮船。

后来富尔顿的造船技术被应用于美国海军。他设计、制造的新式战舰和快速汽艇,大大加强了美国海军的实力。

富兰克林

富兰克林(1706—1790)出生在北美波士顿的牛乳街的一个小手工作坊主的家中,他是父亲的第17个孩子,父亲约赛亚是英国圣公会的教徒,后来为了逃避宗教的迫害,来到了北美的波士顿的牛乳街办起了一个制造蜡烛和肥皂的小作坊。

富兰克林的父亲虽然是一个小作坊主,但他是一个受过教育的人,所以从富兰克林懂事的时候起,他便教富兰克林认字了。富兰克林是一个好学习的孩子,5岁的时候他就开始自己看书了。

父亲看他那么喜欢书,很想送他到学校学习,但是家境又不允许,最终把他送到了印刷厂去工作,因为在那里他可以看到更多的新书。就这样,年仅12岁的富兰克林便进了他哥哥詹姆士开办的小印刷厂去当一名小学徒。在印刷厂里,他很快就掌握了排字、校对、印刷、装订等技术。同时他还主动和书店里的小学徒们接触,这样一来他能够看到的书就更多了。他常常从书店小学徒的手中借书出来，利用夜晚的时间把书看完，等到上班的时候再还回去。经常来他们印刷厂印书的书商亚当斯看到富兰克林如此爱书，便让富兰克林到他的藏书室里去找书看。每天下班以后，富兰克林便匆匆地来到亚当斯家里借书，然后再匆匆地赶回家去，一边啃着面包一边看，直到深夜。在这段时间里，富兰克林得到了丰富的知识。

1721年，印刷厂办了一张《新英格兰报》，这个报纸由富兰克林来排字、校对、印刷、装订，而哥哥詹姆士则担任主编。同时富兰克林还化名"赛伦思·杜古德女士"经常向报纸投稿。哥哥詹姆士觉得这位"女士"太有才华了，便写信给这位"赛伦思·杜古德"，约她下个星期三到印刷厂边上的公园见面。3天以后信被打了回来，因为地址和人名都是富兰克林编造的。

16岁那年，富兰克林离开了家到费城去工作，很快在费城便成了有名的印刷工人。1731年，他开办了自己的印刷厂，这时他已经拥有了许多藏书。他利用印刷厂的有利条件，创建了一个图书馆，每一个前来借书的人，只需很少的钱，就可以在图书馆借阅书籍，这是美洲第一个公共图书馆。

1745年荷兰人发明了一种"莱顿瓶"，这种"莱顿瓶"能容电、放电，大大促进了电学实验。1748年，富兰克林放弃了印刷工作，准备自制一个"莱顿瓶"。在仿制和实验过程中，他发现电可以从一个物体传到另一个物体上。后来经过反复实验，他终于大胆地提出了用正电和负电来说明两种电荷的性质。在一次实验中，他还发现了带有正电和负电的两个物体的尖端在接触的刹那间会发出耀眼的火花。

富兰克林根据这一现象，便在一天下雨的时候用风筝做了一个实验。他在放风筝用的麻绳的末端挂上了一根丝带和一把钥匙。一阵雷电闪过天空，富兰克林发现，一朵蓝色的火花从他的手指和钥匙之间一闪而过。他惊喜地大声叫喊："是电，我抓到天上的电了！"他把"莱顿瓶"放在了钥匙上，一阵雷鸣电闪之后，"莱顿瓶"里有电了。后来，富兰克林根据这一实验，发明了避雷针。

伽 利 略

　　伽利略（1564—1642）出生于意大利西部海岸的比萨城，父亲是一位不得志的音乐家，精通希腊文和拉丁文，对数学也颇有造诣。由于受父亲的影响，伽利略从小便喜爱音乐和数学。

　　12岁那年，伽利略一家人从比萨搬到了佛罗伦萨，父亲很想把伽利略培养成一名医生，而老师却想把伽利略培养成神职人员，最后还是伽利略父亲的愿望占了上风。

　　17岁时伽利略进入了比萨大学学医，他性格率直而不迷信书本，在大学里他以反驳教授而出名。

　　有一天，由于他听一位数学家的关于古希腊欧几里得《几何原本》的演讲，对数学产生了浓厚的兴趣。后来他不顾父亲的反对，放弃了学医，开始钻研起数学和哲学来。

　　据说，有一回，伽利略为了节约钱，他从比萨去佛罗伦萨的时候，搭了一辆拉橄榄油的车，在路上他跟车夫聊天。他想通过桶的高度和直径来算出桶的容积，这些桶的容积应该怎样算呢？他想这些桶几乎都是圆柱体，那么要求出桶的容积，看来只能用桶的底面积乘以桶的高度。伽利略于是目测了一下桶的高度和直径，一下子他便把这些桶的容积算了出来。于是他问车夫："你每桶装的橄榄油是300公升？""你怎么知道的？"伽利略便认真地给车夫讲解起计算公式来，可是无论伽利略怎么样耐心地解释，车夫还是听不懂，而且还认为伽利略是在利用巫术。结果车夫死活也不敢收伽利略付给的车钱。

　　1585年，由于父亲破产，伽利略被迫离开了大学。回到了佛罗伦萨以后，他仍然对数学很着迷，而且钻研得很深，只用了一年的时间，他就写成了一篇很有见解的数学论文，受到了意大利数学界的重视。25岁就出名的伽利略，在比萨大学的邀请下，当上了比萨大学的一名老师。

有一天,伽利略在书屋里看亚里士多德的著作,突然他自言自语起来:"不可能,太不可能了——物体从高处落下时,速度是由重量决定的。物体越重落下来的速度越快……"他决定做一下不同重量的物体从高处往下落时距离相同、落到地面的时间也相同的实验。

为了证实这个实验的正确性,他决定到比萨斜塔上去做这个落体实验。那一天,斜塔下围满了人,伽利略把手里的一大一小两个铁球同时放了出去,人们看见这两个球同时落地了。这个实验证明了他理论的正确。

可是他这一惊人的实验却引起了教会和比萨大学以及亚里士多德的崇拜者们的反对,因而他在比萨大学任教期满后,没有被续聘。但帕多瓦大学却仰慕伽利略的学识,邀请他前去那里任教。

由于帕多瓦大学的学术空气比较自由,他在这里一共任教18个年头。这18年也是他取得科学研究成果最多的时期,这期间他制造出了世界上第一架望远镜。

伽利略通过这架望远镜,写成了《星球的使者》和《论太阳黑子的信札》,伽利略在书中宣布:地球和太阳都在缓慢地旋转,太阳在原地旋转,地球围绕太阳旋转,他肯定了哥白尼的学说是正确的。

甘 地

甘地(1869—1948)出生在印度西部的港口城市博尔本德尔的印度教家庭,他的父亲卡拉姆昌德·甘地是当时的土邦首相。他们是商人的后代("甘地"的意思是食品商人)。

甘地从小身体瘦弱,胆小怕事,却是一个诚实上进爱学习的孩子。

甘地中学毕业以后,看见有的同学到英国留学去了,他也准备去英国留学,全家人都非常支持他的决定,19岁的甘地来到伦敦大学攻读法律。

在伦敦大学里甘地博览群书,他对《新旧约全书》更加喜欢,在书中有这样的一段话让他印象非常深刻："不要与恶人作对，有人打你的右脸时，连左脸你也转过去让他打。有人想拿你的内衣时，连外衣你也让他拿去。"

很多人都认为这种为人处世的方式太过于软弱了，但是甘地的理解却刚好相反，他认为跟恶人讲道理是白费功夫，与其白费功夫还不如用"爱"去感化他们。于是甘地将它作为为人处世的"座右铭"，这一条人生的座右铭影响了他的一生。

甘地在英国留学结束以后，通过考试取得了律师的资格，便回到了印度当了律师。可是在印度当了两年的律师却没有为别人打赢过一场官司。正在他走投无路的时候，一位在南非的同学写信邀请他去协助办理一件大案，车旅费全部由这位同学出，并且在事情办完之后甘地还会得到200英镑的酬金。

就这样，甘地来到了南非。刚到南非的甘地便尝到了种族歧视的滋味。有一天，他买了一张头等座位的车票到纳塔尔省去办事，当车开到马里茨堡的时候，便上来一个白人，这个白人买到的是一张三等座位的车票。这个家伙上来以后，不管三七二十一便朝着甘地大声地叫喊道："苦力，让开！你没看见我上来了吗？"

甘地看了那人以后，一声不吭地坐着不动。

"走开！"那个家伙一边说，一边把甘地提了起来，并朝甘地的胸前就是一拳。甘地不还手也不侮骂那人，结果车上的人们实在看不下去了，便开口说话了："住手！你抢人家的座位，还动手打人，太过分了！"

在众人的指责下，那人也觉得自己太过分了，于是只好坐到了旁边的一个座位上去了。

当甘地在南非办完事准备回国的时候，他在报纸上看到了一条新闻：南非政府向议会提交了一项法律，企图剥夺印度侨民在南非的选举权，并且还要所有来南非的印度人必须交3英镑的人头税。

所有在南非的印度侨民看了这条消息以后都非常气愤，甘地也和所有的印度同胞一样气愤极了。后来甘地在朋友们的劝说下，退掉了回国的船票，决定留在南非和朋友们一道联合起来反对这一不合理的要求。

在甘地的带领下，上万名印度侨民在一份请愿书上签了字，甘地把这份请愿书直接送交了英国总督，并且还印了上千份，散发给了南非各地。后来，在英国总督的干预下，南非议会被迫取消了这项法律。

为了反对种族歧视，甘地在1894年组织了一个印度侨民团——"纳塔尔印度人大会"。这个团体为居住在南非的印度侨民做了很多的好事。

甘地回到了印度，这时的印度还在英国人的统治和占领之下，为了民族独立不再受凌辱，他用游行、罢工、请愿、绝食等非暴力的方式领导印度人民将英国人赶出了印度，实现了印度的独立。因此甘地被印度人民称之为"圣雄"。

高 尔 基

高尔基（1868—1936）全名高尔基·马克西姆，出生于俄国伏尔加河畔的下诺夫戈罗德城（今高尔基城）。

高尔基的童年几乎总跟不幸连在一起。5岁那年他的父亲去世了，母亲只好带着高尔基投奔了开染坊的外祖父，但外祖父家的人口众多，而且染坊的生意也不十分景气，一大家人生活得非常艰难。

在高尔基10岁那年，不幸的事情又发生了，母亲因为一场急病而离开了人世，紧接着外祖父的染坊又面临着破产，这个时候，高尔基只好辍学进了一家鞋厂当学徒。

在鞋厂里高尔基虽然勤勤恳恳地干活，但是不仅吃不饱，而且有时干活慢一点还遭到凶恶的老板打骂，于是高尔基决心离开这里。后来他又在一条船上找到了洗碗的工作，这里干活的人都非常喜欢他。

有个大胖子厨师经常给他讲故事，并且还把自己的书借给高尔基看。有一次，高尔基在烧茶的时候抱着一本书看，他被书中的主人翁给迷住了，结果茶炉被烧坏了，船主把高尔基狠狠地打了一顿，高尔基只好把看书的时间放在了每天干完活以后。后来他开始接触到了果戈理和巴尔扎克等作家的作品，书中的故事吸引着他，同时也使他萌发了写作的愿望。

由于船主太凶恶，高尔基又换了一个工作，到一家画铺去当帮工。他的运气实在不好，这里的老板娘也很凶，有一天，他深夜里还在看书，被老板娘发现了，于是这个老板娘也用木棍打了他一顿，她认为高尔基把她的蜡烛用得太多了。

为了能在干完活以后的夜晚多看一点书，高尔基便把蜡烛盘里的蜡油刮下来，自己再动手制造成一支小蜡烛。

16岁那年，高尔基来到了喀山，在这里他当过面包坊里的学徒，当过码头工人，他真希望在这里能多挣一点钱去上大学，可是他挣来的钱除了吃饭以外几乎没有一点剩余的。他实在是太穷了，结果上大学的梦想也随之破灭了。

1888年，20岁的高尔基花了3年的时间走遍了大半个俄国，他开始为文学创作搜集素材，接着，他开始了艰难的写作生活。开始，他发表作品的机会不多，但他有恒心，有毅力，最终他走进了文学的大门。

1892年9月12日，高尔基的第一篇小说《马卡·楚德拉》在《高加索报》上发表了。从1900年起，高尔基参加并主持知识出版社的工作，通过出版《知识》丛刊团结了当时俄国大批具有民主主义倾向的作家。1901年他在圣彼得堡写传单揭露沙皇政府镇压示威学生的暴行，号召推翻专制制度，同年发表的散文诗《海燕之歌》，充满革命激情，被认为是"革命的宣言书"。

从此，高尔基的创作一发不可收，他的《母亲》《童年》《我的大学》等作品先后出版。他对苏联文学作出了卓越的贡献。

高　更

保罗·高更（1848—1903）出生于巴黎。父亲克罗维斯是撰写报纸专栏的自由主义激进家。母亲亚莉妮是作家佛洛拉·翠斯丹的女儿。

高更2岁的时候，路易·拿破仑摄政，为了避免政府的迫害，高更的父亲不得不携带妻儿向秘鲁的利马逃亡，不幸病死在途中。母亲带着他到利马投靠舅父，受到母亲家族的照顾，居住在位于利马的豪华住宅里。幼年时代在南美的生活，在高更的一生中留下了难以泯灭的印象。

1855年高更7岁时，为继承祖父的遗产，全家又搬回法国，在父亲的故乡奥尔良定居下来。回到法国之后，他们一家人便投靠居住在欧鲁瑞安的叔叔。他在那里完成了高中的学业。

17岁的时候，高更充当实习水手随船前往巴西。他在船上结识了许多年轻的水手，并从他们的口里知道了波利尼西亚群岛的种种故事，于是对这些地方产生了无比的兴趣。第二年，高更担任二等海员，并环球航行了13个月。途经印度群岛的某个港口时，得知母亲过世的消息。母亲在遗嘱中吩咐高更投靠友人阿罗萨。

1868年高更20岁，他在杰洛姆·拿破仑号军舰上担任海军士兵，这段时间曾长期环航地中海、北海和波罗的海。1871年4月退役，经由监护人阿罗萨的介绍，高更在凡尔登证券交易所任经纪人的工作。由于年轻有干劲，做生意又灵活，他在证券交易所赚了不少钱，让他过了12年平稳的生活。

高更娶妻生子后，过着丰裕安稳的生活，闲暇时间从事绘画收藏。直到35岁以后，他对画画产生了强烈的兴趣。这位充满传奇性的画家，最令人感动的是他在1891年3月，厌倦巴黎文明社会，憧憬原始与野性未开化的自然世界，向往异乡南太平洋的热带情调，为追求心中理想的艺术王国，他舍弃了高收入的职业和世俗幸福的生活，远离巴黎渡海到南太平洋的大溪地岛，与岛上土人生活共处，并与土人之女同居。在这阳光灼热、自然芬芳的岛上，高更自由自在地描绘当地毛利族神话与牧歌式的自然生活，强烈表现自我的个性，创作出他最优异的油画，同时写出《诺亚·诺亚》名著，记述大溪地之旅神奇的体验。

高更一度因病回到法国，1895年再度到大溪地，但因殖民地政府腐败，南海生活变调，高更梦寐以求的天堂不复存在，他在1905年8月移居马贵斯岛。当时法国美术界对他的画风并不理解，高更孤独病困，加上爱女阿莉妮突然死亡，精神深受打击而厌世自杀，幸而得救未死。晚年他画了重要代表作《我们从何处来？我们是谁？我们往何处去？》，反映了他极端苦闷的思想。后来他在悲愤苦恼中死在马贵斯岛。英国名作家毛姆曾以高更传记为题材，写了一部小说《月亮与六便士》，以艺术的创造（月亮）与世俗的物质文明（金钱）为对比，象征书中主角的境遇。

高　斯

　　高斯（1777—1855）生于不伦瑞克的一个工匠家庭。幼时家境贫困，但聪敏异常，受一贵族资助才进学校受教育。

　　高斯的母亲是一个贫穷石匠的女儿，虽然十分聪明，但却没有接受过教育，近似于文盲。父亲曾做过园丁、工头、商人的助手和一个小保险公司的评估师。

　　高斯3岁时便能够纠正他父亲的借债账目的错误，已经成为一个轶事流传至今。他曾说，他在麦仙翁堆上学会了计算，能够在头脑中进行复杂的计算，是上帝赐予他一生的天赋。

　　高斯用很短的时间计算出了小学老师布置的任务：对自然数从1到100的求和。这一年，高斯9岁。

　　小高斯对知识的渴求达到了痴迷的程度，经常一边走路，一边读书去学校。有一天，他看书时不知不觉地走错了路，竟走到了公爵的庭院里。公爵夫人正在庭院散步，发现这个小男孩与众不同，便问道："你看的是什么书，这么让你着迷？"

　　高斯听到问话，才知道自己走错了路，连忙道歉，并把手中的书递给公爵夫人。公爵夫人翻了一下书，吃惊地说："这么深奥的书你也能看懂？你叫什么名字？"

　　高斯很有礼貌地回答："夫人，我叫高斯。"

　　公爵夫人一下子就喜欢上了小高斯，见他衣服很旧，不像有钱人家的孩子，便说："高斯，让我来资助你上学吧，将来你一定会有出息的。"

　　公爵夫人的一句话改变了小高斯的命运。公爵为他提供了全部学习费用。高斯很争气。15岁时就以优异的学习成绩考入了大学。

　　高斯的母亲有个心结，就是忘了儿子是哪一天出生的，只记得是星期三，复活节之后的第22天。眼见复活节又到了，高斯决定为母亲献上一份礼物，那就是算出自己的生日。他不停地演算，草稿纸密密麻麻地写满了算式，一张又一张。高斯只有一个心愿：算出自己的生日，让母亲安心。终于，经过夜以继日的演算，高斯发现了一个推算自己生日的数学公式，并将其命名为"复活节公式"。

于是高斯给母亲写了一封信，信上说："亲爱的妈妈，我算出了我的生日，您的这个心结也该解开了。这也是我送给您的复活节礼物。"

母亲看到信后，眼泪扑簌簌地掉了下来，她为儿子的孝心和聪明感到无比欣慰。

18岁时，高斯转入哥廷根大学学习。在19岁时，他第一个成功地用尺规构造出了规则的17角形。

由于有着惊人的智慧，再加上勤奋好学，高斯终于成了有名的大数学家、物理学家和天文学家，被世人公认为"数学界的王子"。

哥 白 尼

哥白尼（1473—1543）出生于波兰托伦城的一个富商家里，他从小就聪明好学。10岁那年父亲去世了，他便和舅父一起生活。

舅父是大教堂里的一个主教，经常给哥白尼讲上帝创造了太阳和地球，并告诉他，上帝让太阳照亮地球，施恩于人类……这些神学所创造的宇宙学说，让哥白尼开始对天文学发生了兴趣，他经常在晚上爬到阁楼上去观察星星和月亮。

不久，哥白尼到教会学校去读书，他的学习非常努力，17岁那年他便以优秀的成绩走进了克拉科夫大学的校门，学习天文学和数学。在大学里他掌握了深奥的天文学知识，并且还学会了使用天文仪器。

一天，他跟着同学们坐船去旅游，他奇怪地发现，自己和同学们坐的船并没有动，相反地却是岸上的房子在走。这个现象让哥白尼对太阳围绕地球转的理论开始产生了怀疑。回到学校以后，他根据平时自己对天象的观察数据进行了反复计算，发现原有的天文学理论总不能自圆其说。

1494年，曾给予哥白尼天文学启蒙教育的沃依策赫老师要离开克拉科夫大学了，哥白尼去跟自己的恩师告别，在那里他碰到了意大利诗人卡里玛赫。卡里玛赫是沃依策赫的好友，他常常听到沃依策赫夸耀哥白尼的才华，于是便有意考一下沃依策赫的这位高才生，他指了指一张挂在墙上的星象图说："你能跟我做一下解释吗？"哥白尼看见那上面画着大大小小的圆圈，中央一个小小的圆点是地球，地球周围有7道逐渐扩大的圆圈，这是星体的运行轨道，哥白尼一看就知道这是托勒密的以地球为中心的星象图。

"这张星象图是错误的！"停了一会儿他又说道："应该把它颠倒过来，让太阳静止不动，叫地球绕着太阳旋转。这样日升月落的现象才能得到更合理的解释。"

"年轻人，你真是太大胆了，你简直就是一个敢冒犯上帝的王子！"卡里玛赫感到惊讶，同时沃依策赫也觉得突兀，他们忙教育哥白尼，在没有足够的证据下千万不可口无遮拦。随着知识的积累，哥白尼对这个教会的天文学理论越来越怀疑了，为了搞清太阳与地球谁是宇宙的中心这个问题，他读遍了各种文献和典籍。

为了有充裕的时间从事天文观察，他放弃了罗马教授的职位，回到了波兰做一个教堂的教士。他住在教区的塔楼顶层上，这是一间向前倾斜的房子，房子有3个窗口，他可以从3个方向观测天象。尽管这样哥白尼还嫌不够，于是他又在屋顶上开了几条缝隙。

哥白尼不管春夏秋冬，他每天都坚持用自制的简陋仪器观察。根据前人的论述，加上他自己的观察和研究，他提出了"太阳是宇宙的中心，所有的行星都围绕太阳运转"的理论。

他这个理论一提出来就受到了教会的批驳，因为它与教会的"上帝创造一切"的理论相冲突，所以他立即遭到了教会的攻击和迫害。尽管如此他还是花了36年的心血，写成了《天体运行论》一书。

正是因为哥白尼的"地心说"，才使得自然科学从神学的枷锁中解放出来。

哥 伦 布

哥伦布（约1451—1506）出生在意大利北部的海滨城市——热那亚，这是一个航海业十分发达的城市，几乎在有水流的地方就能看到船只的影子。

热那亚独特的地理位置使得哥伦布从小就迷上了大海和船只。然而，哥伦布出生于一个普通的手工业者家庭，为了生活，很小的时候他就和父母一起纺线织布来维持家用了。但是，哥伦布非常好学，对新鲜事物充满了好奇，尤其是父亲书柜中那些关于航海和船只制造的书，对哥伦布来说简直就是至宝。

有一天，哥伦布又到父亲的书柜中寻找关于造船的书，竟意外地找到了一本描写东方中国和印度的《马可·波罗游记》。小哥伦布立即被书中的描写深深地吸引了，他开始对遥远而神秘的东方世界充满了无限的向往。他在工作之余将《马可·波罗游记》反复读了好多遍，工作时就将那本书像宝贝一样藏在床底下。他的弟弟见哥哥总是捧着一本书看个不停，非常好奇。一天，在哥哥工作时，他将书偷出来翻看，结果不小心将书皮弄破了，哥伦布知道后，狠狠地揍了他一顿。

哥伦布十分向往马可·波罗的生活，总希望有一天可以到印度和中国去。18岁时，哥伦布在一艘商船上当了一名水手，开始了他的第一次航海。通过不倦的学习，几年后他的胆识和航海技术已在当时的水手中首屈一指，并得到了一位大商人的器重。但这些还不足以使他拥有足够的实力前往他梦想中的东方，去那个书中所说的遍地黄金的国度。当时拥有可以远涉海外实力的人除了国王外，就再也没有其他人了。哥伦布希望可以得到某位国王的支持，资助他探索通往东方的中国和印度的海上航道。

向东航行的海上航道被葡、法的军舰以及海盗控制着，常有一些商船遭到他们的进攻而沉入海底。一次偶然的机会，哥伦布在一些地理学者那里得知地球是圆的，向西航行也可以到达东方的印度和中国。哥伦布高兴极了，他大胆地设想：如果可以开辟一条西方航线，就可以代替危机重重的东方航线了。25岁时，他向葡萄牙国王提出了自己的建议，不幸遭到了拒绝。当时许多学者都讥笑他的这种想法，认为他在痴人说梦，向西只会到达世界的尽头，掉入深渊。然而，哥伦布并没有因此而打消自己的想法，挫折反而使他更加坚定，他开始向其他强国建议。终于在1482年，贪婪的西班牙女王接受了哥伦布到东方寻找黄金等财富的建议，她给了哥伦布3艘船及八十多名由罪犯和苦役组成的水手。于是，哥伦布开始了长达10年的远洋准备。

1492年8月初，哥伦布带着给印度君王和中国皇帝的西班牙国书，率领3艘帆船从西班牙出发，开始了他未知的远洋航行。由于没有领航图，他们只好一直向正西方向航行。

许多天过去了，大海上仍是茫茫一片，看不见陆地，也看不见其他船只，水手们开始骚乱起来。就在这时，他们看到大海上飘着水草，水手们兴奋极了，因为只有靠近陆地的水域才会有水草，他们以为马上就可以看到陆地了。可是又过了好多天，还是没有看见陆地，船上的淡水和粮食已所剩无几。水手们害怕极了，纷纷要求哥伦布返航，不然就把他扔进大海里。

为了理想，哥伦布没有屈服，他说服了水手，继续航行。经过七十多天的艰苦航行，他们终于第一次看到了成群的海鸟，并发现了新大陆。水手们欢呼起来，自以为是到了东印度群岛的哥伦布，把这些土著居民称作印第安人。这样，从那时起所有的美洲土著也都被这样称呼了，这个称号一直沿用至今。

哥伦布就是靠着这份敢为天下先的胆识和勇气，成为人类历史上伟大的航海家，开辟了从欧洲到美洲的新航线，促进了新、旧大陆的联系，为人类社会的进步做出了不可磨灭的贡献。

歌　德

歌德（1749—1832）出生在德国法兰克福镇（位于现在的

黑森州）的一个富裕的市民家庭，母亲给他取名约翰·歌德。

歌德4岁那年的圣诞节，他和妹妹一起到外祖母家里做客，外祖母非常喜欢这个聪明的孩子，于是便请他们去看木偶戏。看完木偶戏的歌德回到家里后，便让妹妹跟他一起学着木偶戏人物的样子，开始演起木偶戏来，将父母逗得大笑不已。自那以后，他总是自编自导一些小戏在家里演出，表现了他对戏剧的浓厚兴趣。

歌德的父亲有许多精美的图书，而且还是多种语言文字的藏书。父亲对子女的教育非常严格，所以从歌德懂事起，便开始教他识字。歌德很聪明，他几乎没费什么工夫就把父亲教给他的单词记牢了。父亲看到孩子身上有一些天赋，于是便给他请了各门功课的老师教他。

每天，歌德都要学习几门功课，并且还学习英文、法文、拉丁文、希腊文、意大利文和希伯来文。歌德认识的各种单词越来越多了，于是他开始钻到了父亲的书房里去找书看，有时候他在父亲的书房里一待便是大半天，有时要妈妈到书房去找他，他才知道出来吃饭。

8岁那年的元旦节，歌德写了一首长诗当成礼物送给外祖父和外祖母，外祖父和外祖母高兴极了。16岁那年，歌德遵照父亲的意思到莱比锡大学学习法律，可是歌德对法律却丝毫没有兴趣，他对自然科学和艺术的兴趣远远超过了法律这门学科。

歌德常常在课余时间里学习绘画和进行诗歌创作，他的诗歌和绘画都得到了朋友和同学们的好评，这时他对法律更是厌烦了。但父亲却将他转入了斯特拉斯堡大学的法学系里去继续深造。

在斯特拉斯堡大学期间，他有幸认识了主张革新的文艺评论家赫尔德尔，在赫尔德尔的影响下，歌德积极地到民间去搜集民歌。1771年10月14日，在赫尔德尔的号召下，歌德和一帮志同道合的朋友举行了一次隆重的莎士比亚纪念会，在讲演中，歌德热情地朗读了莎士比亚的作品，得到了与会者的极大赞扬。

从此以后，他利用大量的时间进行文学创作，1772年，他终于写出了诗剧《普罗米修斯》和话剧《葛兹·冯·伯里欣根》。1774年，他又根据自己的素材写成了《少年维特的烦恼》，他的作品在整个欧洲掀起了阅读狂潮。

后来他用了60年的艰苦历程，完成了诗剧《浮士德》的创作。这部作品被人们称为世界文学的典范。

格林兄弟

雅科布·格林（1785—1863）与威廉·格林（1786—1863）兄弟俩生于德国美因河畔的一个律师家庭。父亲在他们很小的时候就去世了，一家人的生活是经常吃了上顿没下顿，但格林兄弟非常友爱。

两人的经历相近，爱好相似，两人都曾在马尔堡大学学法律，又同在卡塞尔图书馆工作和任格延根大学教授，1841年同时成为格林科学院院士。是德国的两位博学多识的学者——民间文学研究家、语言学家、历史学家。

格林兄弟生活的年代，德国正处在四分五裂之中，而邻近的法国国家实力迅速增强，并嘲笑德意志是没有历史的民族。格林兄弟非常愤怒，他们决定证明给法国甚至全世界看，德国也有着值得骄傲的历史和值得自豪的文明。

于是，从1806年开始，格林兄弟就致力于民间童话和传说的搜集、整理和研究工作，出版了《儿童和家庭童话集》（两卷集）和《德国传说集》（两卷）。雅科布还出版了《德国神话》，威廉出版了《论德国古代民歌》和《德国英雄传说》。兄弟俩被民间文学丰富的想象、真挚的情感、通俗的语言和自由的表达给深深打动了。他们就像两只采蜜的蜜蜂一样，深入国内各地，每一点小小的收获都会让他们欣喜万分。

1806—1826年间，在搜集整理民间童话和传说的同时，雅科布还研究语言学，编写了4卷巨著《德语语法》。这是一部历史语法，后人称为日耳曼语言的基本教程。在《德语语法》1822年的修订版中，他提出了印欧诸语言语音演变的规则，后人称之为格林定律。他指出，在印欧语系中日耳曼语族历史上，辅音分组演变，在英语和低地德语中变了一次，后来在高地德语中又再变一次。事实上，格林定律只是大体上正确，后来由K.A.维尔纳加以补充。1838年底格林兄弟开始编写

《德语词典》，1854—1862年共出版第一至三卷。这项浩大的工程兄弟俩生前未能完成，后来德国语言学家继续了这项工作，至1961年才全部完成。

格林兄弟对民间文学发生兴趣在一定程度上受浪漫派作家布仑坦诺和阿尔尼姆的影响。他们搜集民间童话有一套科学的方法，善于鉴别真伪，他们的童话一方面保持了民间文学原有的特色和风格，同时又进行了提炼和润色，赋予它们以简朴、明快、风趣的形式。这些童话表达了德国人民的心愿、幻想和信仰，反映了德国古老的文化传统和审美观念。《格林童话集》于1857年格林兄弟生前出了最后一版，共收童话216篇，为世界文学宝库增添了瑰宝。格林兄弟在语言学研究方面成果丰硕，他们是日耳曼语言学的奠基人。

顾 拜 旦

顾拜旦（1863—1937）出生在法国巴黎。他的家住在沿海城市诺曼底的一座古堡里，那里环境十分优美，有绿草遍地的牧场，有一望无际的大森林，还有神秘的大海。

顾拜旦从小喜欢运动。在古堡，他学会了许多体育项目，像打网球、拳击、骑自行车、划船等等。上中学的时候，顾拜旦最喜欢历史课，同时对音乐和美术也很感兴趣。在课堂上，他是个爱提问题的学生，老师讲课的时候，经常被他打断，回答他提出的各种不同的问题。他上的中学是教会学校，有非常严格的校规，还对学生的行为做各种限制，并且有人监视。顾拜旦对此很不满，他崇尚生活的自由。

17岁那年，顾拜旦中学毕业了，他进入圣西尔军校。这所著名的军校被称作"将军的摇篮"，可顾拜旦入学不久就退学了，因为他对单调刻板的生活不能适应。后来他进入巴黎政治学院学习。20岁那年，顾拜旦来到英国，先后考察了牛津、剑桥、威灵顿、哈罗等名牌大学。给他印象最深的，是这些学校里的学生个个身体强壮，精力充沛，穿着精致的校服,仪容整洁。学校对体育十分重视,各种体育俱乐部十分活跃,经常举行各项健身和比赛活动。学生们的素质很高,顾拜旦深受启发。

英国之行使顾拜旦大开眼界,他从此立下志愿,要通过教育和体育救国,让法国青年一代强壮起来。他对大家说:"要使法国摆脱失败的耻辱,就要重新穿上球鞋,要让那些懦弱的思想封闭的青年进行体育锻炼,让他们把皮肤晒黑,学会冒险,懂得超越。"

顾拜旦先后4次到英国考察。1887年,他从英国回来,决定放弃学业,专心从事教育改革,从事体育事业。这个想法得到了教育部官员的支持。从此,他总是穿着笔挺的礼服,手执带有球饰的手杖,到各种集会演讲,还写了大量文章在报刊上发表,宣传体育的作用,号召青年人投入体育运动。不久,他又发起成立了"全法学校体育协会",设立了"顾拜旦奖",对那些在体育比赛中成绩优秀的运动员授予奖励。

到了19世纪,欧洲许多国家兴起了恢复奥林匹克运动的思潮。北欧一些国家还模仿古代奥运会举办过小型运动会。顾拜旦对这件事非常赞成,他找到了志同道合的朋友圣克莱。圣克莱在1887年创建了法国田径协会,顾拜旦提出以田径协会为阵地,复兴奥林匹克。圣克莱支持他,并建议由他担任田径协会秘书长。

从这以后,他走遍了法国各地,又访问了欧美许多国家,用他那炽热的感情和演说家的口才,向各国领导人和体育界人士宣传奥林匹克,鼓动起人们的热情。为此,他把贵族家庭留给自己的财产都搭了进去。

人们被他那火一样的热情感动了,他获得了各国人士的支持。1894年6月16日,由顾拜旦等人发起的"国际体育教育代表大会"在巴黎召开了,来自13个国家的29名代表汇集在巴黎索邦大学的阶梯形教室里,讨论开展学校体育的问题。两年后,首届奥林匹克大会在希腊雅典举行,13个国家的285名代表参加了这次盛会。

首届奥运会结束后,顾拜旦众望所归,当选为国际奥委会主席。他担任这个职务长达30年,把全部精力投入到体育事业中。他为后人留下了宝贵的思想遗产,被人们称为"奥林匹克之父"。

海伦·凯勒

　　海伦·凯勒（1880—1968）出生于美国亚拉巴马州北部的塔斯坎比亚小镇，他的父亲凯特·凯勒上校出身于美国南方的一个名门望族，是《北亚拉巴马人报》的老板和主编，同时也是塔斯坎比亚的知名人士。母亲也出生在一个显赫的家族里，她比凯特·凯勒上校小20岁，是当地有名的美人。

　　可是小海伦只有19个月大的时候，猩红热却夺去了她的视力和听力，不久她又丧失了语言表达能力。从此直至一生，海伦的世界是一片黑暗了。

　　海伦7岁时，父母给她请了位家庭教师，名叫安妮·沙莉文。沙莉文老师跟海伦·凯勒很投缘，她们认识没有几天就相处得非常融洽了，而且海伦·凯勒还从沙莉文老师那里学会了认字。

　　一天，老师在海伦的手心里写了个"水"字，并带着她走到喷水池边，把小手放在喷水孔下，让清凉的泉水溅溢在她的手上，从此海伦就牢牢记住了这个"水"字。

　　沙莉文老师还替海伦·凯勒找了一位专家，教导她利用双手去感受别人说话时口型的变化，以及鼻腔吸气、吐气的不同，来学习发音。这是一件非常不容易的事，不过海伦还是做到了，她以惊人的毅力，学会了用嘴巴"说话"，用手指"听话"。

　　在沙莉文的努力下，海伦用顽强的毅力克服了生理缺陷所造成的精神痛苦。她热爱生活：会骑马、滑雪、下棋，还喜欢戏剧演出，喜爱参观博物馆和名胜古迹，从中得到知识。她学会了读书和说话，并开始和其他人沟通，而且以优异的成绩毕业于美国拉德克利夫学院，成为一个学识渊博的作家和教育家。她走遍美国和世界各地，为盲人学校募集资金，把自己的一生献给了盲人福利和教育事业。她赢得了世界各国人民的赞扬，并得到许多国家政府的嘉奖。

海伦以惊人的毅力学习了法语、英语、德语、希腊语、拉丁文等5种语言。她还靠着顽强的毅力学习了代数、几何、物理课程，这些课程都是老师在上面讲，沙莉文在海伦的手心上拼写而学来的。在此期间她一边学习，一边用打字机作文和翻译。1896年6月29日，海伦参加了哈佛大学雷德克利夫学院的初试。经过她的努力，终于考上了哈佛大学，这一消息震动了纽约。

1897年，哈佛大学的盲人学生海伦·凯勒完成了数十万字的自传体长篇小说《我生活的故事》一书。小说出版后，在美国引起了强烈的反响，被誉为"世界文学史上无与伦比的杰作"，海伦也因此而赢得全世界的尊崇。

《假如给我三天光明》是海伦·凯勒的散文代表作，她以一个身残志坚的柔弱女子的视角，告诫身体健全的人们，应当珍惜生命，珍惜造物主赐予的一切。

海 明 威

海明威（1899—1961）出生在美国芝加哥市，他的父亲是一名医生。

小海明威在父亲及家人的关爱下快乐地成长。父亲喜欢去森林里打猎，去河边钓鱼，去外地旅游。海明威四五岁时，父亲就常带着他到户外活动。他跟父亲学会了野外生火、剥鱼、杀鸡、宰鸭、下锅煎煮等，学会了如何保存钓具、猎枪。在父亲的精心培养下，他养成了坚韧不拔的精神和无畏的勇气。当有人问他害怕什么时，他总是大声地回答："我什么也不怕！"他已俨然把自己视作一个大人了。

海明威6岁时，父亲送他到一所学校读书。他学习成绩十分优秀，并常常动笔写一些作文，记录自己见到的东西，或者根据别人的经历编造一些小故事。在这些小故事里，他总是喜欢加上戏剧性的色彩，而他自己总是以一个锄强扶弱的英雄人物出现。

进入中学以后，海明威对任何事情都感兴趣。他参加足球队练习踢球；在学校乐队里学拉大提琴；业余时间在学校快餐部勤工俭学；参加越野赛跑，虽然跑在最后，但仍坚持跑完全程；利用假期去外地旅游、打猎。他有一枝猎枪，那是父亲送给他的生日礼物。

1916年春，海明威开始练习拳击。他身材高大，练拳十分努力，技术进步飞快。每次与对手交锋，他总是以胜利者的面貌出现。不过有一次，他的眼睛被对手打伤，视力急剧下降，可是他对练拳的热情仍然很高，让自己接受身体的严峻考验。

海明威中学毕业前的两个月，美国参加了第一次世界大战，海明威面临上大学、当兵和工作的选择。最终他志愿去当兵，选择在战场上磨炼自己，但视力问题使他的梦想破灭了。1917年10月，他成为《星报》的一名见习记者。这家报纸是美国当时最好的报纸之一，对工作人员的要求极为严格，文章讲求简洁明快，反对冗长。海明威跟主编学到了出色的业务知识，形成了简洁明快的文风。

战争如同一块磁铁吸引着海明威，在《星报》当记者6个月后，他以意大利红十字会车队司机的身份踏上了战场。战争丰富了他的视野，使他体验到了残酷与死亡的威胁。一次在为意大利士兵分发巧克力时，他被奥地利迫击炮弹片击中，他旁边的一个士兵被当场炸死，在他前面的另一个士兵也受了重伤。他拖着伤兵到后面去的时候，又被机关枪打中了膝部。当他们到达掩护所的时候，伤兵已经死去，海明威腿上身上中了二百多片碎弹片。他受伤的时候，离19岁生日还差两个星期。这次负伤给海明威的生活造成了重大影响，一个直接的影响就是失眠，他整夜睡不着觉。

两年后，海明威拖着满是伤痕的身躯回到家乡，做了自由撰稿人。他根据自己对战争的经历，以及自己的生活见闻，写出了《太阳照样升起》《丧钟为谁而鸣》《永别了，武器》等大量脍炙人口的作品，销售非常火爆。这些作品语言简洁生动，表达力强，与当时流行的华丽、冗繁的文风迥异，掀起了一场小说写法的文学革命。人们说海明威是一个拿着斧头的作家，砍伐掉整座森林的多余枝杈，只剩基本的清爽枝干。有人把他的文章形容为"电报式"，并称之为"海明威风格"。

1952年，他的小说《老人与海》问世了。这本来是一部长篇，海明威却不厌其烦地修改了二百多遍，删去了"可有可无的章节、字句"，直到改成中篇为止。小说发表在《生活》杂志上，立刻引起轰动效应，在48小时内竟卖出了530万份。小说表现的思想内涵也正是海明威一生所追求的：人可以被摧毁，但不能被打败。海明威凭借《老人与海》这一传奇式的作品，荣获了1954年的诺贝尔文学奖。

海　涅

海涅（1797—1856）出生在莱茵河畔杜塞尔多夫一个破落的犹太商人家庭，父亲经营呢绒生意。母亲是一位医生的女儿，生性贤淑，富有教养，喜好文艺。在她的影响下，海涅早早地产生了对文学的兴趣。

15岁还在念中学时海涅就写了第一首诗，可是他却不得不遵从父命走上经商的道路，18岁时去法兰克福的一家银行当见习生，第二年又转到他叔父所罗门·海涅在汉堡开的银行里继续实习。在富有的叔父家中，海涅不仅尝到了寄人篱下的滋味，更饱受恋爱和失恋的痛苦折磨，因为他竟不顾门第悬殊，痴心地爱上了堂妹阿玛莉——一位他在诗里形容的"笑脸迎人，胸存诡诈"的娇小姐。

1819年秋，因为前一年在叔父资助下兴办的哈利·海涅纺织品公司经营失败，同时在杜塞尔多夫做生意的父亲也破了产，年轻的海涅完全失去了经商的兴趣和勇气，遂接受叔父的建议进入波恩大学学习法律，准备将来做一名律师。然而从小爱好文艺的他无心研究法学，却常去听奥古斯特·威廉·施勒格尔的文学课。课余时间，海涅阅读了大量的文学作品和哲学书籍，同时也非常勤奋地尝试写作，他写下了许多诗歌、散文、评论作品。

1821年，海涅转学去了柏林大学。在这里，他结识了许多优秀的文艺青年。这些青年不因海涅是犹太人而歧视他。他经常在冯·恩泽夫妇家的文学沙龙和他们聚在一起，意气风发地谈论各种各样的问题。受到伙伴们的影响和鼓励，海涅更积极地尝试写作。每次在沙龙朗诵自己的作品时，海涅不仅能获得最热烈的祝贺和称赞，而且能够听到朋友们善意的建议与批评。

　　第二年，海涅的第一部《诗集》就发表了，这部诗集引起了文学界的广泛关注。随后几年，海涅的作品大量发表，广受欢迎。

　　1824年，海涅重返哥廷根大学，并发表了《还乡集》和著名的散文《哈尔茨山游记》。在创作这部游记期间，他还曾去魏玛拜访过歌德。这期间，他把《还乡集》《哈尔茨山游记》，以及新写的《北海纪游》等作品汇编成《旅游记》出版。从此海涅就成了德国遐迩闻名的抒情诗人。

　　1844年，德国西里西亚的纺织工人举行了大规模的起义，普鲁士政府派来大批军队镇压。海涅跟许多进步人士一样，从中看出了工人阶级的力量。对此他写了《西里西亚织工之歌》。诗中的工人不再只是受侮辱被损害的可怜虫，而是对旧制度满怀愤恨的革命者。

　　1843年，在流亡了13年后他终于有机会回到了德国，他去探望了病重的母亲。这年，海涅结识了马克思，这对海涅是件极为重要的事。有一段时间他同马克思夫妇来往非常密切，双方建立了深厚的友谊。返回巴黎后，他根据此行的所见所闻和所思所想，再加上马克思的帮助，写出了著名的长诗《德国，一个冬天的童话》。这是一首极为机智、极为辛辣的长篇政治讽刺诗。诗以第一人称写出，从巴黎到汉堡的旅行是全诗的轴线。海涅说，这首诗"描绘了二月革命前莱茵河彼岸统治一切的昏睡和停滞状态"。

　　《德国，一个冬天的童话》在群众中引起极大反响，成为1848年革命的先声。恩格斯评价他说："他是我们这个时代最有力量的诗人。"

黑　格　尔

　　黑格尔（1770—1831）出生于德国斯图加特市一个税务官的家庭里，从小父亲对他的学习就抓得很紧，在学好学校的每门功课的同时，还专门请了一位家庭教师指导他读书。

不过，黑格尔是一位好学习的孩子，他每天放学回来以后都抓紧时间看父亲的藏书。尽管父亲的藏书很多，但是黑格尔还是嫌书不够读，他常常跑到图书馆去浏览各种书籍。

斯图加特诺提图书馆是一家贵族兴建的图书馆，1782—1790年间，黑格尔常常到这里借阅图书。那时候他还只是一名中学生，但他的勤奋好学却已远近闻名了，图书馆里的管理员都喜欢这个沉默的小伙子。

18岁那年，黑格尔考进了蒂宾根神学院，这是一所培养牧师的学校。神学院生活平淡清苦，学生们都穿黑色的袍子。学校里除了宗教哲学课外，还开设了骑马和击剑课，但从小循规蹈矩的黑格尔却不喜欢这两项活动，他宁愿把自己关在屋里读书。

从神学院毕业后，黑格尔不愿意去当牧师，他想当个哲学家，可家庭的情况不可能再供养他了，他只好找了份到贵族家里当家庭教师的差事。贵族家的藏书很多，黑格尔在教书之余，阅读了很多书。

1800年，黑格尔从去世的父亲那儿继承了一笔遗产后，就辞去了家庭教师的差事，来到了德国的大学城耶拿。当时的耶拿城云集着德国许多著名的学者，而且城里有许多藏书丰富的大图书馆。

黑格尔到耶拿不久，就被聘为大学的哲学讲师。他知识渊博，却不善言谈，学生们常常对他的课程感到疑惑不解，而他的忘我状态常成为人们的议论中心。

有一次，黑格尔被安排在3点钟上课，但他却记错了时间，2点钟就进了教室。教室里坐满了另一个班的学生，黑格尔并没留意，走上讲台开始演讲起来。当这个班的任课教授走到门口时，听见黑格尔的声音，以为自己迟到了一小时，不得不歉疚地离开。

在耶拿大学教学期间，拿破仑的军队攻占了这座德国的大学城，黑格尔只得携带自己的书籍来到纽伦堡，后来又辗转到海得尔堡和柏林，在当地的大学教学谋生。他的学问艰深，能够真正听懂他的课的人少之又少。有个学生曾要求他用一句话来概括他的哲学思想，黑格尔却说："从前有个牧师，别人请他单脚独立，迅速给基督教下一个定义，他不假思索地说：'你应该爱你的邻居，就像爱你自己一样。'但我却没有牧师那么大的本领。"

黑格尔一生写下了无数了不起的著作，它们是《精神现象学》《逻辑学》《哲学全书》《法哲学原理》《历史哲学》《宗教哲学》《美学》等，他写的书文字抽象、高度凝练。

他著作中所提到的辩证法，后来成为马克思创立革命理论的重要来源之一。恩格斯评价黑格尔哲学时说："黑格尔不仅是一个富于创造性的天才，而且是一个学识渊博的人，只要不是停在黑格尔建造的哲学大厦的外面，而是深入其中，你就会发现里面藏着无数的珍宝。"

华　盛　顿

乔治·华盛顿（1732—1799）生于美国弗吉尼亚的威克弗尔德庄园。他是一位富有的种植园主的儿子。

华盛顿11岁那年父亲因病去世了，他只继承了少量的田产和几个黑奴。16岁的时候，他就去西部做土地测量员，后来又在俄亥俄河流域做过土地买卖，靠着自己的艰苦奋斗，华盛顿成为当地有名的大种植园主。

当时，英法两国为争夺北美殖民地进行了旷日持久的战争，英国为战胜法国，竭力争取北美大种植园主的支持。1754年，弗吉尼亚总督答应把20万英亩土地给参加反法战争的富人，华盛顿积极参加了英国方面对法作战，指挥弗吉尼亚地方武装英勇战斗，屡立战功，协助英军把法军赶出了北美。

但战争结束后，英国却立刻翻脸，宣布西部土地为王室私产，不准垦殖。这一禁令使华盛顿一下子丧失了3万多英亩土地，从此，他成为英国殖民政策的坚决反对者。

1775年4月19日，波士顿人民在莱克星顿打响了反抗英国殖民统治的第一枪，北美各州人民纷纷响应，轰轰烈烈的美国独立战争爆发了。第二年，北美13个英属殖民地在费城召开"大陆会议"，华盛顿被任命为大陆军总司令。这时，波士顿义军正和那里的英军激战，华盛顿亲临前线指挥战斗，给英军以沉重打击。

在战争初期，美军打得非常艰苦，他们中的大多数人是临时招集来的农民，衣服破烂不堪，没有武器，士兵们经常吃不饱、穿不暖，在寒冷的冬季，有许多士兵不得不赤脚行军。相反，他们的对手英军却装备精良，训练有素，后勤供应充足。所以美军一败再败，到1777年9月，连首都费城也被英军占领了，有些意志不坚的将领竟率兵向英军投降。

在极端严峻的形势下，华盛顿始终忠于北美人民的独立事业，从来没有动摇过。他以非凡的才干，把原来自由、散漫、缺乏组织纪律和统一指挥的美军组织起来，在战斗中锻炼成长，逐步建立了一支强大的正规军。他鼓励美军士兵，号召他们为自由而战，他指出：美利坚人是自由的，还是奴隶；我们的田产应当归自己，还是被劫夺、被毁坏，两条路，一条是勇敢地反抗，一条是驯服，正摆在独立军将士面前。

他努力将各州团结、联系起来，共同作战。1777年10月，美军在萨拉托加大败英军，从而扭转了整个独立战争的局面。与此同时，为了孤立英国，美国又多方展开了外交活动，争取法国等国的援助。1778年6月，法国军舰开进美国，英军被迫从费城撤退，把主攻方向转向南方。1780年，英军把主力转移到南方港口城市约克镇。法国和美军两路并进，直逼约克镇。法军用海军封锁海港，切断英军海上补给线，断绝了英国军队的退路，华盛顿则率部从正面猛攻。

1781年9月，英军统帅康华理率领7 000名英军在约克镇向华盛顿投降，美国独立战争取得了最后的胜利。至此，美国独立战争中的军事对抗阶段结束。1783年，英美签署了《巴黎和约》，英国正式承认美国独立。

独立战争胜利后，华盛顿解甲归田，回到弗吉尼亚继续经营自己的种植园，在葡萄树和无花果树的绿荫下享受宁静的田园生活。1787年，华盛顿再度出山，主持制宪会议，制定了世界上第一部资产阶级宪法。1789年4月，华盛顿当选为美国第一任总统。

惠 特 曼

沃尔特·惠特曼（1819—1892）生于美国长岛一个海滨

小村庄。父亲当时是个农民。

惠特曼5岁那年，全家迁移到布鲁克林，父亲在那儿做木工，承建房屋，惠特曼在那儿开始上小学。由于生活穷困，惠特曼只读了5年小学，11岁就辍学了。之后他当过信差，学过排字，后来当过乡村教师和编辑。这段生活经历使他广泛地接触人民，接触大自然，对后来的诗歌创作产生了极大的影响。

少年时代，他多次聆听了他家常客托马斯·潘恩的谈话，托马斯·潘恩激进的民主倾向和空想社会主义的思想对他产生了深刻影响，使他从小就立志成为一个潘恩式的民主斗士。成年以后，适逢超验主义运动兴起，他为爱默生的学说所迷醉，更加热爱大自然和普通的劳动人民，强化了自己的民主立场。

惠特曼从20岁起开始文学创作，写一些短诗，同时参加当地的政治活动。22岁的时候他又回到了纽约，开始当印刷工人，不久就改当记者，并开始写作。几年以后，他成了一家较有名望的报纸《鹫鹰报》的主笔，不断撰写反对奴隶制、反对雇主剥削的论文和短评。40年代末他加入了"自由土地党"，反对美国的蓄奴制，主张土地改革。

1848年西欧各国爆发了革命，对惠特曼影响很大。他在报纸上发表文章讴歌欧洲革命，并写了不少诗来表达自己的心境，其中包括《欧洲》《法兰西》《近代的岁月》等等。1850年起他脱离新闻界，重操他父亲的旧业——当木匠和建筑师。这期间，他创作了他的代表作诗集《草叶集》。《草叶集》是他的第一部诗集，出版时只有94页，包括12首诗作。1861年美国南北战争爆发，这个时期，他写下了真实记录这场革命战争的《鼓专用集》；林肯总统被刺后，他写下了表达美国人民对林肯被刺而哀思的《啊，船长！我的船长！》《今天的军营静悄悄》等诗篇，表达了对林肯的沉痛哀悼；在有名的《神秘的号手》一诗中，他乐观地描绘了未来的自由世界。

惠特曼是美国著名的民主诗人，他歌颂民主自由，诗中体现了美国人民对民主的渴望，他赞美人民创造性的劳动，他的诗给人以积极向上的生气勃勃的精神。

晚年的惠特曼看到了资本主义发展所造成的严重弊端，理想化社会远未到来，曾著文予以抨击并提出改良的方案，他为民主理想的实现奋斗了一生。

惠特曼的名字，中国人民是早已熟悉的。五四时期，诗人郭沫若在名诗《匪徒颂》中就称赞惠特曼为文艺革命家。

霍　金

斯蒂芬·霍金（1942—2018）出生于英国的牛津，他的父亲是从事热带病研究的医学家。

霍金出生后，正值英国伦敦沉浸在第二次世界大战的战火之中，一家辗转流徙，在伦敦附近的好几个小镇上都留下过他们生活的足迹。

尽管是战乱年月，霍金一家仍然保持着知识分子家庭的情趣，客厅里常回响着瓦格纳的音乐，书架上堆满了各种书籍。就这样，斯蒂芬·霍金在一片书香里度过了他的童年。

小时候，斯蒂芬·霍金身材矮小瘦弱，但个性刚烈，如果有人想欺侮他，将得到他毫不犹豫地反击；他在学校是一个衣着随便、衣领上带着墨水痕迹的孩子；他喜欢与人争辩，并急于表达自己的思想，因为语速太快有时显得句子含混；他的成绩并不十分出色，不过算得上是一个聪明的学生。

另外，他的老师还发现他写字潦草，热衷于搞清楚一切事情的来龙去脉。他常常看到一件新奇的东西时总喜欢把它拆开，试图把每个零件的结构都弄个明白。

从12岁之后，他开始迷恋复杂的游戏设计。他花半小时所设置的游戏，同学们往往需要连续玩上几个小时甚至不得不在一个星期后才能将它完全弄懂，斯蒂芬·霍金为此十分得意。

在17岁这一年，斯蒂芬·霍金进入牛津大学学习物理。但是他的学习仍旧不很用功，而这几乎是大学里的普遍情形，因为这时的欧洲青年还经历着世界大战后的迷惘情绪，大家都觉得生活里已没有值得为之追求的东西。

是一场疾病拯救了他，在大学的最后一年里，斯蒂芬·霍金发现自己的行动越来越笨拙,他常常无缘无故地从楼梯上摔下来,经医生诊断他患了卢伽雷氏病,即运动神经细胞病,并告诉他恐怕活不了多久了。

这一年斯蒂芬·霍金才21岁,他突然体会到生命的宝贵,多少事情都还没有完成。在与疾病对抗的同时,霍金开始沉入了对世界的思索之中,他意识到疾病是可怕的,但更可怕的是人的心灵的失望与荒芜。同时他感到了知识的趣味,在对人类知识的探求里他找到了人生意义的所在。

1965年,他以优异的成绩获得了剑桥大学博士学位。也就是这一阶段,他结识了未来的妻子珍妮·怀尔德,接着与她结婚,两年后长子罗伯特出世,1970年第二个孩子出生,也就在同年他开始使用轮椅。

1973年,他的第一部著作《空间和时间的大型结构》问世,第二年他宣布发现黑洞理论,并成为皇家学会会员。接下来他被任命为剑桥大学物理学教授。

1978年他应邀参加梵蒂冈宇宙学大会,宣布无边界构想;这一年里,另一部著作《超时空和超引力》得以出版,同年被英国国王授予大英帝国高级骑士称号。1985年病情加重,使他卧床不起。为了挽救他的生命,医生为他施行了气管造口手术,他也因此完全失去了语言能力,他从此开始用带造音器的计算机;1988年他的《时间简史:从大爆炸到黑洞》一书出版,在接下来整整100周时间,该书占据英国图书排行榜的最前列,也因为这部书稿,他获得了沃尔夫基金奖。1989年,他被英国授予荣誉爵士。

霍金是一位身体残疾的人,但他却以坚强的意志,在自己的事业上取得了巨大的成功,被誉为自爱因斯坦以来人类最伟大的理论物理学家。他的成功缘于他明确的目标、不懈的努力和顽强的意志。

嘉　宝

嘉宝(1905—1990)出生于瑞典斯德哥尔摩市一个贫困的工人家庭。

幼年的嘉宝充满幻想，酷爱戏剧。但是她并不是一个特别出色的女孩。她对学校那种单调乏味的生活十分厌恶，她经常偷偷跑到学校附近的一家剧院的后台听戏，也常常把儿童水彩颜料涂在脸上，把自己打扮成在舞台上光彩夺目的大明星。

她14岁的时候，父亲就去世了，她和母亲相依为命，过着贫苦的生活。她在一家理发店里工作了一段时间，后来又在斯托兰尔的一家百货商店找到一份卖帽子的工作。有一天她向老板提议，为帽子做一个广告，以便促进帽子的销售。老板采纳了她的建议，决定拍一个帽子的广告片，并由她来做模特。

这时一位导演发现了嘉宝潜在的表演天赋，当时她还不到16岁，他建议嘉宝到一所戏剧学校去学习。有一天，瑞典大导演斯蒂勒派人到那个戏剧学校，要求学校选派一名年轻的女学员去扮演一个小角色。嘉宝得到了这个机会。从此嘉宝开始了她的演艺生涯。

可以说，嘉宝是世界上最羞涩、最神秘的女人了，甚至那些和她一起工作的同事，都认为她是一个难以捉摸的神秘人物。比如说，华莱士·毕雷和她在同一个地方工作了两年之久，甚至和她同演过一部影片，却从来没有见过她。这是因为他们各自出演了影片的不同部分，而这两个部分又是在不同的时候拍的。

有一次，美国最著名的杂志编辑亚塞尔·布里斯班莱来到了好莱坞，宣称他一定要看嘉宝拍一次戏。于是，有人把他带到嘉宝拍戏的现场。但是，这位瑞典的"快乐之鸟"却拒绝在他面前表演。她说："我读过布里斯班莱先生的文章，我很敬佩他，但是当着他的面，我没法正常演戏。"

如果剧情需要嘉宝做出一些痛苦的表情，她会要求导演离开拍戏现场。除了摄影师，没有一个人能看到她。她的摄影师叫威廉·丹尼尔，她在美国主演的第一部影片就是由他来拍的。当时，她的英语说得还不流利，常常会露出一些可笑的破绽来，几乎所有的人都嘲笑她，只有威廉·丹尼尔没有那样做。他察觉到这位年轻美丽的女士特别敏感，别人的嘲笑会使她局促不安。于是，当影片拍摄结束时，他就主动向她道贺，并且说希望以后还能再和她一起工作。对这种雪中送炭的友谊，她自然是感激涕零。嘉宝回到欧洲的时候，她工作的那家制片公司的经理都不知道她的行踪，但是她的摄影师丹尼尔却收到了她发来的电报。

通常，她每演完一段戏，就急忙躲到一边去，就像一只被人追逐的小鹿，要想见嘉宝简直比见美国总统或英王还难。

嘉宝的生活比世界上任何电影明星都要简朴。她开的是一辆老式汽车，车身上的油漆已经剥落得不成样子了。她外出时喜欢穿着工作服或水手裤。除了拍戏，她从来都不涂脂抹粉，不抹口红，不染指甲。她的鼻子两边长着一些细小的雀斑。她的生活平淡无奇，可是由于她的美貌而导致传说纷纭。百年之后，人们对她臻于完善的美貌仍津津乐道。

焦 耳

焦耳（1818—1889）生于英国曼彻斯特，他的父亲是一个酿酒厂主。焦耳自幼跟随父亲参加酿酒劳动，没有受过正规的教育。

16岁时他和兄弟一起在著名化学家道尔顿门下学习，然而由于老师有病，学习时间并不长，但是道尔顿对他的影响极大，使他对科学研究产生了强烈的兴趣。

焦耳最初的研究方向是电磁机，他想将父亲的酿酒厂中应用的蒸汽机替换成电磁机以提高工作效率。1837年，焦耳装成了用电池驱动的电磁机，他从实验中发现电流可以做功，这激发了他进行深入研究的欲望。这一年他发表的有关论文就引起了人们的注意。1840年12月，他在英国皇家学会上宣读了关于电流生热的论文，提出电流通过导体产生热量的定律；不久由于楞次也独立发现了同样的定律，因而被统称为焦耳楞次定律。

焦耳的重要贡献是钻研并测量了热和机械功之间的当量关系——热功当量。1843年，他发表了论文《关于电磁的热效应和热的功值》。他用磁电机发出的电流通入导体以产生热量，比较在通路时转动磁电机所做的功，和在断路时所做的功之差，与所得的热量来决定热功当量的数值。后来又将压缩某定量空气所需要的功与压缩时产生的热量做比较；

还根据水通过细管流动放出热量来确定热功当量。不久，改用转动水轮推动流体摩擦测定热功当量的新方法。最后将多年实验结果写成论文发表在英国皇家学会《哲学学报》上。多年的研究工作，焦耳为热运动与其他运动的相互转化、运动守恒等问题，提供了无可置疑的证据，成为能量守恒定律的发现者之一。

1850年，焦耳凭借他在物理学上做出的重要贡献而成为英国皇家学会会员，当时他32岁。两年后他接受了皇家勋章。许多外国科学院也给予他很高的荣誉。虽然焦耳不断进行着他的实验测量工作，遗憾的是，他的科学创造性，特别是在物理概念方面的创造性，过早地就减少了。1875年，英国科学协会委托他更精确地测量热功当量。他得到的结果是4.15，非常接近目前采用的值1卡=4.184焦耳。这时这位曾经富有过却没有一定职位的人发现自己在经济上处于困境，幸而他的朋友帮他弄到一笔每年200英镑的养老金，使他得以维持中等但舒适的生活。55岁时，他的健康状况恶化，研究工作减慢了。1878年当他60岁时，焦耳发表了他的最后一篇论文。

焦耳一生都在从事实验研究工作，在电磁学、热学、气体分子动理论等方面均做出了卓越的贡献。

居里夫人

居里夫人（1867—1934）的原名叫玛丽·斯可罗多夫斯卡，出身于书香门第，父亲是一所中学的数学和物理老师，母亲是一所女子学校的校长。

童年的玛丽身体瘦弱，可是她记忆力超凡，5岁时，她的母亲就发现她有过目不忘的本领。6岁那年，玛丽背起书包去上学读书。玛丽从小学习就非常勤奋刻苦，对学习有着强烈的兴趣和特殊的爱好，从不轻易放过任何学习的机会，处处表现出一种顽强的进取精神。从上小学开始，她每门功课都考第一。15岁时，就以获得金质奖章的优异成绩从中学毕业。

玛丽的父亲早先曾在圣彼得堡大学攻读过物理学，父亲对科学知识如饥似渴的精神和强烈的事业心，也深深地熏陶着小玛丽。她从小就十分喜爱父亲实验室中的各种仪器，长大后她又读了许多自然科学方面的书籍，更使她充满幻想，她急切地渴望到科学世界去探索。但是当时的家境不允许她去读大学。19岁那年，她开始做长期的家庭教师，同时还自修了各门功课，为将来的学业做准备。4年以后她的姐姐布罗妮雅去巴黎留学，而她自己却前往华沙城外偏僻的农村去教书。

1890年，也就是玛丽中学毕业后8年，布罗妮雅从巴黎写来一封信，让她也去巴黎读书。

玛丽告别了华沙，到巴黎的索鲁本大学读书。刚到巴黎的玛丽和姐姐、姐夫住在一起，但是从姐姐家到索鲁本大学太远了，于是玛丽只好搬到离学校稍微近一点的地方去住。

大学的学习十分紧张，由于生活拮据，她常常处在半饥半饱的状态下。玛丽的节衣缩食终于使她得了贫血病，她常常在读书的时候晕倒过去。

在寒冷的冬天里，由于经济紧张，玛丽没有钱添加被子，冬天里她也是盖着一条棉被，在夜里她为了能使自己更暖和一些，就把椅子压在被上。

尽管生活如此艰苦，但玛丽仍然努力学习，她带着强烈的求知欲望，全神贯注地听每一堂课，艰苦的学习使她的身体变得越来越不好，但是她的学习成绩却一直名列前茅，这不仅使同学们羡慕，也使教授们惊异，入学两年后，她充满信心地参加了物理学学士学位考试，在32名应试者中，她考得了第一名。第二年，她又以第二名的优异成绩，考取了数学学士学位。

1894年，她一方面在索鲁本大学攻读数学，另一方面又接受了恩师立蒲曼教授介绍的"法国工业振兴协会"所委托的正式研究工作，这是一项关于"钢铁磁性研究"的科研课题。在这项研究中，她认识了法国的青年物理学家比埃尔·居里，于1895年7月同他结了婚，玛丽于是变成了比埃尔·居里夫人。

居里夫妇经过艰苦的研究和实验，先后发现了"钋"和"镭"这两种天然放射性元素。因此，他们俩获得了1903年的诺贝尔物理学奖。

正当夫妻俩的事业兴旺发达的时候，1906年4月19日，比埃尔·居里被飞驰的马车夺去了年轻的生命。意志坚强的居里夫人没有在痛苦中倒下，她仍然顽强地继续研究放射性元素"镭"。

1911年，居里夫人完成了镭的单独分离，瑞典皇家科学院再次向她颁发了诺贝尔化学奖。

卡 夫 卡

卡夫卡（1883—1924）出生于布拉格的一个犹太商人家庭。父亲艰苦创业成功，形成了粗暴刚愎的性格，从小对卡夫卡实行专横有如暴君的家长式管教。卡夫卡一方面自幼十分崇拜、敬畏父亲，另一方面，一生都生活在强大的"父亲的阴影中"。母亲气质抑郁、多愁善感。这些对后来形成卡夫卡孤僻忧郁、内向悲观的性格具有重要影响。

青年时代，他遵从父命进了大学学习法律，后获法学博士学位，毕业以后在私人保险公司就职。1917年他患了肺结核，只好退职回家疗养。在医院的疗养院里，他度过了有生之年的一半时光。

卡夫卡一生都生活在强暴的父亲的阴影之下，生活在一个陌生的世界里，形成了孤独忧郁的性格。他害怕生活，害怕与人交往，甚至害怕结婚成家，曾先后3次解除婚约。疾病使他摆脱了求职和婚姻，因而能专心于文学创作。

卡夫卡创作勤奋，但并不以发表、成名为目的。工作之余的创作是他寄托思想感情和排遣忧郁苦闷的手段。许多作品随意写来，并无结尾，他对自己的作品也多为不满，临终前还嘱咐挚友烧毁手稿。

他的作品思想内容怪诞离奇，艺术形式新颖别致。他摆脱了传统小说创作的拘束，在艺术风格上标新立异，独树一帜，为后来的现代派文学开了先河，故与爱尔兰作家詹姆斯·乔伊斯、法国作家普鲁斯特一起被认为是西方现代派文学的奠基人。

卡夫卡的《变形记》中的人物，由于沉重的肉体和精神上的压迫，失去了自己的本质，异化为非人。它描述了人与人之间的这种孤独感与陌生感，即人与人之间竞争激化、感情淡化、关系恶化，也就是说这种关系既荒谬又难以沟通。推销员一觉醒来发现自己变成甲虫，尽管它还有人的情感与心理，但虫的外形使他逐渐化为异类，变形后被世界遗弃使他的心境极度悲凉。3次努力试图与亲人以及外界交流失败后，等待他的只有死亡。由此看来他的变形折射了西方人当时真实的生存状态。卡夫卡通过小说并不只是单纯阐述事实，而是抗争这个世界，追寻人性的完善。

卡夫卡去世前留下遗嘱，要求好友布罗德毁掉他所有未发表的手稿，还要求禁止重版他以前发表的为数不多的作品。但是这位好友违背了他的遗愿，竭尽全力搜集了他的所有作品，包括手稿、日记和书信，全部编辑整理后出版，这才使我们有幸目睹这些不朽的天才的杰作，能够倾听这位杰出灵魂的心声。

在他死去10年之后，卡夫卡声誉日增，阅读和研究卡夫卡作品的人越来越多，人们把他当作20世纪最伟大的传奇人物。

卡 内 基

安德鲁·卡内基（1835—1919）出生于苏格兰古都丹弗姆林。父亲威尔·卡内基以手工纺织亚麻格子布为生，母亲则以缝鞋为副业。父母虽穷，却为人正直，始终充满着积极进取的精神。

13岁那年，卡内基和家人来到美国东海岸的纽约港，后又辗转来到匹兹堡。移民的生活是非常清苦的，小卡内基白天做童工，晚上读夜校。14岁那年，他来到匹兹堡的大卫电报公司做信差。每天走街串巷送电报的卡内基，就像进了一所"商业学校"。他熟悉每一家公司的名称和特点，了解各公司间的经济关系及业务往来，这使他在日后的事业中获益匪浅。

1853年，宾夕法尼亚州铁路公司西部管区主任斯考特看中了有高超的电报技术的卡内基，聘他去当私人电报员兼秘书，每月薪水35美元。

当时卡内基已是18岁的大小伙子了,他怀着强烈的上进心走进了这个更为广阔的世界。

在宾夕法尼亚铁路公司的十余年中,卡内基凭着自己的勤奋和机灵,24岁就升任了该公司西部管区的主任,年薪1 500美元,并逐步掌握了现代化大企业的管理技巧。这种技巧是他后来组织庞大的钢铁企业时所必不可少的。

与此同时,卡内基也抓住时机,初试牛刀,参与投资,而且频频得手,慢慢积累得小有资财,为他以后开办钢铁企业奠定了一定的经济基础。

1865年4月,南北战争结束了,战争造成了大量的机会。29岁的卡内基这时已经算小有成就了,但是他不满足,他要紧紧抓住人生旅途这一关键阶段,自主创业,另立门户。于是,他向宾州铁路公司提出了辞呈。

此后他投入自己所有的资产建立了凯斯通桥梁工程公司,并极具眼光地展望到钢铁桥梁业具有不可限量的前景。于是他开始专门致力于钢铁生产行业,成为美国的钢铁大王。

后来他还收购了一家石油公司、一条铁路,并购买了大量的汽船。在1901年的时候,他将自己建立的卡内基钢铁公司以2.5亿美元的价格卖掉,此时卡内基钢铁公司生产的钢铁已经占全美钢铁销售总量的25%。

卡内基从一文不名的移民,到堪称世界首富的"钢铁大王",而在功成名就后,他又将几乎全部的财富捐给了社会。他生前捐赠款额之巨大,足以与死后设立诺贝尔奖奖金的瑞典科学家、实业家诺贝尔相媲美,由此成为美国人心目中的英雄和个人奋斗的楷模。

开 普 勒

约翰尼斯·开普勒(1571—1630)出生在德国的威尔德斯达特镇的一个贫民家庭。他的祖父曾是当地颇有名望的贵族。但当开普勒出生时，家道已经衰落，全家人就靠经营一家小酒店生活。

开普勒是一个早产儿，体质很差。他在童年时代遭遇了很大的不幸，4岁时患上了天花和猩红热，虽侥幸死里逃生，身体却受到了严重的摧残，视力衰弱，一只手半残。但开普勒身上有一种顽强的进取精神。

开普勒12岁时入修道院学习。他放学后要帮助父母料理酒店，但一直坚持努力学习，成绩一直名列前茅。1587年，开普勒进入蒂宾根大学。这时候，新的不幸又降临到他身上了，父亲病故，母亲被指控有巫术罪而入狱。生活不幸并未使他中止学业，他反而加倍努力学习。在大学学习期间，他受到天文学教授麦斯特林的影响，成为哥白尼学说的拥护者，同时对神学的信仰发生了动摇。开普勒经常在大学里和同学辩论，旗帜鲜明地支持哥白尼的立场。大学毕业后，开普勒获得了天文学硕士的学位，被聘请到格拉茨新教神学院担任教师。

后来，由于学校被天主教会控制，开普勒离开神学院前往布拉格，与卓越的天文观察家第谷一起专心地从事天文观测工作。正是第谷发现了开普勒的才能，在第谷的帮助和指导下，开普勒的学业有了巨大的进步。虽然开普勒视力不佳，但还是做了不少观测工作。1604年9月30日，在蛇夫座附近出现了一颗新星，最亮时比木星还亮。开普勒对这颗新星进行了17个月的观测并发表了观测结果。历史上称它为开普勒新星（这是一颗银河系内的超新星）。1607年，他观测到了一颗大彗星，就是后来的哈雷彗星。

第谷死后，开普勒继任第谷的工作，任务是编制一张同第谷记录中的成千个数据相协调的行星运行表。虽然他得到"皇家数理家"的头衔，然而皇帝对他十分吝啬，给他的薪俸仅仅是第谷的一半，还时常拖欠不给。他的这一点点收入不足以养活年迈的母亲和妻儿，因此生活非常困苦。尽管这样，开普勒也从未中断过自己的科学研究。第谷的观测记录到了开普勒手中，竟发挥了意想不到的惊人作用。在这个基础上，开普勒经过大量的计算，编制成《鲁道夫星表》，表中列出了1 005颗恒星的位置。这个星表比其他星表要精确得多，因此直到18世纪中叶，《鲁道夫星表》仍然被天文学家和航海家们视为珍宝，它的形式几乎没有改变地保留到今天。

开普勒主要著作有《宇宙的神秘》《光学》《宇宙和谐论》《哥白尼天文学概要》《彗星论》和《稀奇的1631年天象》等。在《宇宙和谐论》中，开普勒找到了最简单的世界体系，只需7个椭圆就可以描述天体运动的体系了；在《彗星论》中，他指出彗星的尾巴总是背着太阳，是因为太阳排斥彗头的物质造成的，这是距今半个世纪以前对辐射压力存在的正确预言。此外，开普勒还发现了大气折射的近似定律。

为了纪念开普勒的功绩，国际天文学联合会决定将1134号小行星命名为开普勒小行星。

凯瑟琳·格雷厄姆

凯瑟琳·格雷厄姆（1917—2001）出生在美国纽约一个富裕的家庭里，父亲尤金·梅厄在美国胡佛总统任职期间，曾担任美国联邦储备委员会主席，在杜鲁门总统任内担任世界银行第一任行长，整天事务繁忙。母亲是上流社会出名的交际家，所以，当凯瑟琳出生没多久，她只是说了句"这个孩子怎么这么丑"，就继续进行她的应酬了。

尽管生在一个衣食不愁的家庭，但凯瑟琳却没享受到多少来自父母的关爱，因为相貌一般，她还很自卑。在上大学时，她的同学怎么也无法理解，这个全美最富有家庭之一的孩子，怎么只有两条裙子和两件毛衣，而她自己因为长时间的忽略，并不是很在意。

1933年，在一次破产拍卖会上，梅厄通过中间人以82.5万美元购下了《华盛顿邮报》，从此，这家当时影响并不大的报纸便成为梅厄家族的资产。当时《华盛顿邮报》的日发行量只有5万份，一年亏损100万美元，是当年华盛顿5份报纸中，质量最差、亏本最多、读者最少的一份，谁也没有想到它以后会变成美国的媒体帝国。

尽管性格内向，胆小怕事，但凯瑟琳从小就勤奋好学，爱好写作。她曾就读于瓦萨女子学院，两年后转入芝加哥大学。1938年从芝加哥大学毕业后，她当起了《旧金山新闻报》的记者。第二年，父亲召她回到华盛顿，当起了自家报纸的编辑。

自40年代中期以后，梅厄逐渐将报纸的管理大权交给了从哈佛大学毕业的女婿菲利普·格雷厄姆，凯瑟琳对此毫无怨言。1948年，菲利普·格雷厄姆成了《华盛顿邮报》的主宰。

在菲利普的领导下，《华盛顿邮报》的发行量及影响力不断上升。但后来菲利普患上了严重的精神抑郁症，他在自家农场的屋中开枪自杀身亡。经过一个多月的调整之后，凯瑟琳毅然决定继续经营《华盛顿邮报》，自己出任该报的老板。

60年代的美国虽然已有一些女记者活跃在新闻界，但主管一级的却大多是男性，更别说是老板了。凯瑟琳担任一把手之后，《华盛顿邮报》人心惶惶，不少名编辑、名记者都想跳槽。凯瑟琳在自传中透露，当时自己是"身处悬崖边闭眼一跳。令人惊讶的是，我稳稳地落在了地上"。

1965年，凯瑟琳做出了重大决策，提拔著名记者本·布莱德利担任邮报的总编，并放权让各级主管、编辑、记者充分发挥自己的能量，把邮报办得红红火火。

从此凯瑟琳改变了《华盛顿邮报》的命运，《华盛顿邮报》也改变了她的一生。

凯瑟琳·赫本

凯瑟琳·赫本（1907—2003）出生于美国康涅狄格州的哈特福德市，父亲是一名医生，母亲是一名争取妇女参政权力运动者。

赫本与同年龄的女孩相比显得非常害羞，但是又很有主见。

赫本考入布瑞迈沃学院之后，开始立志做一名演员，在大学期间演了不少戏。毕业后，她开始在百老汇和其他地方得到一些小角色饰演，她总能把角色演得很吸引人。后来她以舞台剧《勇士丈夫》正式步入美国演艺界。接下来她开始出演电影，在影片《离婚证书》中，由于在片中的出色表演，她拿到了自己标出的片酬并且与RKO公司签约。1932—1934年间，她主演了5部电影。其中第3部影片《清晨的荣誉》荣获了奥斯卡金像奖；第四部影片《小女人》获得了当年最佳影片奖。

从此她的好运气接踵而至。她在舞台上只演出了两个星期，就被选为百老汇名剧《金色池塘》的女主角。这对于凯瑟琳来说，真是莫大的幸运。但是到了排演时，她却因为她的动作和舞台导演发生了争执。她坚持按自己的想法去做，但导演似乎更有发言权——她失业了。

后来，她又得到了一个机会——在《致命假日》中出演女主角，但她却没有和那部名剧一起走上百老汇，她又被辞退了。听到这个消息的时候，她正坐在化妆室里为演出做准备，辞退的原因是她不称职。

时隔不久，机会再一次出现，她被选中和莱斯利·霍华德一起主演《动物王国》。这回她决定好好珍惜这难得的机会。她花了几个月的时间来研究剧本，体验生活，考虑她将要扮演的角色。然而到了排演时，过去的那一幕又出现了，她顽固地坚持自己的想法，不肯听任何人的指导——于是她又一次被辞退。

在她步入影坛的前几年，做医生的父亲在家中盖了一个健身房，让他的几个子女练习摔跤和在空中秋千上表演。这些训练使凯瑟琳练就了敏捷的身手，她能把体重180磅的男子抱起来放到地板上，而她自己的身材却十分瘦小，只有110磅重。她还擅长花样滑冰和潜水。最值得一提的是她的高尔夫球技术。她所受的这些训练，使她在百老汇第一次主演《勇士之夫》时游刃有余。她在扮演活泼好动的亚马孙姑娘时，简直把人物演得栩栩如生。

她的表演是那么逼真，以至好莱坞的电影公司特意让她试了几个镜头，并发电报问她要多少薪水。他们估计她的胃口最多是每星期250美元，当她的经纪人回电说，凯瑟琳的要求是每星期1500美元的报酬时，他们还以为电报公司打错了数字，于是又发电报核对。凯瑟琳回了一个措辞强硬的电报，她说："电报没错，是我错了，每星期1500美元太少了！"

这位凯瑟琳小姐到了好莱坞之后，由著名导演乔治·丘克负责指导她，他建议她先去理个发，再把服装换一换。她向来不在意自己的服装，她曾经穿着绿色长裙在大街上走，绿色长裙并不奇怪，问题是她的脚上穿着带大头钉的鞋——人们只有在登山时才穿它。这让好莱坞人非常惊讶。

她从未与世俗好莱坞的虚荣、浮华随波逐流，无论扮演富有、傲慢的美国少女，男子装束的女人，离了婚的妻子，性格乖戾的老处女，抑或风烛残年的老妪……她的银幕形象总是强烈自信、敢讲真话的率直女性。

克拉克·盖博

克拉克·盖博（1901—1960）生于美国俄亥俄州加地斯地区。他出生后才10个月，母亲就去世了。父亲在他3岁时另娶图书馆职员珍妮为继母。珍妮将他视如己出。

在11岁那年，克拉克因家境的变迁，不得不中途辍学。15岁时，他到当地的一家剧院打工。这里是一个浪漫的世界，到处是美酒、鲜花和爱情。当时俄亥俄州的百万富翁为数不少，但恐怕没有一个人比剧团的杂工克拉克·盖博更幸福了。

他在剧团干了两年后，不幸突然降临到这位快乐王子身上——他的继母去世了，克拉克·盖博的好梦随着家庭的破碎而结束了。父亲对他说："为了养活这个家，我必须到奥克拉马州的油田去工作，你和我一起去吧！"这是父亲的命令，根本没有商量的余地。

克拉克·盖博在炼油厂干了两年。他每天都要抡动重达18磅的铁锤，还要在60米高的钻井台上为滑车加润滑油，弄得浑身油污。19岁那年，他再也忍受不了这种生活了，他向父亲表明，无论如何也要重新回到那梦幻般的演艺世界中去。他加入了"约尔·普列兹"的乡村剧团。那是一个三流剧团，活动在堪萨斯州、尼布拉斯加州等美国中西部一带的乡镇。一切都是那么简单，找一块空地，搭个帐篷就开始表演。演出的剧目是《汤姆叔叔的小屋》和当时最受欢迎的《查理的婶婶》等等。

1922年3月21日，他流落在漫天风雪的蒙大拿州比特市。当时的他前途渺茫，除了一身的债务和绝望，简直一无所有。第二天早晨，他偷偷爬上一辆货运火车，离开了比特市。火车穿越一个河谷时，司机发现了他，并且毫不留情地把他赶了下去。他无计可施，只好就地当了一名木材搬运工。3个月后，他凑足了到俄勒冈州波特兰市去的路费。到了波特兰市，他又加入了一个乡村剧团，不久，剧团开始入不敷出，陷入了困境，他只好又去做各种临时工来养活自己。他做过测量师的助手，耕过玉米地，做过养路工，还再次在木材场当过搬运工。

时隔不久，他又回到波特兰，但一直也没找到工作。他一听说哪里要招人，就立即跑去应聘，可每次都被别人捷足先登。后来，他费了很大的工夫，才在一家报社找到一份撰写三行小广告的工作，然而好景不长，没过多久，报社因不景气而大规模裁员，他又被辞掉了。

但命运之神是不会永远和一个人过不去的，在历尽艰辛之后，他终于找到了一份对他来说"十分理想"的工作，就是在电话公司当架线员，周薪是16美元。这份工作成了他一生的转折点。

有一天，公司派他到波特兰市的利特鲁剧院修理电话，他在那里认识了剧院的女导演约瑟芬·狄伦。他诚恳地向约瑟芬请教演技，她被他的气质迷住了，不久，他们就双双坠入了爱河。1924年12月，他们结婚了。

两个人一起奋斗了几年，克拉克·盖博终于得到了一个机会，在警匪剧《自由的灵魂》中扮演角色。从此以后，他开始有了当大明星的雄心。在这之前，他在百老汇扮演一些小角色，他常常向电影导演们询问有没有临时配角的机会。几个月后，他终于有了一个在电影中露脸的机会，而且还是个有台词的角色。他欣喜若狂，决定以此作为进军好莱坞的起点。但是好事多磨，这部影片直到6年后才正式首映，而且，并没有像他想象的那样造成轰动。

有8年的时间里，他只能以临时演员的身份出现在银幕上，甚至在他主演《风流寡妇》时，他的日薪也才7.5美元。后来他成为大明星后，他把自己日薪7.5美元的通知单装裱起来，挂在墙上，并在上面写上"盖博，别忘了当年"。他这样做，并不是想向人们炫耀什么。他取得如此辉煌的成绩，靠的是他坚忍不拔的毅力和顽强拼搏的精神。他性格直率、富有同情心，虽然声名显赫却没有丝毫的傲气。

拉 斐 尔

拉斐尔·桑西（1483—1520）生于意大利山区的乌尔比诺小公园。父亲乔万尼·桑西是乌尔比诺大公的御用画家、拉斐尔的启蒙教师。

拉斐尔11岁时，父亲去世了，他给一位画家当助手。15岁时在波伦亚画家的画室里学习，他勤奋地探索绘画的奥秘，能敏感地捕捉住美和艺术的真谛。16岁时离开家乡乌尔比诺到意大利翁布利亚地区的佩鲁吉亚城，从师于佩鲁基诺。

一天，佩鲁基诺对拉斐尔说："我不想让这小地方拖住你，你要到大师云集的佛罗伦萨去，你可以独立工作了。"这时拉斐尔19岁。

拉斐尔从老师那里学到了色彩感觉与透视原理，绘画技巧相当成熟，才能已超过老师。在佩鲁基诺的引导下，拉斐尔跨进了佛罗伦萨的艺术世界，很快就融入画家群里。他那讨人喜爱的外貌和善于自持的性格，立刻就为自己开辟了艺术道路。

佛罗伦萨给了拉斐尔从未有过的艺术教益。他急切地吸取着大师们作品中的成就，他以一个学生的姿态对待达·芬奇和米开朗琪罗。他充分利用佛罗伦萨能提供给他的一切：他研究解剖学、观察大自然和新的社会中的人际关系，他对生活、对人，尤其对女性和母亲更加充满感情和爱，他既崇拜达·芬奇，也尊重米开朗琪罗，他要把佛罗伦萨的全部艺术精华变成自己的营养。

后来他开始意识到自己的羽毛已经丰满了，可以走向更高的艺术殿堂，他想到罗马去一显自己的才能，让世人看一看谁是当今意大利最优秀的画家。

教皇朱理二世为了赞颂自己，把最优秀的画家、雕刻家、建筑家都请到罗马来为他服务，当时，米开朗琪罗正在为他画西斯廷教堂天顶画。刚满25岁的拉斐尔，在佛罗伦萨接到罗马送来的圣旨："教皇想尽快在梵蒂冈见到拉斐尔,以便他和罗马与意大利最优秀的艺术家一起,为美化罗马而工作。"不久,梵蒂冈的画家们被告知:除了拉斐尔和米开朗琪罗之外,其余的人全被辞退了。

　　拉斐尔创作了大量的圣母像,显露出非凡的天才。他的一系列圣母画像,都以母性的温情和青春健美而体现了人文主义思想。他21岁时画的《圣母的婚礼》,不仅表明他充分吸收了佩鲁基诺的艺术精华,而且后来居上,无论构图与形象塑造都有所创新,尤其是画面的平衡,背景的描绘,圣母玛利亚的端庄、文雅,均为前辈画家作品中所罕见。其他比较有名的作品还有《带金莺的圣母》《草地上的圣母》《花园中的圣母》《西斯廷圣母》《福利尼奥的圣母》《椅中圣母》《阿尔巴圣母》等。他的最著名的壁画是为梵蒂冈宫绘制的《雅典学院》。这幅巨型壁画把古希腊以来的五十多位著名的哲学家和思想家聚于一堂,包括柏拉图、亚里士多德、苏格拉底、毕达哥拉斯等,以此歌颂人类对智慧和真理的追求,赞美人类的创造力。

莱特兄弟

　　1903年12月17日,在美国的北卡罗来纳州的基蒂霍克村海滩上,世界上第一架有动力引擎的飞机成功地飞上了天。它的发明者就是威尔伯·莱特(1867—1912)和奥维尔·莱特(1871—1948)兄弟。

　　莱特兄弟俩出生在美国俄亥俄州的一个牧师家里,父亲弥尔顿是当地一个非常有名气的牧师,母亲虽然是一个家庭主妇,但是特别注意对兄弟俩兴趣的培养。

　　有一天,兄弟俩缠着妈妈给他们找翅膀,他们想像小鸟一样飞上天。于是妈妈就教他们做借助风力飞上天的风筝。后来他们自己动手做了一个特别大的风筝。当他们跟着小伙伴们一块去田野上放风筝的时候,小伙伴们都笑他们的风筝太大了,根本不会飞上天。的确,他们的风筝经过半天的折腾才飞上了天。不过有了这一次的经验，莱特兄弟俩知道了太大太笨的风筝就得到风力大的地方去放，才能够放飞。兄弟俩回来以后，又反复琢磨，最后终于做出一个又轻便、又庞大的风筝，他们的这个风筝让朋友们羡慕不已。

另外，兄弟俩对父亲怀里的一块表也非常感兴趣，他们常常把父亲的表要过来，然后躲在家里的某一个地方对怀表进行解剖。

在一次次反复拆装的过程中，莱特兄弟弄清了怀表的构造，明白了是什么东西让它走动起来的。

开始弥尔顿还总担心宝贝儿子会把自己心爱的怀表弄坏，结果，儿子们不仅没有把怀表拆坏，还告诉了他许多表的原理。

弥尔顿先生知道这两个儿子非常喜欢机械，于是常在外出回来时，给他俩带玩具回家。玩具刚回家是好好的，可没过多久就被兄弟俩弄得面目全非了，但过一两天又恢复了原来的面目。

一次弥尔顿给兄弟俩带来了一个会飞的螺旋桨，这个螺旋桨由一根橡皮筋带动，只要将这根橡皮筋绞紧，然后一松手，它就会向天空中飞去。威尔伯看着空中飞旋的螺旋桨，对弥尔顿先生说："爸爸，要是我们能做一个大的螺旋桨，我就可以坐在它的上面，飞上天去了。"从此以后他对飞行这个问题更加感兴趣了。

莱特兄弟俩中学毕业以后，由于家境的贫困，只好去做工挣钱。在工作过程中他们也没有减弱对飞行的兴趣，他们常常在一些废旧的物品上安装上可能飞上天空的假想模型。

后来兄弟俩有了资金，便自己开了一个自行车行，开始用更多的时间和精力来研究飞行的问题，这时他们常常去购买大量的书籍，然后学习有关的飞行知识。

1896年，当时著名的德国滑翔飞行家李林达尔在一次滑翔飞行中不幸失事丧身。莱特兄弟知道后非常悲痛，当时就下定决心要完成李林达尔未完成的事业。

在1900—1902年间，兄弟俩先后制成了3架滑翔机，并进行了近千次的飞行试验。1903年，他们决心给飞机装上发动机，让它自己飞起来。于是第一架装有内燃发动机的飞机诞生了。

这次试飞，比以往任何一次都冒险，为此兄弟俩都争着去。相持不下，他们只好用投币的方式来决定谁第一个试飞。弟弟奥维尔荣幸地拿到了试飞权，于1903年12月17日驾驶着带有内燃发动机的飞机飞上了蓝天。

李 斯 特

李斯特（1811—1886）出生于匈牙利。父亲是一位公爵府中的会计师，博学多才，并且弹得一手好钢琴；母亲是德国人，因此，德语成了李斯特的第一语言。

幼年时期的李斯特体质非常羸弱，他承受了许多他那个年纪所不应承受的痛苦，甚至有几次都危及了他的生命，所以他不能独自到正规学校接受系统的教育。于是，父母决定靠自己的力量，在家中教他学习知识。母亲教他德文，父亲则教他弹钢琴。

尽管父亲不是职业钢琴家，但他却是一个很好的启蒙老师。李斯特在父亲的引导下对弹琴产生了浓厚的兴趣，练琴成了他的最大乐趣，即使从早上弹到晚上也不会觉得疲倦。钢琴已经成了小李斯特生命中不可或缺的一部分，李斯特的童年几乎都是在琴凳上度过的。

李斯特的琴艺逐渐超越了父亲，成为当地有名的小音乐家。父亲已经没有能力教他了，于是辞去了公爵府上的职位，带着他来到了音乐之都维也纳。那一年李斯特9岁。

在维也纳，他们找到了著名的钢琴家车尔尼，希望他能收李斯特为徒。但是，车尔尼的名气太盛，以至于他的工作室中挤满了求学的学生。车尔尼实在无力顾及，便委婉地拒绝了。但是父子俩并不灰心，每天都真诚地上门请求，然而车尔尼始终不肯答应。一次，父亲与车尔尼谈话时，小李斯特看见屋内有一架钢琴，很久没有弹琴的他忍不住走上前去弹了起来。那是一首难度很大的曲子，李斯特却把握得很准。大人们停止了谈话，静静地听小李斯特的演奏。一曲奏罢，车尔尼兴奋极了，他走上前去高兴地说："真没有想到你弹得这么好，我收下你了。只要努力，你一定可以超越我，成为一名伟大的钢琴家的。"

从此，李斯特在车尔尼的教导下开始了正规的钢琴学习。他学习非常刻苦，每天都拼命地练琴。车尔尼对自己这个勤奋而又有天赋的学生十分喜欢,将自己所知的一切演奏技法都传授给了他。李斯特也没有辜负车尔尼的期望,他的进步非常快,小小年纪就已经有了钢琴大师的风范。

在李斯特11岁时,车尔尼邀维也纳的音乐名流举行了一场音乐会。到音乐会最后一个压轴曲目时,他将小李斯特送上了舞台,这也是他举行这场音乐会的真正目的。当时,人们见上台的是个孩子都不以为然,但当优美的琴声从李斯特的十指间跳跃而出时,在场的观众无不为之倾倒,音乐会取得了圆满成功,李斯特也因此而一举成名。

在这场音乐会上,李斯特遇见了一个让他为之奋斗一生的人——音乐大师贝多芬。那是在李斯特演奏之后,人们为他的演奏技巧报以热烈掌声时,贝多芬从观众席走到台上,他拥抱着小李斯特并对他说:"孩子,你是个了不起的人,一定可以成为世界上最棒的钢琴家。"说完在李斯特的额头上吻了一下。从此,李斯特将贝多芬视为自己的榜样,并向着这个目标而努力奋斗。

成名后的李斯特不断在欧洲各地巡回演出,他那娴熟的技巧不仅征服了世人,还为他赢得了"欧洲第一钢琴家"和"钢琴之王"的美誉,但李斯特并没有被荣誉冲昏头脑,他依旧是那样谦虚。李斯特常常无私地帮助那些落魄的艺术家并与他们结为挚友,这为李斯特在艺术界赢得了很高的声望。在他所帮助过的艺术家中,成就最高的当属有着"波兰的莫扎特"之称的肖邦了。

李斯特认识肖邦是在他定居巴黎之后,当时他已是誉满全国的钢琴家,而肖邦还不为人所知,生活穷困潦倒。一天晚上,李斯特举行公演,大厅里挤满了慕名而来的听众,按照当时音乐会的习惯,演奏过程中灯火要全部熄灭。这天的钢琴演奏是那样地深沉浑厚,没有一丝一毫追求表面效果的东西,听众如醉如痴,认为李斯特的演奏水平又进入了一个新的境界。

演奏结束,灯火重明,在听众的狂呼喝彩声中,立在钢琴旁答谢的,却是一位陌生的青年——原来李斯特在灯火熄灭之际,悄悄地把肖邦换了上来。他用这样的方式,把肖邦介绍给了巴黎听众,使肖邦从此一鸣惊人。

列　宾

　　列宾（1844—1930）出生在俄罗斯哈尔科夫省丘吉耶夫村一个屯垦士兵家庭，父亲是一个屯垦军军官。全家人在屯垦地辛勤劳作。

　　童年的列宾亲身体会到了生活的贫困和艰难，他也不止一次亲眼看见了囚犯如何被驱赶着由此经过，这些印象成为他日后创作的素材。

　　列宾的绘画才能是受到了在画坊当学徒的表哥的影响。表哥时常给他带回一些纸张、颜料、画笔，耳濡目染，列宾逐渐对绘画着了迷。

　　少年时他就画过圣像画，19岁时为报考美术学院来到彼得堡，先随克拉姆斯柯依学画，20岁时考取了美术学院，在学院里受到严格的绘画基础训练。学习期间经常参加克拉姆斯柯依组织的"星期五晚会"活动，结识了进步文化人，阅读到进步文艺作品，接受了民主主义影响。他和克拉姆斯柯依、斯塔索夫等人往来很亲密，通过他们受到车尔尼雪夫斯基等人的启蒙文化思想影响，确立了正确的人生观和艺术观。

　　在彼得堡美术学院学习期间，27岁的列宾为了描绘沙皇统治下俄国劳动人民的痛苦生活，他在毕业前曾两度到伏尔加去，对纤夫的生活作了长期的观察，画了许多速写，熟悉并了解他们的个性和生活经历。在经过反复推敲和长时期的酝酿之后，他用3年的时间创作完成了《伏尔加河上的纤夫》这幅世界名作。列宾笔下的纤夫们，既是苦难的生活底层的人们，也是有毅力的生活的强者。在构图上列宾利用了沙滩的地形和河湾的转折，使11个纤夫犹如一组雕刻群像，被塑造在一座黄色的、高起的底座上。画面上对伏尔加河的景色做了很好的布局，使这幅尺寸不很大的画面具有宏伟深远的感觉。它不仅揭示了现实的矛盾，同时肯定了社会的积极力量，使俄国风俗画增添了新的语言。

　　1871年，列宾以《睚鲁儿女的复活》这一宗教题材画获学院金奖并出国留学。1873年作为留学生访问了欧洲许多艺术胜地。文艺复兴的美术并没有使列宾满足,在给斯塔索夫的信中他还发泄了对拉斐尔作品的不满。他在国外学习3年,回国后定居在莫斯科,从事绘画创作活动。他借助小城镇的宗教习俗创作的一系列风俗画,反映了农村中由于资本主义的发展而导致阶级分化的加剧。

他的历史画也很出色。代表作《索菲亚公主》《伊凡雷帝杀子》和《查波罗什人写信给苏丹王》,表现了悲剧性冲突,刻画了复杂的历史人物精神面貌和心理变化。

他还用画笔描绘了19世纪后期俄国民粹派反对沙皇专制的政治斗争,代表作有《拒绝临刑前的忏悔》《意外的归来》《宣传者被捕》等。

他也是一位肖像画作家,他把为同时代名人画像看作是最有意义的事情。在一系列肖像画中,最杰出的是《穆索尔斯基肖像》《斯塔索夫肖像》《托尔斯泰肖像》。还喜欢用轻松、欢快的笔调描绘自己的亲人和朋友,诸如《蜻蜓》《休息》《秋天的花束》等,实际上是一种类似风俗画的肖像画。在皇家美术学院任教的14年中,他为俄国美术界培养了一代后起之秀。晚年以自传体形式写了回忆录《抚今追昔》。

列　宁

列宁(1870—1924)出生于伏尔加河畔的辛比尔斯克城,他的原名弗拉基米尔·伊里奇·乌里扬诺夫,列宁是他参加革命后的化名。

列宁的父母都受过高等教育,因此列宁从小就在良好的家庭环境中成长,这对他以后人格品质的培养起到了很重要的作用。

列宁从小聪明诚实,活泼开朗,喜欢读书和思考。16岁那年,父亲的去世对他无疑是个沉重的打击。一年以后,从小疼爱他照顾他的大哥又因参与刺杀沙皇而被判处死刑。

接二连三的打击让列宁变得成熟了。18岁那年,列宁考入了喀山大学。这所学校一向具有坚定的革命传统，大部分学生对沙皇政府都非常不满。列宁一进入这所学校，就受到了学校传统的影响。有一次，进步学生举行了一场大规模的反对沙皇制度的抗议集会，列宁也参加了，并在会上慷慨陈词。结果，列宁和一些同学被开除了学籍，并面临着被逮捕和流放的厄运。警察问他："小伙子，造反有什么好处？你这不是向一堵墙上撞吗？"列宁回答说："是的，但这是一堵朽墙，一撞就倒了。"

一年以后，当局准许列宁回喀山，但不准他回大学读书。列宁回到喀山，成立了一个马克思主义小组，开始学习、研究马克思和恩格斯的著作。之后，列宁移居萨马拉。他在那里住了4年半，这正是他埋头读书的时期。列宁学习了几门外语，特别是德语，因为当时马克思和恩格斯的很多著作都还没有被译成俄文。同时，他还认真阅读了秘密出版的俄国革命书籍，特别是社会民主主义的"劳动解放社"的出版物。列宁积极准备国立大学的考试。

1891年，他第一次去圣彼得堡参加考试，成绩出色，并获得了文凭，可以注册为律师助手。这个职业虽然工资微薄，却可以让他独立生活了。他周围的人都感到很惊异，一个年仅21岁的青年能阅读德文、法文书，还懂得英文，已经认真钻研了马克思的《资本论》，这不是常人可以做到的。他把马克思和恩格斯的著作《共产党宣言》译成俄文，这种文本在萨马拉的革命青年中间流传了很久。夏天，他就住在萨马拉附近的乡间，致力于马克思主义研究。他在树林中搭了一个隐蔽的窝棚，里面只有一把凳子、一张桌子。每天吃过早饭，他就带着一大堆书到那里去，一直工作到吃午饭的时候。吃完午饭，他又带着一些关于社会问题的书到那里去。晚上，在散步和游泳以后，他又拿着一本书坐在了走廊里一张放着灯的桌子旁边。列宁的家人也住在这里，在空闲时间，列宁谈笑风生，以他的笑声和活力感染每一个人，他懂得怎样工作和休息。

1900年1月，列宁离开俄国前往慕尼黑。12月，列宁、普列汉诺夫和马尔托夫等人共同创办了《火星报》。《火星报》的第一期刊登了列宁的一篇社论，题目是《我们运动的迫切任务》。列宁在文中指出，当务之急就是在俄国建立一个工人阶级的政党。通过各种秘密渠道，《火星报》被传送到俄国，送到人民群众手中，列宁的影响也因此迅速扩大。

1903年7月底，俄国社会民主工党第二次代表大会在比利时的布鲁塞尔召开。在大会上出现了分歧，分裂为"布尔什维克"和"孟什维克"两派。后来，列宁所领导的派别发展成为布尔什维克党，主张由工人阶级和农民阶级组成联盟，由工人阶级掌握领导权，在俄国建立"无产阶级专政"。

林　肯

林肯（1809—1865）出生在肯塔基州哈丁县一个清贫的农民家庭，父亲是位鞋匠，用他自己的话说，他的童年是"一部贫穷的简明编年史"。

6岁那年，林肯成了家里的好帮手，他经常跟着父母在地里干农活。尽管如此，林肯一家的生活还是很艰难。后来被生活所迫，他的父亲只好携带着全家到印第安纳州去开荒。

也是在这一年里，母亲为了林肯的将来，决定把他送到学校去读书。由于经济的原因，林肯所上的是一家设备非常简陋的学校。学校仅仅存在了一年，因为这里的老师嫌条件艰苦而离去，学校不得不关闭了。但这一年的教育，激起了林肯强烈的求知欲。于是他不管走到哪里，总是要带着一本书，哪怕是上地里去干农活。林肯总是用劳动之余把这些书看完，没过多久，他已经把父亲所有的藏书都看完了。这怎么办呢？母亲给他想了一个办法——去别人家借书看。有时候林肯为了借一本书，往往要走上几公里的路，这些路程对于一个八九岁的孩子来说，是多了一点，可是林肯却没有因此而放弃过对读书的兴趣。

林肯勤奋好读书的事，在农夫们那里口耳相传，人们都愿意把家里的藏书借给他阅读，几年之中，他把远近几十里内所能找到的书都读完了。

1819年秋天，林肯的母亲感染上了当地正在流行的疟疾，这对于本来就贫穷的家庭来说，真是一件倒霉透顶的事情。没过多久，母亲就去世了。

18岁那年，林肯决定自己独立生活，他外出打工，当上了大商人奥发特大商船的管理人。奥发特的大船在密西西比河上运营着各种生意，在航行中，林肯看到了贩卖黑人奴隶的悲惨情景，心地善良的林肯既同情又悲愤，他发誓要让这样的事情不再发生。

在25岁以前，林肯没有固定的职业，他四处谋生。成年后，他成为一名当地的土地测绘员，因精通测量和计算，常被人们请去解决地界纠纷。在艰苦的劳作之余，林肯始终是一个热爱读书的青年，他夜读的灯火总要闪烁到很晚很晚。在青年时代，林肯通读了莎士比亚的全部著作，读了《美国历史》，还读了许多历史和文学书籍。他通过自学使自己成为一个博学而充满智慧的人。在一场政治集会上他第一次发表了政治演说。由于抨击黑奴制，提出一些有利于公众事业的建议，林肯在公众中有了影响，加上他具有杰出的人品，1834年他被选为州议员。1847年，他当选为国会议员后，曾多次在国会中投票反对奴隶制度。1860年，当他当选为美国总统后，便颁布了全世界著名的《解放黑奴宣言》。他的这一举动，引起了南方的有钱有势的奴隶主们的强烈不满，于是爆发了南北战争。战争结束后，他却被一个奴隶主派遣的杀手给刺杀了。

正如马克思说的那样："他是一个不会被困难所吓倒的人，不会为成功所迷惑的人；他不屈不挠地迈向自己的伟大目标，而从不轻举妄动，他稳步向前，从不后退；他既不因人民的热烈拥护而冲昏头脑，也不因人民的情绪低落而灰心丧气；他用仁慈心灵的光辉和严峻的行动，用幽默的微笑照亮被蒙蔽的事物；他谦虚地、质朴地进行自己宏伟的工作，绝不像那些天生的统治者们那样做一点点小事就大吹大擂。总之，他是一位达到了伟大境界而仍然保持自己优良品质的罕有的人物。这位出类拔萃和道德高尚的人竟是那样谦虚，以致只有在他成为殉难者倒下之后，全世界才发现他是一位英雄。"他被誉为美国精神的父亲。

卢　梭

卢梭（1712—1778）出生于瑞士日内瓦，他的父亲是个钟表匠，技术精湛；母亲是牧师的女儿，聪明贤淑。母亲在生他时因难产去世。失去了母爱的他，是由父亲和姑妈抚养大的。

卢梭从小聪明机灵，虽然没有像有钱人家子弟那样受到系统教育，但特别爱读书的习惯使他成了一个知识丰富的人。

母亲去世后留下了许多书，有哲学的、历史的，更多的是小说。5岁的卢梭和父亲在空闲时都喜欢读书，经常每天晚饭后就开始看书，看得入了神，有时竟忘了睡觉。

卢梭如饥似渴地读书形成了习惯，有很多书的内容他都能记得非常清楚，理解得很深。7岁的时候，他把家里的书全读完了，又到外祖父那里找书读。这些书不再只是小说了，而是些充满知识和深刻思想的书，像《教会与帝国历史》《世界通史讲话》《名人传》《宇宙万象解说》等等。

他对这些内容深奥的书有一种一般孩子所没有的兴趣。他把这些大部头的书搬到父亲的工作室里，父亲工作，他就读书给他听。书中那丰富的知识很快转移了他对小说的兴趣。

姑母活泼热情，能唱很多动听的歌曲和民间小调。听着姑母那清脆的歌声，卢梭感到一种陶醉。受姑母的影响，卢梭后来也特别热爱音乐，并有很深的研究。

读书使卢梭获得了很多知识，也养成了爱思考求真理的习惯；音乐又使他的情感十分丰富，富于联想。卢梭是个早熟的人，他少年时代就已经具备了独立生活和思维的能力。

10岁那年他被送到农村，在一个牧师家里读书，学习拉丁文和其他功课。清静和淳朴的农村生活使他精神愉悦，他被大自然的美景所吸引，心情变得更开朗了。

13岁时，卢梭回到城里参加工作。他去学习做律师书记，可他十分讨厌这项工作。后来又到一个雕刻匠那里当学徒，由于受不了师傅的责打，16岁的卢梭开始了流浪的生活。

在离家出走后的十几年里，卢梭过着动荡流离和寄居的生活。这种生活给他造成了心灵的痛苦，也使他成熟起来。在流浪中，经人介绍，他认识了富有而独居的华伦夫人。华伦夫人热情地帮助他寻找工作，并在他困难的时候收留他住下，二人建立了很深的友情。在这期间，卢梭到过欧洲的许多地方，广泛接触了社会，对现实产生了深刻的见解。

1749年夏天，已回到法国居住的卢梭在忙碌中看到《法兰西信使》杂志上登了第戎科学院的一则征文广告。他看后兴奋极了，于是他写下了成名之作——《论科学与艺术》。

　　卢梭的这篇文章，观点鲜明而新颖，发人深思，文笔生动流畅。连他自己也没想到，这篇文章获得了征文一等奖，并正式发表了，他从此成了法国的名人。

路易·巴斯德

　　巴斯德（1821—1895）生于法国的多尔。父亲是制革工人，母亲是一位思维敏捷且具有想象力的女性。父亲虽没受过什么正式教育，但喜欢钻研一些小东西，不断学习知识以充实自己。巴斯德在父亲潜移默化的影响下，也承袭了这种精神。

　　巴斯德5岁的时候就显示出绘画的才能，可是父亲希望儿子在学问上有所长进，而不是作画。巴斯德学习非常认真，做功课时总要反复推敲每一道题目的答案。中学毕业后，巴斯德以优异的成绩考上了巴黎高等师范学校，开始学习自然科学。

　　巴斯德勤奋好学，对化学实验尤其爱不释手，每天深夜，他的窗口总是映出灯光。在他的屋子里摆满了瓶子、玻璃管、煤气灯，还有许多化学药品。巴斯德进入实验境界就会忘记时间。他甚至还学习吹制玻璃瓶的技术，为将来做特殊实验准备必要的仪器。同学们戏称他为"实验室蛀虫"。

　　1846年，24岁的巴斯德从高等师范学校毕业，继续从事化学研究。他在晶体研究方面的成就对立体化学起到了决定性的推动作用。巴斯德一举成名。他接到许多教授聘任书，并成为荣誉勋位团的成员。

　　巴斯德虽然因化学而成名，但使他载入史册的却是他在微生物学方面的巨大成就。当时，法国的啤酒业在欧洲是很有名的，但啤酒常常会变酸，让酒商们不得不忍痛倒掉，有的甚至因此而破产。1865年，一家酿酒厂厂主请求巴斯德帮助治治啤酒的"酸病",看看能否可以用化学方法来阻止啤酒变酸。

巴斯德答应研究这个问题。他在显微镜下观察,发现未变质的陈年葡萄酒和啤酒中有一种圆球状的酵母细胞,当葡萄酒和啤酒变酸后,酒液里有一根根细棍似的乳酸杆菌,这就是使啤酒变酸的元凶。他把封闭的酒瓶放在铁丝篮子里,泡在水里加热到不同的温度,试图杀死乳酸杆菌,又不把啤酒煮坏。经过多次反复试验,他终于找到了一个简便有效的方法:只要把酒放在56℃的环境里,保持半小时,就可杀死酒里的乳酸杆菌,这就是著名的"巴氏消毒法"。这个方法至今仍在沿用。

当巴斯德成了法国传奇性的人物时,另一项重要研究课题又接踵而至:消灭鸡霍乱的瘟疫。鸡霍乱是当时法国一种传播迅速的瘟疫,来势异常凶猛,家庭饲养的鸡一旦染上鸡霍乱,几小时后就会成批死亡。

巴斯德做过多次实验,但都以失败告终。在一次偶然的实验中,他用陈旧的霍乱细菌培养液,给一批鸡注射,发现这批鸡只是呈一时的病状,而后就健康如初。巴斯德顺藤摸瓜,终于发现,因空气中氧气的作用,霍乱菌的毒性会日渐减弱。事情到此并未结束,他又用新鲜的霍乱菌液给这批鸡再次接种,令他惊奇的是:几乎所有接种过陈旧霍乱菌液的鸡都安然无恙,而未接种过陈旧霍乱菌液的鸡却死得精光。实践证明,凡是注射过低毒性菌液的鸡再被注入毒性足以致死的鸡霍乱菌,便会具有抵抗力,病势轻微,甚至毫无影响。预防鸡霍乱的方法找到了!巴斯德这一偶然的发现促使了他对减弱病免疫法原理的确认。

在随后数年的研究中,巴斯德又研制出炭疽菌苗和狂犬病疫苗,开创了人类战胜传染病的新纪元,拯救了无数的生命,奠定了今天已经成为重要科学领域的免疫学的基础。因此,世人称颂巴斯德为"进入科学王国的最完美无缺的人"。

罗 丹

罗丹(1840—1917)生于一个贫穷的基督教家庭。他的父亲是一名警务信使，母亲是穷苦的平民妇女。

1845年，罗丹刚满5岁，由于过人的聪明，父亲提前把他送到了离家不远的耶稣会学校上学，但是罗丹对宗教方面的书一点兴趣也没有，却非常喜欢画画。直到9岁那年，成绩还是不见好转，父亲只好把他送到了叔叔在乡下开办的学校去读书，他在叔叔那里一待就是4年。在这4年里，罗丹的成绩还是不见有什么提高，但他的画画水平却让老师们都感到震惊。

看他学习仍然没有进步，父亲开始对罗丹失去了信心，决定把这个成绩糟糕的孩子送去工作。开始罗丹执意要学画画，在姐姐玛丽的支持下，失望的父亲不得不同意把他送进巴黎美术学校。

这所学校是1765年创建的，学生在这里学习装帧艺术和制图。在这里他遇到了终生敬仰的启蒙老师荷拉斯·勒考克。勒考克是一个普通的美术教员，但他一开始就鼓励罗丹忠实于真正的艺术感觉，而不要按照学院派的教条去循规蹈矩。也许正是这种教导影响了罗丹的一生。

在此期间，他常去卢浮宫临摹大师的名画。由于买不起油画颜料，罗丹转到了雕塑班，并从此爱上了雕塑。勒考克又介绍他到当时法国著名的动物雕塑家巴耶那里去学习，使他受到了良好的基础训练。在渡过3年艰苦而勤奋的学习时间后，罗丹踌躇满志，准备投考巴黎美术学院。可是他连考3年，最终还是落选了。一个年迈的主持人在罗丹的名字旁边干脆写上："此生毫无才能，继续报考，纯系浪费时间。"

这对渴望成为雕塑家的年轻的罗丹来说是一个沉重打击。更大的打击接踵而来，罗丹的姐姐玛丽因失恋而入了修道院，两年之后因病去世。罗丹的精神在这双重打击下彻底崩溃了，他毅然走上姐姐的路，当了一名修道士。

善良而明达的修道院院长埃玛尔从罗丹受压抑的表情上看出了他的心思，他创造条件让罗丹有机会去画画和雕刻。当他看到罗丹确有才气后，就劝说罗丹还俗，去继续其雕塑事业。罗丹用一颗被抚慰而充满感激的心在修道院为埃玛尔院长塑了一座雕像，这座雕像显示出23岁的罗丹已经具备了一个雕塑家的洞察力和技巧。

罗丹重新回到勒考克身边，开始了边工作边自学的奋斗生涯。雇不起模特儿，他就请一个塌鼻的乞丐给他当模特儿。乞丐的丑陋使罗丹看到了在其被磨损的脸上，有着人类所共有的愁苦和凄凉，从而在罗丹的眼中，生活的美丑和艺术的美丑有了不同的意义。

罗丹的《青铜时代》《思想者》《雨果》《加莱义民》和《巴尔扎克》等作品都有新的创造，曾受到法国学院派的抨击。包含着186件雕塑的《地狱之门》的设计，因当时官方阻挠而未能按计划实现，只完成了《思想者》《吻》《夏娃》等部分作品。他善于用丰富多样的绘画性手法塑造出神态生动、富有力量的艺术形象。罗丹的一生是被人攻击和嘲讽，同时亦为人理解和支持的一生，但他始终以一种伟大的人格正确地面对这一切。罗丹一生攀登，并终于登上米开朗琪罗之后的又一高峰。

罗斯福

富兰克林·德拉诺·罗斯福（1882—1945）出生于纽约。父亲詹姆斯·罗斯福是外交界和商业界的活跃人物，母亲萨拉·德拉诺是出身上层社会且受过国外教育的漂亮女性。詹姆斯比萨拉大26岁。

富兰克林·罗斯福5岁那年便随父亲进入了白宫，当时的总统克利夫兰接见了他们。进入白宫的罗斯福见到克利夫兰总统时显得既胆怯又好奇，克利夫兰总统看见罗斯福害怕自己的样子，就握着罗斯福的小手爱抚地说道："小绅士，我给你一个祝福，我祝福你将来不会当上美国总统。"可是没想到的是，克利夫兰这句让罗斯福放松的话，最终却没有成为现实，相反，罗斯福长大以后，不仅当上了美国总统，而且还成为美国历史上任期最长的总统。

罗斯福15岁时，便进入格罗顿公学读书，这是一所私立的贵族子弟学校。1900年罗斯福从学校毕业后，考入了哈佛大学学习法律。

大学期间罗斯福对政治产生了浓厚的兴趣，并开始积极参加各种政治活动。1904年罗斯福从哈佛大学毕业了，不久又进了哥伦比亚法学院学习。3年后他通过了律师考试，开始在一家律师事务所工作。

1910年，当了6年律师的罗斯福决定参加纽约州参议员的竞选。罗斯福以一个民主党人的身份参加了这次竞选，真没想到，首次竞选就取得了成功，他成为一名年轻的州议员，从此罗斯福便开始了他的从政生涯。

然而，正当他在美国政坛上平步青云时，一件不幸的事情发生了。1921年8月，39岁的罗斯福在游泳时，突然患了急症，从此便成为跛足。但残疾的罗斯福并未因此气馁而退出政坛，相反他却以惊人的毅力和病魔斗争。1924年他到乔治亚州西南的温泉进行治疗，短短6周的治疗取得了非常显著的疗效，这使他萌生了把这个几近废弃的温泉买下来，建成一个非营利性的、小儿麻痹症患者水疗中心的念头。1927年水疗中心建成了，接待了来自全国的许多患者。各地报纸对此做了报道。从此，罗斯福在公众的心目中树立起了更加完美的形象。

1929年，经济危机席卷了资本主义世界，美国也受到沉重打击，胡佛政府陷入重重困难之中。1932年罗斯福问鼎白宫，提出"新政"计划。1933年，坐着轮椅的罗斯福临危受命，就任美国总统。针对美国银行倒闭、工农业生产萧条、失业人数众多的情况，罗斯福发表了鼓舞人心的演说，团结了各派人士共同实现新政计划，取得了很大成绩，把美国从危机中解救出来。在外交上，他又打破了传统的"孤立主义"，积极参与国际事务，还和苏联建立了外交关系，并对拉丁美洲实行了"睦邻政策"。

第二次世界大战期间，罗斯福站在正义的一边，积极支持英、苏、中等国的反法西斯的战争，并与英国首相丘吉尔联合签署了《大西洋宪章》。1941年12月珍珠港事件发生后，罗斯福立即宣布美国参战，并加入世界反法西斯战争。1945年2月，罗斯福出席雅尔塔会议，与斯大林、丘吉尔共同商讨处理战后德国和欧洲问题，以及协同对日本作战问题，还积极主张战后建立维持世界和平的国际组织——联合国。

在美国的历史上，罗斯福是唯一的一位连任四届的总统，他对美国乃至世界的反法西斯斗争做出了不可磨灭的贡献，他是一位深受人们尊敬的杰出政治家。

马丁·路德·金

马丁·路德·金（1929—1968）出生于佐治亚州的亚特兰大市的黑人家庭。几乎从他记事之日起，就深刻地体会到了屈辱和不平等。因为大城市里，黑人被禁止进入专为白人设立的学校、戏院、餐馆、公园等场所。这种把人分成优劣、歧视黑人的行径，深深地刺痛了他幼小的心灵。

马丁·路德·金聪敏过人，他中学没念完，15岁就进入大学学习。大学毕业，他成为一名牧师。以后，他又取得了波士顿大学神学博士学位。1954年，教会派他到蒙哥马利市担任牧师之职。

1955年12月1日，一位名叫罗沙·帕克斯的黑人妇女在公共汽车上拒绝给白人让座位，因而被蒙哥马利市警察局的当地警员以违反公共汽车座位隔离条令为由逮捕了她。这一消息传开后，黑人们群情激奋。

为了声援帕克斯，黑人推选了26岁的马丁·路德·金牧师为代表，开始到处演说。马丁·路德·金虽然当时非常年轻，但他的演说却非常鼓舞人心。他号召全城的黑人在法院审理帕克斯一案时，一律都不要去乘坐本地的公共汽车，除非当局保证黑人在公共汽车上能得到与白人平等的待遇。

当时大多数黑人并不相信这场斗争会取得胜利，可是当他们听了马丁·路德·金的演说以后，都非常积极地响应了他的号召。一时间所有的黑人都宁可步行几里路上下班，也不去乘坐公共汽车了，这一场运动一下子使汽车公司的收入下跌了65%。

黑人抵制乘坐公共汽车的运动还在继续进行，蒙哥马利市对此事已经没有办法了，3个月以后政府只好以"非法组织人民抵制乘坐公共汽车"的罪名，逮捕了马丁·路德·金牧师以及他的战友们。

马丁·路德·金被抓以后，黑人运动更是日益高涨，后来美国联邦最高法院只好宣布在公共汽车上实行种族歧视违反宪法，并释放了马丁·路德·金等人。

马丁·路德·金出狱后,立即到全国各地去组织、发动黑人和白人一起反对种族隔离的法律。但是他主张用和平的方式进行斗争,并不赞成使用暴力。

1963年他率领25万黑人和白人和平进军华盛顿,当游行队伍聚集在林肯纪念堂前的广场上时,他发表了题为《我有一个梦想》的著名演说。他慷慨激昂地说:"我们坚定地认为这条真理是不用证明的——人人生下来就是平等的。"他用不可辩驳的事实,痛斥了种族歧视政策。第二年12月,他获得了诺贝尔和平奖。

之后,他为争取黑人选举权而奔走,由于他的努力,国会通过了新选举法的修正案。他为黑人赢得了公民选举权。马丁·路德·金的这一切努力遭到了种族主义者的嫉恨,他们用非常卑劣的手段结束了马丁·路德·金的生命。

马可·波罗

马可·波罗(1254—1324)的父亲是威尼斯的巨商,长年航海在外,在马可·波罗还没有出生的时候,他的父亲就和他的叔叔乘船出海了。

马可·波罗长大一点以后便成了一个小搬运工,每天他都划着凤尾船,把附近商店的货物送到旅客家里。每当有出海的大船进港时,他更是积极地用自己的凤尾船把他们送回家。这个时候,他并没有忘记向这些海员打听父亲的消息。可是每天他都失望而回,妈妈终于在绝望中病逝了。

马可·波罗15岁那年,他的父亲和叔叔总算回来了。回到家里的父亲整天跟马可·波罗讲旅游中的故事,尤其是关于中国皇帝的故事,让马可·波罗非常好奇,他暗暗下决心要到神秘的东方去看一看。

1271年夏天,马可·波罗的父亲和叔叔又要启程了,这次他们带上了马可·波罗。

他们乘大商船离开了威尼斯,取道耶路撒冷,踏上了向东方的中国进发的旅程。

他们沿着古丝绸之路长途跋涉以后,终于在1275年来到了中国。元朝皇帝忽必烈接见了他们。这时,马可·波罗已经是一个非常有礼貌的年轻小伙子了,他得到了忽必烈的喜爱,当即被留在了元朝宫廷里任职。

马可·波罗是个聪明好学的人,很快他便掌握了汉语、蒙古语等4种文字,并逐渐熟悉了中国的风俗礼仪。忽必烈委派他出访到南方各地调查民俗,最后他成了忽必烈的荣誉侍臣。

1292年,他又受命护送科克清公主前往波斯,经过两年半的海上艰难航行,他们最终顺利地完成了任务。

他在中国住了17年,经过深入了解和考察,他写了大量的笔记。1293年,由于父亲身患重病,期望老死故乡,马可·波罗向忽必烈皇帝辞行,皇帝对马可·波罗的离去非常惋惜,派了一艘结构精美的船只相送并赐了一大堆金银玉帛。两年以后马可·波罗和父亲一起回到了威尼斯。

他的东方故事吸引了整个西方,马可·波罗在威尼斯顿时变成了新闻人物,在他的口述下,写成了《马可·波罗游记》。书中记述了他在东方最富有的国家——中国的见闻,详尽描绘了中国历史、文化和艺术,激起了欧洲人对东方的热烈向往,对以后新航路的开辟产生了巨大的影响。同时,西方地理学家还根据书中的描述,绘制了早期的"世界地图"。

西方研究马可·波罗的学者莫里斯·科利思认为,马可·波罗的《游记》"不是一部单纯的游记,而是启蒙式作品,对于闭塞的欧洲人来说,无疑是振聋发聩,为欧洲人展示了全新的知识领域和视野,这本书的意义在于它导致了欧洲人文科学的广泛复兴"。

马可尼

伽利尔摩·马可尼(1874—1937)出生于意大利的博洛

尼亚市。他的家庭十分富裕，从小在家庭教师的指导下学习。

马可尼喜欢大海。他像开尔文一样，后半生的科学研究活动都是在海上进行的。马可尼常常对人讲起少年时代的趣事。他8岁那年，经常和哥哥一起划着小船到海上去玩，有几次险些掉进海里淹死。正因为这样，当他看到自己的发明给航海人员带来福音的时候，心里格外高兴。

1894年，即赫兹去世的那年，马可尼刚满20岁，他在电气杂志上读到了赫兹的实验和洛奇的报告。从小就喜欢摆弄线圈、电铃的他，便一头钻进了电磁波的研究中。对此父亲埋怨他不务正业，但马可尼却毫不放弃。他想，既然赫兹能在几米外测出电磁波，那么只要有足够灵敏的检波器，也一定能在更远的地方测出电磁波。经过多次的失败，他终于迈出了可喜的第一步。他在家中的楼上安装了发射电波的装置，楼下放置了检波器，检波器与电铃相接。他在楼上一接通电源，楼下的电铃就响了起来。晚上，当父亲看到了这个新奇的装置，把以前憋在肚子里的火气和不满都抛到了九霄云外，再也不叫他"不切实际的空想家"了，并开始给儿子经济资助，让他一心搞实验。

马可尼初次告捷后，信心增强了。他大量收集资料和文章，不管这些文章的作者是有名气的还是无名气的，只要对他有所启发的文章，他都耐心阅读，仔细分析。他把各家的缺点分析清楚，把各人的长处集合起来，改进自己的机器。

第二年夏天，马可尼又完成了一次非常成功的实验。到了秋天，实验获得很大的进步。他把一只煤油桶展开，变成一块大铁板，作为发射的天线，把接收机的天线高挂在一棵大树上，用以增加接收的灵敏度。他还改进了洛奇的金属粉末检波器，在玻璃管中加入少量的银粉，与镍粉混合，再把玻璃管中的空气排除掉。这样一来，发射方增大了功率，接收方也增加了灵敏度。他把发射机放在一座山冈的一侧，接收机安放在山冈另一侧的家中。当给他当助手的同伴发送信号时，他守候着的接收机接收到了信号，带动电铃发出了清脆的响声。这响声对他来说比动人的交响乐更悦耳动听。这次实验的距离达到2.7公里。

无线电在航海事业中的巨大作用，使马可尼得到了很大的欢乐和鼓舞，同时也获得了很大的荣誉。他除了得到诺贝尔物理学奖外，还得到过美国的富兰克林奖章、俄国和西班牙的勋章以及其他一些奖章。他对朋友说过："我的发明能够营救海上众多的生命，这是我一生中最愉快的事!"

马可尼并没有超人的聪明,可是他善于吸取很多人的长处;他没有单独创造什么,却能够把很多天才的创造结合起来,变成无价之宝。他不是无线电的第一个拓荒人,但是他取得了最大的成功。他是集大成者,在很多研究无线电的人中第一个登上高峰,成了杰出的无线电发明家。

马克·吐温

马克·吐温(1835—1910),本名塞缪尔·朗赫恩·克莱门斯,出生于美国密苏里州佛罗里达的乡村的贫穷律师家庭。他的父亲是当地的律师,收入菲薄,家境拮据。

塞缪尔是个天生的淘气包,经常和一群小孩子到河里去游泳,到山上去采集野山梅。到了夜晚,他就坐在黑人大叔丹尼尔的身上,听着童话故事进入了梦乡。他还喜欢冒险。有一年冬天,他约了一个同学深夜瞒着大人去滑冰,他觉得这种冒险再有趣不过了!突然,他们听到在身后的河面上发出了破裂声。如果踩到裂缝的话,他们就会掉到河里去的。于是他们战战兢兢地开始往回滑。费了好大劲,他们才回到了岸边。童年的这些冒险经历为马克·吐温日后的创作提供了源源不断的素材。

在12岁时,塞缪尔的父亲死于肺炎,从此他开始了独立的劳动生活。他先是在一家印刷所当学徒,后来又开始做流浪的排字工人,来往于了密西西比河上的各个城市。塞缪尔很羡慕当水手的人,尤其是领航员,他把领航员看成是密西西比河上的"国王"。经过刻苦学习,他也学会了航海技术,真的当上了领航员。他漂流在大河上下,结识了许多人,有移民、政客、猎户和骗子……从他们的口里,塞缪尔听到了许多真实的故事,以及幽默、滑稽传说和奇闻轶事。生活的贫穷和长期的劳动生涯,不但为他以后的文学创作累积了素材,更铸就了一颗正义的心。

塞缪尔也喜欢给人讲故事,他常装成傻瓜,慢条斯理地讲述最稀奇古怪的冒险故事，把人们逗得前仰后合，大笑不止。而一有时间，他就写文章。1863年，他开始用"马克·吐温"为笔名发表文章，此后创作了一大批深受各国人民喜爱的作品。

他的早期创作，如短篇小说《竞选州长》《哥尔斯密的朋友再度出洋》等，以幽默、诙谐的笔法嘲笑了美国"民主选举"的荒谬和"民主天堂"的本质。

中期作品，如长篇小说《镀金时代》《哈克贝利·费恩历险记》及《傻瓜威尔逊》等，则以深沉、辛辣的笔调讽刺和揭露了像瘟疫般盛行于美国的投机、拜金狂热，及暗无天日的社会现实与惨无人道的种族歧视。《哈克贝利·费恩历险记》通过白人小孩哈克跟逃亡黑奴吉姆结伴在密西西比河流浪的故事，不仅批判了封建家庭结仇械斗的野蛮，揭露了私刑的毫无理性，而且讽刺了宗教的虚伪愚昧，谴责了蓄奴制的罪恶，并歌颂了黑奴的优秀品质，宣传不分种族地位人人都享有自由权利的进步主张。作品文字清新有力，审视角度自然而独特，被视为美国文学史上具有划时代意义的现实主义著作。

19世纪末，随着美国进入帝国主义发展阶段，马克·吐温的一些游记、杂文、政论，如《赤道环行记》、中篇小说《败坏了哈德莱堡的人》《神秘来客》等的批判揭露意义也逐渐减弱，而绝望神秘情绪则有所增长。

马克·吐温是美国批判现实主义文学的奠基人，世界著名的短篇小说大师。他经历了美国从"自由"资本主义到帝国主义的发展过程，其思想和创作也表现为从轻快调笑到辛辣讽刺再到悲观厌世的发展阶段。

马 克 思

马克思（1818—1883）诞生于德国莱茵省特利尔城。父亲亨利希·马克思是一位才能出众的律师，对马克思少年时代的思想成长有过良好的影响。母亲是个贤惠的妇女，主要操持家务。

马克思自幼勤奋好学，善于独立思考。他没有上过小学，12岁时直接进入特利尔的威廉中学读书，除母语德文外，他先后攻下了拉丁文、希腊文、法文、英文、意大利文和俄文。他善于独立思考，中学时代受到法国启蒙思想的影响，已树立了为人类谋幸福的崇高理想。中学毕业时他写的《青年在选择职业时的考虑》一文中说：一个人只有立志为人类劳动，才能成为真正的伟人。1835年10月，他进波恩大学攻读法学，一年后转入柏林大学法律系。在大学期间，他除研究法学外，还研究历史、哲学和艺术理论。1837年起，马克思开始认真钻研黑格尔哲学。1841年，他结束了大学生活，获哲学博士学位。

马克思在完成博士论文后，本想在波恩大学讲授哲学，但因普鲁士政府加紧对进步知识界的迫害，不得不放弃了这个打算。于是他转向政治，开始从事反对封建专制和争取民主的斗争。1842年初，他写了第一篇政论文章《评普鲁士的书报检查令》，通过对书报检查制度的批判，揭露整个普鲁士国家制度的反动本质。同年5月，他开始为自由主义反对派创办的《莱茵报》撰稿，半年之后他担任了该报的主编。在马克思的影响下，这份报纸越来越鲜明地倾向于革命民主主义。1843年4月1日《莱茵报》被反动当局查封。5月，马克思和他童年时代的女友燕妮·冯·威斯特华伦结婚。

10月，马克思夫妇迁居巴黎，从而开始了他终生流亡的生活。到巴黎不久他便同卢格共同主编《德法年鉴》，并同德法工人运动领导人建立起密切联系。那时，他还废寝忘食地进行理论研究，钻研古典经济学家的著作和空想社会主义学说。

1844年8月，马克思和恩格斯在巴黎会面，从此开始了伟大的合作。1846年初，他们一起在布鲁塞尔创立了"共产主义通讯委员会"，在工人中传播科学社会主义理论。1847年1月，他们又一起参加德国工人的秘密组织"正义者同盟"，并着手同盟的改组工作。同年11月，他们参加同盟的第二次代表大会，并受委托为"共产主义者同盟"拟定纲领。1848年2月28日，《共产党宣言》发表，标志着科学共产主义的诞生。

马克思的革命活动引起了欧洲各国政府的恐惧，他们对他加以迫害，多次驱逐他。1845年2月，因法国政府的驱逐，马克思迁往比利时的布鲁塞尔；1848年3月，遭警察逮捕监禁，之后全家被驱逐迁往巴黎；一个月后他回国参加革命，第二年又被普鲁士政府驱逐再次迁往巴黎；不久又因法国当局驱逐移居伦敦。马克思半生都是个流亡者，他放弃普鲁士国籍，试图取得英国国籍，但英国以他对普鲁士王国不忠为由拒绝了他的申请。所以，马克思在三四十年中连国籍都没有。

马克思从1861年6月开始了《资本论》的写作，经过6年的辛苦耕耘，1867年9月《资本论》第一卷出版。在书中他提出剩余价值理论，从而深刻地揭示了资本主义的秘密。马克思几乎把全部心血都倾注到了《资本论》的创作中，前后花了几十年时间。直至1883年3月14日，这位19世纪最伟大的思想家在安乐椅上永远停止思想时，面前仍然放着尚未完成的《资本论》手稿。

马克思的一生都在为无产阶级的理论创建和革命实践奔波，为此他付出了一切，得到了全人类的敬仰。

麦克斯韦

吉姆·克拉克·麦克斯韦（1831—1879）生于苏格兰的爱丁堡，父亲是个热衷于技术和建筑设计的律师，对麦克斯韦的一生影响很大。

麦克斯韦自幼聪颖，他的童年是在乡下的庄园里度过的。但童年的欢乐很短暂，他8岁那年，母亲患肺结核不幸去世了。母亲去世以后，麦克斯韦形影不离地跟着父亲，父子俩相依为命。

麦克斯韦10岁那年进了爱丁堡中学。他是在学期中间插班的，第一天上课就受到了全班同学的嘲笑，因为他讲话有很重的乡土口音，更糟的是，他的衣服全是父亲做的，与众不同；他的皮鞋也是父亲做的，这些"奇装异服"给麦克斯韦招来了许多屈辱。他在班上成了一只名副其实的"丑小鸭"。就这样，麦克斯韦在冷眼中度过了中学的最初时光。

谁也没有想到，到了中年级的时候出现了奇迹。一次学校里举行数学和诗歌比赛，评选揭晓的时候爆了个大冷门：两个科目的一等奖都由麦克斯韦一人获得。这不但使全班同学惊奇得睁大了眼睛，连老师也感到意外。

　　这次比赛改变了麦克斯韦在班里的地位，再也没有谁取笑他的服装和说话的声音了。麦克斯韦对数学、物理学有浓厚的兴趣，尤其喜欢数学，他的数学才华使他很快突破了课本的局限。还没满15岁，他就写了一篇数学论文，发表在《爱丁堡皇家学会学报》上。论文的内容是讨论二次曲线的几何作图。据说这个问题当时只有大数学家笛卡儿曾经研究过。麦克斯韦的方法同笛卡儿的方法不但不雷同，而且还要简便些。当审定论文的教授确证了这一点的时候，都感到非常吃惊。

　　麦克斯韦不但是个少年科学家，而且还是个小诗人。他的诗常被同学们传抄、朗诵。他还喜欢玩陀螺和一种叫作活动画筒的玩具。1847年秋天，16岁的麦克斯韦中学毕业以后，考进了苏格兰最高学府爱丁堡大学，专门攻读数学和物理学。他是班上年纪最小的学生，书包里揣着陀螺和诗集。

　　到大学二年级的时候，麦克斯韦掌握的知识已相当广泛了。除了学习必修的功课，他还开始自己搞研究，选题范围涉及光学、电化学和分子物理学3个领域。3年以后，为了进一步深造，他在征得父亲的同意以后离开了爱丁堡，转到人才辈出的剑桥大学学习。

　　因为学生时代打下了牢牢的理论基础，后来的事业就有了辉煌的成就。麦克斯韦主要从事电磁理论、分子物理学、统计物理学、光学、力学、弹性理论方面的研究。尤其是他建立的电磁场理论，将电学、磁学、光学统一起来，是19世纪物理学发展的最光辉的成果，是科学史上最伟大的综合之一。他预言了电磁波的存在。这种理论见解后来得到了充分的实验验证。他为物理学竖起了一座丰碑，造福于人类的无线电技术，就是以电磁场理论为基础发展起来的。

曼 德 拉

　　曼德拉（1918—2013）出生于南非特兰斯凯的一个大酋

长家庭。村落里有一座座雪白的茅屋,四周种满了金合欢树,村子的外面是一块块玉米地,曼德拉就是在这和平、宁静的山谷中度过了自己的童年。

到了读书的年龄,曼德拉进了当地一所白人传教士开办的教会学校,从教会学校毕业后,曼德拉考入南非唯一招收黑人学生的黑尔堡大学。随着知识的不断积累,曼德拉却越来越陷入一种心灵的迷茫,三百多年的种族隔离,使生活在南部非洲的这个三面环海的国家的黑人和其他有色人种备受歧视和压迫,于是他开始义无反顾地投身到反对白人种族主义统治的学生运动中。不久,虽然他读书非常用功,但学校还是因他参加学生运动将他除名。这时候部落的长老建议他回去继承酋长的职务,但曼德拉拒绝了,他已下定决心要献身南非人民的解放事业。

1941年,这个身材魁伟的黑人酋长的儿子,从他世代居住的山谷里走出来,来到了南非第一大工业城市——约翰内斯堡,并在那儿加入了维护非洲人利益的组织——非洲人国民大会(简称"非国大"),不久他就成了非国大的领导成员之一。从此开始了他职业革命家的生涯。

1952年南非当局颁布"人口登记法"。为了抵制这个法令,曼德拉发动了"蔑视运动",号召黑人罢工罢市,成群结队地涌进专供白人使用的公共场所。这是南非有史以来第一次有组织地反对种族主义的群众运动,它的浩大声势使白人当局惊恐万分。于是政府下令禁止曼德拉参加政治活动,但非国大却因曼德拉成功领导"蔑视运动"而选举他为这个组织的副主席。

1958年,曼德拉因参加政治运动被关押。从监狱中保释出来后,他利用仅有的4天假期和温妮结婚,婚礼先在女方家中举行,按照当地的传统,另一半的婚礼应在男方家里举行。但因为时间不允许,另一半婚礼没有举行,曼德拉就不得不告别妻子回到狱中。为此温妮一直珍藏着那半块婚礼蛋糕,她等待着与曼德拉相聚的这一天。

1960年,南非警察开枪镇压示威群众,不久又下令取缔了非国大。非国大开始转入秘密活动。为适应形势的变化,曼德拉着手建立了称为"民族之矛"的军事组织,并亲自担任总司令。为了掌握武装斗争的策略,曼德拉在这一时期阅读了克劳塞维茨、毛泽东和格瓦拉等人的著作,为了争取国际社会对非国大的支持,曼德拉还多次秘密出国访问,会见了许多非洲国家领导人。

1962年8月，曼德拉被捕入狱，当时他年仅43岁，南非政府以政治煽动和非法越境罪判处他5年监禁。1964年6月，他又被指控犯有阴谋颠覆罪而改判为无期徒刑，从此他开始了漫长的铁窗生涯。在狱中长达27个春秋，他备受迫害和折磨，但始终坚贞不屈。1990年2月11日，南非当局在国内外舆论的压力下，被迫宣布无条件释放曼德拉。同年3月，他被非国大全国执委任命为副主席、代行主席职务，1991年7月当选为主席。1994年4月，非国大在南非首次不分种族的大选中获胜。同年5月，曼德拉成为南非有史以来的第一位黑人总统。

门捷列夫

门捷列夫（1834—1907）出生在俄国西伯利亚托博尔斯克市的一个教师家庭，他们家兄弟姐妹十多个，作为收入不高的父母来说，这无疑是一个沉重负担。

更为不幸的是门捷列夫刚4个月大的时候父亲就双目失明了，父亲因此失去了中学校长的职务，微薄的退休金难以维持生计，全家搬进附近一个村子里，因为舅舅在那里经营一个小型玻璃厂。工人们熔炼和加工玻璃的场景，对他以后从事与烧杯、烧瓶打交道的化学研究产生了很大影响。

1841年秋，不满7周岁的门捷列夫和十几岁的哥哥一起考进市中学，在当地轰动一时。不幸总爱跟随贫苦人家。门捷列夫13岁的那一年，双目失明的父亲离开了他们，这一年舅舅的工厂也因失火而倒闭了，这时候门捷列夫一家处在了极度困难当中。母亲只好再次搬家，将成年的女儿们嫁出去，让大一点的儿子参加工作。

1849年，当门捷列夫以优异的成绩从中学毕业时，家里的经济仍然还很拮据，母亲已经没有钱再继续送孩子们上学了。这时老师向门捷列夫的母亲建议，无论如何都要继续送门捷列夫上大学。后来母亲接受了老师的建议，变卖家产得到了一点微薄资金，便带着门捷列夫和他最小的一个姐姐来到了彼得堡。

来到彼得堡以后，母亲带着门捷列夫找到了彼得堡师范学院，结果彼得堡的师范学院破例录取了门捷列夫。开始时，门捷列夫的学习成绩排在班里最后几名，后来通过勤奋努力，仅一年时间他就变成了优等生，21岁毕业时还获得了学院颁发的金质奖章。

23岁时门捷列夫在彼得堡大学担任了副教授，31岁升为了教授。

1860年门捷列夫在为著作《化学原理》一书考虑写作计划时，深为无机化学的缺乏系统性所困扰。于是，他开始搜集每一个已知元素的性质资料和有关数据，把前人在实践中所得的成果，凡能找到的都收集在一起。人类关于元素问题的长期实践和认识活动，为他提供了丰富的材料。他在研究前人所得成果的基础上，发现一些元素除有特性之外还有共性。例如，已知卤素元素的氟、氯、溴、碘，都具有相似的性质；碱金属元素锂、钠、钾暴露在空气中时，都很快就被氧化，因此都是只能以化合物形式存在于自然界中；有的金属例如铜、银、金都能长久保持在空气中而不被腐蚀，正因为如此它们被称为贵金属。

于是，门捷列夫开始试着排列这些元素。他把每个元素都建立了一张长方形纸板卡片，在每一块长方形纸板上写上了元素符号、原子量、元素性质及其化合物。然后把它们钉在实验室的墙上排了又排。经过了一系列的排队以后，他发现了元素化学性质的规律性。

1869年3月，门捷列夫向科学界发表了发现化学元素周期律的报告，并预测了3种未知元素的性质。这一发现给全世界的化学家们带来了巨大的惊喜，解决了他们在运算中碰到的许多困难。

米开朗琪罗

米开朗琪罗（1475—1564）的父亲路德科·波纳罗蒂是佛罗伦萨卡普里斯市的市长，6岁那年米开朗琪罗的母亲不幸去世，于是米开朗琪罗由奶妈哺养。

奶妈的丈夫普鲁卡是一个石匠，米开朗琪罗便整天守着普鲁卡看他在石头上刻字雕花。有时候他也拿着石刀学着普鲁卡的样子在一些废弃的石块上乱刻。奶妈看见米开朗琪罗喜欢雕刻，于是让她的丈夫普鲁卡给米开朗琪罗打一套小的石匠刀锉。在普鲁卡的指点下，米开朗琪罗真正地玩起了石头，没多久他便热爱上了这个很有意思的事业。他先在石头上画上一些图案，然后再拿锉刀开始锉，虽然他的手工和图案都不是十分成熟，但是他已经对这个事情很着迷了。

父亲认为这样下去孩子将不会有多大的出息，于是把儿子接了回来，送到了佛罗伦萨的乌尔比诺的拉丁语学校去学习。由于米开朗琪罗对雕刻已经入迷了，所以在学校里也仍然画画，有时还找一些石头来把自己画的画雕刻在石头上。

为了改变米开朗琪罗的兴趣，父亲甚至狠狠地教训了他一顿，但是却不能改变米开朗琪罗的爱好，父亲没有办法，在他13岁那年终于把他送到了当时在佛罗伦萨比较有名的画家格兰达那里去学习。

在格兰达的指导下，米开朗琪罗的进步很快，有时他临摹的作品甚至超过了老师的水平，所以他深得老师的赏识。

后来佛罗伦萨的银行家、当时被称为"无冕之王"的罗伦索·美第奇创办了一所美术学校，学校成立以后罗伦索召见了格兰达，让他把他最优秀的学生推荐到这里来学习。

1489年，在格兰达的推荐下，米开朗琪罗便进了这所学校学习雕刻，师从于当时有名的雕刻家贝尔托贝托。美第奇宫当时是文人、学者、诗人、艺术家和社会名流荟萃的地方，宫中有丰富的古代雕塑珍品，这些雕塑珍品让米开朗琪罗大开眼界。经过对罗伦索·美第奇宫中这些艺术品的临摹，米开朗琪罗开始懂得了，再高级的艺术也不外乎在于美与神圣的统一，这一美学标准便成为他以后创作的准则。

1496年6月，22岁的米开朗琪罗来到了罗马，在这里他创作了他的第一批大型雕像作品《酒神》和《哀悼基督》。

他的作品《酒神》主要体现的是酒神巴库斯在醉态时所显示的人体美，在他的这个作品里我们看到了一种生动活泼的艺术感染力。而《哀悼基督》表现的是基督被从十字架上抬下来后，圣母玛利亚抱起儿子的尸体的悲痛与哀悼的情景，有一种震撼人的神圣的悲剧美。

1501年，米开朗琪罗回到了佛罗伦萨，在一次散步中，他偶然发现了一块在佛罗伦萨教堂的庭院里闲置了46年的大理石。米开朗琪罗如获至宝，于是他利用了3年的时间雕刻成了《大卫》巨像。《大卫》所表现出来的刚毅的英雄形象，赢得了全世界人们的喜爱。

米　　勒

让·弗朗索瓦·米勒（1814—1875）出生在诺曼底省的一个富裕的耕农家庭，童年时曾帮助父亲在田间劳动。17岁时他创作了《牧羊人在看守他的羊群》，显示出极高的绘画天赋。18岁起到瑟堡市向两位当地画家学习绘画。

23岁那年，他到巴黎美术学院向浪漫主义派画家德拉克洛瓦学习。画室里的同学都瞧不起他，说他是"土气的山里人"。老师也看不惯他，常斥责他："你似乎全知道，但又全不知道。"

这位乡下来的年轻人实在厌恶巴黎，说这个城市简直就是杂乱荒芜的大沙漠，只有卢浮宫才是艺术的"绿洲"。当他走进卢浮宫的大厅时，他惊喜地说："我好像不知不觉地来到一个艺术王国，这里的一切使我的幻想变成了现实。"

米勒在巴黎贫困潦倒，亡妻的打击和穷困压得他透不过气来。为了生存，他用素描去换鞋子穿，用油画去换床睡觉，还曾为接生婆画招牌去换点钱，为了迎合资产者的感官刺激，他还画过庸俗低级的裸女。有一次他听到人们议论他说："这就是那个除了画下流裸体，别的什么也不会画的米勒。"这话使他伤透了心，从此他下决心不再迎合任何人了，坚决走自己的艺术道路。

1849年巴黎流行黑热病，他携家迁居到巴黎郊区枫丹白露附近的巴比松村，这时他已35岁。在巴比松村他结识了科罗、卢梭、特罗容等画家，在这个穷困闭塞的乡村，他一住就是27年。米勒对大自然和农村生活有一种特殊的深厚感情，他早起晚归，上午在田间劳动，下午就在不大通光的小屋子里作画。他的生活异常困苦，但这并没有减弱他对艺术的酷爱和追求，他常常由于没钱买颜料而自己制造木炭条画素描。他爱生活、爱劳动、爱农民，他曾说过："无论如何农民这个题材对于我是最合适的。"他在巴比松的第一幅代表作品是《播种者》。

米勒一生中创作了许多法国人民家喻户晓的作品，继《播种者》之后，他又创作了《牧羊女》《拾穗者》《晚钟》《扶锄的男子》《喂食》《春》等等。他从不虚构画面的情景，每一幅画的素材都是从耕耘着、放牧着、劳动着、生活着的法国农民的真实生活中得来的。

如同卢梭、科罗等风景画家发现了平凡的自然界的诗情画意一般，米勒也发现了平凡的劳动者的诗情画意。不过，他笔下的农夫是疲惫、穷苦、终日操劳的贫困者，他们那褴褛的衣衫，黝黑的肌肤，佝偻的身躯，粗大的手掌，这便是米勒的美学，这便是米勒要为之呕心沥血地赞美歌颂的法兰西农民的形象。正如罗曼·罗兰所说："他们日复一日地劳动，来养育这伟大的民族，他们日复一日地劳动，来缔造这美丽的国家。"

米丘林

伊万·弗拉基米洛维奇·米丘林（1855—1935）是苏联卓越的园艺学家、植物育种学家、米丘林学说的创始人。

米丘林刚满4岁时，母亲就因病离开了人世。父亲为了维持生活而终日忙碌。失去母爱的米丘林常常跟着父亲到果园、养蜂场和苗圃里玩耍。要剪枝了，他给父亲递上剪刀；要捉虫了，他给父亲提着小桶。大大的果园就成了米丘林的乐园，他跟着父亲很快学会了栽培果树的技艺。他尤其感兴趣的是播种苹果、李子和樱桃的种子，还迷恋上果树的嫁接。

米丘林没有上过大学，没有读过高中，甚至初中也没有读完。在学校里，米丘林不受宠，经常受人欺负。尽管他热爱读书，但最终贫寒的家境还是使他过早地离开了学校。这时，父亲意外病倒了。接着他家的领地也被作为抵押去偿还了债务，一家人陷入了破产的困境。17岁的米丘林只得告别家乡，在车站求得了一个货房商业事务员的职位，开始了他的独立生活。

尽管如此，米丘林仍继续探索关于改良和充实俄国果树种类的问题。1875年，他终于以每月3卢布的租金租下了一片荒地，开始了他辉煌的植物改良事业，他终于拥有了自己的果园。在初期，他经历了因知识缺乏和经验不足而造成的失败。但米丘林没有灰心，反而更加努力了。

1884年，米丘林首次用俄罗斯南方和北方的樱桃树去进行杂交。1888年，樱桃的杂交后代就结出了鲜美质优的果实，这是第一次种间杂交的成功。同年9月，米丘林的文章在《园艺果树栽培公报》的头版位置上发表了。米丘林把文章念给体弱的父亲听，老人总算看到了儿子的成功。

十月革命的胜利结束了米丘林的孤军奋战和极度贫困的境地，为米丘林的工作和生活翻开了新的一页。1918年11月，苏联农业人民委员会把植园列入其工作项目并加以保护，指定米丘林为负责人，并陆续地供给他大量的助手、资金和物资，保证了米丘林研究工作的需要。

米丘林以十倍的努力奋发工作着。1920年，他聘请戈尔希可夫到植物园里来做助理长。戈尔希可夫曾在柯兹洛夫担任过县政府的园艺专家，第二年他就对米丘林的实验工作基地加以扩大，借着地方政府机关的援助，在离米丘林的植园及住所约五公里的特洛伊茨基的寺院旧址的土地上设立了独立的植园。到那时，米丘林已成功地培育了一百五十多种新的杂交品种。

在1925年和1930年，米丘林先后被授予苏维埃国家的最高勋章——劳动红旗勋章和列宁勋章。他在果树培育方面做出了杰出贡献，毕生培育出果树新品共三百多种。

莫 里 哀

莫里哀（1622—1673）生于巴黎一个具有"王室侍从"身

份的宫廷室内陈设商家庭。

莫里哀的本名为让·巴蒂斯特·波克兰，莫里哀是他的艺名。他父亲曾花钱购买了"国王侍从"的身份，希望莫里哀能继承父业，或者做律师。1635年，父亲把他送进贵族子弟学校克莱蒙中学读书，1638年，又把"国王侍从"的身份过到他名下。1639年，莫里哀中学毕业后，父亲还为他买到一张奥尔良大学法学硕士的证书。但是，莫里哀自幼就喜爱戏剧，而不喜欢经商。

1643年21岁时，他走出家庭同贝雅尔兄妹等十来个青年组织了"光耀剧团"在巴黎演戏。后来演出失败，剧团负了债，莫里哀为此而被拘押起来，后来由他父亲作保获释。1645年剧团解散了，但莫里哀并不因此而灰心，他又与贝雅尔兄妹一起参加了另一个剧团，离开了巴黎，在法国西南一带一直流浪了12年。

在这期间，他生活在民间，得以熟悉法国社会，了解人民生活，也学习人民所喜闻乐见的闹剧和以演技著称的意大利"即兴喜剧"，锻炼成一个出色的戏剧活动家。

1652年以后，莫里哀成为剧团的负责人，并开始创作剧本。他先后创作了诗体喜剧《冒失鬼》和《爱情的埋怨》。

他的剧作受到观众的欢迎，剧团也因此赢得了声誉，以至名闻巴黎。1658年10月24日，莫里哀剧团应召来到了巴黎，在卢浮宫为路易十四演出，得到了国王的赏识，路易十四下令把卢浮宫剧场拨给他的剧团。从此以后他就一直定居在巴黎。

1659年，莫里哀创作了《可笑的女才子》，辛辣地讽刺了资产者的附庸风雅，抨击了贵族社会所谓"典雅"生活的腐朽无聊，因而触怒了贵族势力，遭到禁演。但莫里哀并未被吓倒，连续编演了《丈夫学堂》和《太太学堂》。《太太学堂》因宣扬新思想、要求冲破封建思想牢笼而被指责为"淫秽""诋毁宗教"，又遭到禁演。莫里哀奋起还击，写了《〈太太学堂〉的批评》和《凡尔赛宫即兴》两出论战性短剧。1664年，莫里哀写成杰作《伪君子》，之后又创作了另一部力作《吝啬鬼》。

莫里哀给后人留下了近三十部喜剧，主要作品有：《达尔杜夫》《唐璜》《恨世者》《身不由己的医生》《悭吝人》和《乔治·唐丹》等。这些作品或揭露宗教伪善，或讽刺贵族荒唐和庸俗，或嘲笑资产阶级吝啬和虚荣。莫里哀不仅是位杰出的剧作家、出色的导演，还是一位造诣极高的演员，他以整个生命推动了戏剧的前进，以滑稽的形式揭露了社会的黑暗，是法国古典主义文学，以及欧洲文艺复兴运动的杰出代表。歌德对他的评价是："他是一个独来独往的人，他的喜剧接近悲剧，戏写得那样聪明，没有人有胆量想模仿他。"

莫里哀是位喜剧大师，但是他的死却是一场悲剧。为了维持剧团的开支，他不得不带病参加演出。1673年，在演完《没病找病》最后一幕以后，莫里哀咯血倒下，当晚就逝世了，终年51岁。由于教会的阻挠，他的葬礼冷冷清清。

莫 扎 特

莫扎特（1756—1791）出生在奥地利的一个文化比较发达的小城市萨尔茨堡，他的父亲奥波德是萨尔茨堡宫廷大主教乐团里的小提琴手，同时也是一名作曲家。

由于父亲是一位音乐家，所以家里的孩子们都受到了音乐方面的培养和熏陶。莫扎特3岁的时候便开始对音乐产生了浓厚的兴趣，每天父亲教姐姐弹琴的时候，他就搬来一只小方凳坐在边上听。莫扎特记忆力特别好，只要是听过的乐曲，他都能记住，每当姐姐弹错曲子的时候，他都能准确地指出来。

在莫扎特的指指点点中，父亲发现了儿子的天才，于是当莫扎特4岁的时候，父亲便开始教他弹钢琴了。莫扎特年纪虽小，但是许多技巧复杂、难度大的协奏曲，他也能背下来而且弹得很好。4岁的小莫扎特常常向家里人展示自己的音乐才华，每当家里人吃完饭的时候，他都要献上一曲给大家消遣消遣。特别是家里有客人来的时候，莫扎特更是趁机表现自己，他常常不管你允许不允许，便跑到钢琴边上弹起来，凡是听他演奏的客人，都会向他跷起大拇指。

5岁那年，刚学一年钢琴的小莫扎特便会自己创作各种短小的曲子了。萨尔茨堡这个小城市里的人们都知道奥波德家里有一个音乐小天才。

　　在莫扎特的家里，经常有父亲的两位朋友来练小提琴，这两个朋友是经常跟父亲同台演三重奏曲子的小提琴手。有一天，莫扎特听见父亲和朋友们在客厅里演奏，于是他也拿着自己的小提琴来到客厅里。平时莫扎特主要学钢琴，偶尔才跟着父亲学学小提琴，父亲教他学小提琴纯粹是为了调节。

　　"爸爸，我来担任第二小提琴手吧？""不行，这个曲子你平日没有练过。""我可以看着曲谱。""行行，就让我们这个小天才试试吧！"在一旁的第二小提琴手发言了。

　　就这样，莫扎特跟着父亲和另一位叔叔一起演奏了小提琴三重奏。演奏结束了，3个大人站在那里一动不动了，大家都看着小莫扎特，为他的才华目瞪口呆。

　　"天啊，你这个小家伙真是一个天才啊！"第二小提琴手终于开口说话了。

　　莫扎特的父亲发现自己的儿子的确在音乐方面具有才华，为了让孩子们开阔眼界，于是父亲便领着女儿南内尔和莫扎特到外地去演出。11岁的南内尔和6岁的莫扎特在父亲的带领下来到了慕尼黑，并在奥地利皇后玛利·泰丽莎殿前演奏，后来他们又到海德尔贝格、伦敦、荷兰等地演出，姐姐南内尔和莫扎特都不辜负父亲的期望，他们的演奏常常获得热烈的掌声，尤其是莫扎特的表演常常让观众听得入迷。

　　"太美了，简直是太美了！""再来一曲，再来一曲！"在观众的欢呼声中，莫扎特常常要加演好多曲子。

　　8岁那年，莫扎特在英国遇上了音乐大师巴赫，巴赫非常喜欢这位音乐天才，于是亲自指导他演奏和作曲。

　　14岁时，莫扎特在罗马教皇音乐厅的藏品里听到一首圣歌——《主啊，怜悯我们吧！》，这是一首非常珍贵的乐谱，是从来不外传的，但是莫扎特听了一遍以后，便能把这首曲子演奏下来了。从此这首"绝密的圣歌"再也没有什么神秘性了。他的才华终于把教皇也给折服了，于是教皇便立即赐给了他一个爵位，14岁的莫扎特便被称为"莫扎特爵士"了。之后，他醉心于作曲，乐评家们评价他的音乐"清丽而富有诗意，具有天籁般的魅力。"

拿 破 仑

　　拿破仑（1769—1821）出生在科西嘉岛的阿雅克修城，那时科西嘉岛刚刚被卖给法兰西共和国，在拿破仑出生前还是热那亚共和国的国土。他的家族是一个没落的意大利贵族世家，法王承认其父亲为法兰西共和国贵族。

　　拿破仑在家里排行第二，个子矮小却生性好斗，从不认输。9岁那年，由于家境的贫困，父亲便把拿破仑送进了法国一所公费学校——布里埃纳军校。这所学校不仅纪律严明，而且等级观念非常明显，所以穿着破烂的拿破仑刚一到这里便遭到了欺侮，但是他以无所畏惧的精神征服了每一个人。

　　在学校期间，拿破仑广泛地阅读了历史书籍，特别是喜欢看有关军事和作战方面的书，而且他的记忆力非常好，关于历史上的一些重大战争是为什么成功或失败的，他都记得清清楚楚。他对那些在历史上有成果的将帅非常佩服。

　　在布里埃纳军校学了5年以后，拿破仑以优异的成绩被保送进了巴黎军官学校。可是不幸的是，他刚入学不久父亲便去世了，这时家里更是贫穷了。为了使自己能早一点出人头地，摆脱家庭的困境，他决定努力学习，争取早一点毕业。他提前两年通过了这所军官学校的考试，然后跟其他3位同学一起被任命为皇家炮兵少尉，那一年拿破仑只有16岁。

　　19岁时，他所在的炮兵团被改编为当地一所炮兵学校的训练部队，该校校长是法国军中最杰出的炮兵军官杜特少将，这使得拿破仑有条件学习炮兵中最新的战术和技术。不久他就被杜特将军看中而让他负责研究由长管炮发射爆破弹的方法。这是一项涉及许多技术难题的实验研究，由于拿破仑刻苦的精神和广博的知识，很快又赢得了校长的赏识，杜特少将很快成了他的良师益友。

在1793年7月，拿破仑带兵攻下了保王党的堡垒土伦，因此受到雅各宾派的赏识。1794年热月政变中拿破仑由于和罗伯斯庇尔兄弟关系紧密而受到调查，后因拒绝到意大利军团的步兵部队服役而被免去准将军衔。1795年他受巴黎督政官巴拉斯之托成功地平定了保王党的武装叛乱，一夜之间荣升为陆军中将兼巴黎卫戍司令，在军界和政界中崭露头角。

拿破仑是一名出色的军事家，对当时的军事知识深有研究，善于将各种军事策略运用于实战之中。当过炮兵的他很重视炮兵的战术应用，尤其是主张将火炮集中使用，以及充分发挥骑兵的机动作用。1796年3月2日，26岁的拿破仑被任命为法兰西共和国意大利方面军总司令，3月6日与情人约瑟芬·博阿尔内结婚，之后便匆匆奔赴前线。在意大利，拿破仑统帅的军队多次击退了奥地利帝国与萨丁组成的第一次反法同盟联军，最后迫使对方签署了有利于法兰西共和国的停战条约。

取得意大利之役的胜利后，拿破仑的威信越来越高，他成为法兰西人的新英雄。

南丁格尔

南丁格尔（1820—1910）出生在意大利佛罗伦萨一个旅意英国商人的家里，她的父母为人慈善，常常施舍穷人。南丁格尔从小在他们的熏陶下，也产生了要为穷人、病人服务的思想。

南丁格尔曾在巴黎大学就读，谙熟数学，精通英、法、德、意4门语言，除古典文学外，还精于自然科学、历史和哲学，擅长音乐与绘画。南丁格尔自幼便在家庭里受教育，不到10岁时就能自如地用法语来写日记了，坚持两年多，日记上的字写得十分整齐。日记的封面上写着"拉·威·德·法兰斯·曼西纽"，这在法语中的意思是——夜莺的传记。夜莺，即南丁格尔的姓Nightingale的英语含义。

自童年开始，南丁格尔就对护理工作深感兴趣，在乡间度假时，她常常跑去看护生病的村民。早在1837年，她就开始关心医院里的护理情况，并产生了学习护理工作的念头。她常利用游览的机会参观修道院、女子学校、孤儿院，探询慈善事业的情况及经营方法。

17岁那年，在选择人生道路的时候，她母亲对她很不满意，因为她无意于婚姻。她在当主妇、当文学家、当护士三者之中选择了当护士。

当时护理工作还被人认为是个卑贱的职业，一个大家闺秀去当护士，这简直是不可容忍的事情。可是南丁格尔铁了心要学习护理。母亲见她有这么大的决心，只好送她去德国新教徒慈善机构办的一所医院里学习护理。

1853年克里米亚战争爆发了。一天，南丁格尔看到一家报纸报道说："在前线，英国军队不仅没有足够的医生、包扎员和护士，而且连做绷带的纱布也不够用。"看完报道后，南丁格尔的心中充满了痛苦和焦虑，她萌发了去前线护理伤员的想法。她找到医院院长，提出由她带领一批护士到前线参加护理伤病员的工作。

1854年秋天，南丁格尔带着38名护士组成的医疗护理队来到了前线。一到医院，她便带领护士冒着随时被疾病传染的危险，没日没夜地投入抢救工作，每天要工作20个小时。在她们的努力下，整个野战医院的面貌焕然一新，伤员的死亡率也大大下降了。

南丁格尔不仅是一位热情认真的护士，还是一个懂得病人心理的护理专家。为了能让那些精神空虚的伤员安定情绪，不要酗酒闹事，她主动拿出钱来在医院附近创建了咖啡馆、阅览室，购买书籍、游戏器具和音乐唱片，让伤员们像在家里一样，身心愉快地养病、休息。

南丁格尔很快便成了病人们的知心人，有些病人还在家信中写道："南丁格尔小姐是个了不起的白衣天使，有她护理，简直就是上天的恩赐。"

南丁格尔的故事就如神话般地传开了，后来连反对她的英国绅士都不得不承认，南丁格尔在护理行业上创造了奇迹。

为了护理事业，南丁格尔终身未嫁，她把毕生的精力都用在了护理事业上。南丁格尔逝世后，为了纪念她的业绩，人们在伦敦市中心为她塑造了一尊雕像，还把她的生日——5月12日定为"国际护士节"。

牛　顿

牛顿（1643—1727）出生于英格兰林肯郡的小镇乌尔斯普的一个自耕农家庭。在牛顿出生之前的两个月，父亲就去世了，后来母亲再嫁。牛顿生来孱弱，他出世时接生婆感慨道："唉！这么一个小不点儿，我简直可以把他塞进一只杯子里去。"

牛顿从小跟着祖母生活，自幼沉默寡言，性格倔强。大约从5岁开始，牛顿被送到公立学校读书。少年时的牛顿并不是神童，他资质平常，成绩一般，但他喜欢读书，喜欢看一些介绍各种简单机械模型制作方法的读物，并从中受到启发，自己动手制作些奇奇怪怪的小玩意，如风车、木钟、折叠式提灯等等。

传说小牛顿把风车的机械原理摸透后，自己制造了一架磨坊的模型，他将老鼠绑在一架有轮子的踏车上，然后在轮子的前面放上一粒玉米，刚好那地方是老鼠可望而不可即的位置。老鼠想吃玉米，就得不断地跑动，于是轮子就不停地转动。又一次他放风筝时，在绳子上悬挂着小灯，夜间村里人看去惊疑是彗星出现。他还制造了一个小水钟，每天早晨，小水钟会自动滴水到他的脸上，催他起床。他还喜欢绘画、雕刻，尤其喜欢刻日晷，家里墙角、窗台上到处安放着他刻画的日晷，用以验看日影的移动。

12岁时他进了离家不远的格兰瑟姆中学。牛顿的母亲原希望他成为一个农民，但牛顿本人却酷爱读书。随着年龄的增大，牛顿越发爱好读书，常常陷入沉思，或做科学小实验。他在格兰瑟姆中学读书时，曾经寄宿在一位药剂师家里，这使他受到了化学试验的熏陶。

牛顿16岁时数学知识还很肤浅，对高深的问题甚至可以说是不懂。在基础差的不利条件下，牛顿能正确认识自己，知难而进。他从基础知识、基本公式重新学起，扎扎实实，步步推进。他研究完了欧几里得几何学后，又研究笛卡儿的几何学，对比之下觉得欧几里得几何学肤浅，便悉心钻研笛氏几何学，直到掌握要领，融会贯通。后来他发明了代数二项式定理。

牛顿"大暴风中计算风力"的佳话，可以为牛顿刻苦钻研作为佐证。有一天刮起了大风暴，风撒野地呼号着，使人难以睁眼。牛顿认为这是个准确地研究和计算风力的好机会。于是他拿着用具，独自在暴风中来回奔走。他一遍又一遍地测量，终于求得了正确的数据。

1661年，19岁的牛顿以减费生的身份进入剑桥大学三一学院，靠为学院做杂务的收入支付学费，1664年成为奖学金获得者，1665年获学士学位。

1665—1666年，严重的鼠疫席卷了伦敦，为避免传播，学校停课了，牛顿于1665年6月离校返乡。

由于在剑桥受到数学和自然科学的熏陶和培养，牛顿对探索自然现象产生了浓厚的兴趣，家乡安静的环境又使得他的思想展翅飞翔。1665—1666年这段短暂的时光成为牛顿科学生涯中的黄金岁月。1665年初，牛顿创立了级数近似法，以及把任意幂的二项式化为一个级数的规则；同年11月，创立了正流数法（微分）；次年1月，用三棱镜研究颜色理论；5月，开始研究反流数法（积分）。这一年内，牛顿开始想到研究重力问题，并想把重力理论推广到月球的运动轨道上去。他还从开普勒定律中推导出使行星保持在它们的轨道上的力必定与它们到旋转中心的距离平方成反比。

牛顿见苹果落地而悟出地球引力的传说，说的也是此时发生的轶事。

他的这些发现为人类生活带来了一场翻天覆地的变革，因而，他被认为是人类有史以来最伟大的科学家。

诺 贝 尔

诺贝尔（1833—1896）出生于斯德哥尔摩。母亲是以发现淋巴管而成为著名的瑞典博物学家——鲁德贝克的后裔。父亲伊曼纽尔·诺贝尔是一位机械师。

还在童年时代，父亲常给孩子们讲一些科学家的故事，加上父亲对发明的热爱，使得诺贝尔从小对实验也产生了浓厚的兴趣。伊曼纽尔一直对炸药这种东西非常感兴趣，为了研究出这种东西来，他常常独自一个人把自己关在试验室里。

　　有一天父亲的试验室里"轰"的一声爆炸了，父亲带着满身的火药味从试验室里走出来。虽然把大家都吓得不轻，却使父亲对自己的试验更有信心了。可是试验室被炸得不能再使用了，这时候父亲便想起了俄国商业代表团访问瑞典时，团长哈尔特曼博士曾提出过给予他支持的事。

　　于是父亲告别了家人到俄国去发展。那时诺贝尔已经8岁了，父亲走后，母亲便把诺贝尔送进了附近的学校去上学。这个学校多数是富家子弟，他们十分看不起穿着粗布衣服上学的诺贝尔，诺贝尔决心在学习上超过这些瞧不起他的同学。他在学习上非常用功，每到期末考试的时候，他总是取得第一名，他的成绩使得那些富家子弟忌妒极了。

　　1842年10月，父亲在俄国得到了一笔奖金，便在彼得堡开办了一个制造水雷和炸药的工厂，然后把全家人接到那座城市。

　　在彼得堡，诺贝尔继续勤奋读书，每到假期和周末，他总是喜欢到父亲的工厂里去，因为他对父亲工厂里的炸药非常感兴趣。有一次他还趁工厂里的工人不注意把炸药偷了出来，夜晚他悄悄地把炸药放在纸筒里，然后把纸筒点燃，这时炸药在夜空中喷射出美丽的火花。他认为这还不够刺激，又把剩余的炸药放进一个空铁罐子里面，然后用比较有韧性的纸搓成一个长条，作为导火线。他认为有导火线后，点燃炸药时才不容易受伤。

　　导火线做好了，诺贝尔点燃了它以后，迅速地跑到了远处躲起来，"嘭"地一阵巨响把家人吓得赶紧跑了出来，当看到铁罐的碎片和嗅到空气中浓浓的火药味时，大家都知道是怎么回事了，母亲狠狠地教训了他一顿。

　　自从这件事发生以后，父亲不再让诺贝尔玩炸药了，有时他去工厂里，工人们也不让他拿炸药。不能碰炸药，反倒使诺贝尔对火药的配制产生了兴趣，他从父亲的书架上找出了关于化学方面的书籍，终于找到了配制火药的方法。

　　他发现火药是用硝石、木炭和硫黄混合制成的，他从家里的储藏室里找出一冬天烧火的木炭，然后又从火柴上刮下了硫黄，最后只有硝石难找了，他想起了父亲的工厂。这一天，他悄悄地来到了父亲的工厂里，找到了装硝酸钾的瓶子，然后把这些白色的粉末拿回家，自制起炸药来。经过反复的实验，最后诺贝尔找到了最佳的火药混合比例，这对于一个孩子来说，真是了不起的事情。

15岁那年，诺贝尔遵照父亲的嘱咐，到意大利等国去求学，学成后他便回到了瑞典。他深深感到在国外语言交流的重要性，于是他便刻苦地自学了英、法、德语。后来诺贝尔又到了美国去学习新的科学知识，也是在这段学习期间，他意识到了炸药在未来生活中的重要性。1854年，诺贝尔回到了父亲的身边，从此，他一心投入到炸药的研究中。在炸药试验中发生过好多次爆炸，他的弟弟因此而丧生，失去亲人的痛苦和实验工作的多次失败，都没有能够动摇诺贝尔继续研究炸药的决心。后来他研制出了猛烈炸药、胶体炸药等。他一生拥有255项发明专利，被人们誉为"炸药工业之父"。

欧　　拉

欧拉（1707—1783）出生在瑞士的巴塞尔城，他的父亲保罗·欧拉也是一位数学家，原希望小欧拉学神学，同时教他一点数学。但是由于小欧拉的才华和异常勤奋的精神，他的父亲就不再反对他攻读数学了。

13岁的那年秋天，欧拉进入巴塞尔大学学习，由于异常勤奋和聪慧，受到数学家约翰·伯努利的赏识，给以特别的指导。欧拉同约翰的两个儿子尼古拉·伯努力和丹尼尔·伯努利也结成了亲密的朋友。

欧拉19岁的时候写了一篇关于船桅的论文，获得巴黎科学院的奖金，从此开始了创作生涯。以后又陆续得过多次奖励。1725年丹尼尔兄弟赴俄国，向沙皇喀德林一世推荐欧拉，于是欧拉于1727年5月17日到了彼得堡。1733年丹尼尔回巴塞尔，欧拉接替他任彼得堡科学院数学教授，那一年他刚刚26岁。

1735年，欧拉解决了一个天文学的难题——计算彗星轨道。这个问题几个著名数学家，经过几个月的努力才得以解决，欧拉却以自己发明的方法，3日而成。但过度的工作使他得了眼病，不幸右眼失明，这时他才28岁。

1741—1766年，欧拉应普鲁士腓特烈大帝的邀请，在柏林担任柏林科学院物理数学所所长，后来在俄国沙皇喀德林二世的诚恳敦聘下重回彼得堡。

不料没有多久，他左眼的视力迅速衰退，只能朦胧地看见点东西，他抓紧这最后的时刻，在一块大黑板上疾书他发现的公式，然后口述其内容，由他的学生和大儿子笔录。欧拉完全失明之后，仍然以惊人的毅力与黑暗搏斗，凭着记忆和心算进行研究，直到逝世。

欧拉渊博的知识、无穷无尽的创作精力和空前丰富的著作，都是令人惊叹不已的。他从19岁开始发表论文，直到76岁，半个多世纪写下了浩如烟海的书籍和论文。可以说欧拉是科学史上最多产的一位杰出的数学家。据统计，他一生中共写下了886本书籍和论文（七十余卷，牛顿全集八卷，高斯全集十二卷），其中分析、代数、数论占40%，几何占18%，物理和力学占28%，天文学占11%，弹道学、航海学、建筑学等占3%，彼得堡科学院为了整理他的著作，足足忙碌了47年。至今几乎每一个数学领域都可以看到欧拉的名字，从初等几何的欧拉线、多面体的欧拉定理、立体解析几何的欧拉变换公式、四次方程的欧拉解法，到数论中的欧拉函数、微分方程的欧拉方程、级数论的欧拉常数、变分学的欧拉方程、复变函数的欧拉公式等等，数也数不清。他对数学分析的贡献更独具匠心，《无穷小分析引论》一书便是他划时代的代表作，当时数学家们称他为"分析学的化身"。

帕格尼尼

帕格尼尼（1782—1840）生长在亚平宁岛上的一个贫穷的家庭，父亲是小商人，没受过多少教育，但非常喜爱音乐，是一个吉他和曼陀铃业余爱好者。帕格尼尼从5岁起，父亲就教他拉小提琴，并且从未间断过。

帕格尼尼6岁那年的一天早晨,他的父亲决定让哥哥陪着他到街上去卖艺挣钱。从此帕格尼尼就开始了他街头上的卖艺生活。3年以后,帕格尼尼已经是一名出色的小提琴手了。

一天,热那亚音乐厅的老板在街头发现了帕格尼尼,于是决定邀请他与两个著名歌唱家同台演出。帕格尼尼为这次演出认真准备了曲目,他反复练习修改,熟练到百无一失的程度。他优美动听的琴声把观众感动得随乐曲摇晃起来,甚至有人还轻轻地打起了拍子。乐曲结束时,大厅里爆发了雷鸣般的掌声和喝彩声。从此,帕格尼尼在热那亚全城闻名了。

然而,在音乐大厅里演出的机会毕竟太少了,更多的时候,他还得到街头演奏。经过几年的卖艺生涯,帕格尼尼的技艺提高了很多,他感到手中的提琴已很难表现他的音乐才能了,他渴望得到一把更好的小提琴。

一天,他的朋友告诉他一个好消息,巴马有一个叫帕西尼的画家,写了一部很难演奏的乐曲,他宣布:无论是谁,只要一看乐谱就能演奏,将得到他珍藏的宝物———一把斯特拉德小提琴。斯特拉德琴是以制琴师的名字命名的,是世界上最名贵的小提琴之一。帕格尼尼听到这个消息异常高兴,他决定去试试。

帕西尼是一位目光严厉、神态慈祥的老人。他自豪地递给帕格尼尼一本大书,朗声说道:"这部乐曲必须一边看一边拉,而且不许有一点差错,你来试试吧,年轻人!"帕格尼尼接过乐谱,调好琴弦,深深地吸了口气,接着,琴弓一挥,乐声便像流水一般流淌出来。一页又一页,一大本书翻到了最后一页,帕格尼尼终于演奏完了。

"奇迹!天才!"帕西尼紧紧握着帕格尼尼的手,惊叹不已。接着,他让仆人把斯特拉德琴拿来,亲自把它捧给了帕格尼尼。从此帕格尼尼在意大利便成了家喻户晓的人物。

奥地利王子邀请他到音乐之都维也纳去演出。维也纳的市民都上街来欢迎他,他的演出获得了很大成功。帕格尼尼用他的小提琴征服了意大利、奥地利、德意志、英格兰。现在,他要去法兰西的世界艺术之都——巴黎,到世界最高的音乐殿堂去演出。

在巴黎歌剧院里,帕格尼尼的琴声响起了,听众被引入迷人的音乐声中。猛地,帕格尼尼把琴弓一挥,有力地敲击着琴弦,一连串音符像无数颗星星从提琴上跳跃出来,全场一片惊叹。

当演奏到乐曲的第二部分时,只听"砰"的一声,帕格尼尼的小提琴断了一根弦，观众大惊失色。只见帕格尼尼从容地向指挥点了点头，乐曲几乎没有停顿地进行下去，就像在四根弦上演奏一样。当这支曲子快要结束时，第二根和第三根弦也相继断了。观众惊呆了，帕格尼尼在仅有的一根弦上又拉起了他创作的乐曲。

"帕格尼尼万岁！"热情的法兰西观众沸腾了，鼓掌、欢呼、叫喊、跺脚，一束束鲜花抛向舞台，所有的观众都站起来，向这位无与伦比的弦乐大师表示敬意。帕格尼尼用琴声征服了巴黎，征服了全世界。

帕瓦罗蒂

鲁契亚诺·帕瓦罗蒂（1935—2007）生于意大利摩德纳市郊一个并不富裕的家庭。父亲当过面包师，母亲是雪茄烟厂的女工，但他们都酷爱音乐，尤其他的父亲，是当地颇有名气的业余男高音。

帕瓦罗蒂有着一副天生的好嗓子，自幼就与歌声结伴。5岁的帕瓦罗蒂拥有了一把自己的吉他玩具，他用吉他伴奏唱一些民歌，这些民歌是他听了父亲播放的唱片后学会的。他喜欢在午饭后唱，他并不知道自己的嗓音很高，以至午睡的邻居经常打开窗户向他抗议。

17岁那年，帕瓦罗蒂由父亲介绍到罗西尼合唱团，从此他开始随合唱团到各地举行音乐会。为了能引起经纪人的注意，帕瓦罗蒂不时在免费的音乐会上演唱，但都没有成功。在菲拉拉举行的一场音乐会上，他因表现不佳被满场观众哄下舞台。

1955年，帕瓦罗蒂一边向歌唱家阿里哥·波拉学习唱歌，一边在保险公司做保险推销员，同时还在一所小学做代课老师。他上午教课，下午卖保险，由于兢兢业业，不久就成了卖保险的行家，但对于教课，他觉得像一场噩梦，他承认："我无法在学生面前显示出自己必要的权威。"

1961年，25岁的帕瓦罗蒂在阿基莱·佩里国际声乐比赛中，因成功演唱歌剧《波希米亚人》主角鲁道夫的咏叹调，荣获一等奖。同年4月，他首次在勒佐·埃米利亚歌剧院登台演出《波希米亚人》全剧，从此开始了他光辉灿烂的歌剧生涯。

帕瓦罗蒂的真正成名始于1963年。那一年，帕瓦罗蒂首次在阿姆斯特丹演唱，之后又在英国伦敦皇家歌剧院顶替前辈大师斯苔芳诺演唱鲁道夫大获成功。那一天，本应由斯苔芳诺演唱鲁道夫，斯苔芳诺意外地取消了当晚演出，小有名气的帕瓦罗蒂被推荐救场。结果演出大获成功，帕瓦罗蒂从此被世界关注。1964年他进入名耀世界的米兰斯卡拉歌剧院，从此一举成名。

1967年，在纪念杰出音乐家托斯卡尼尼一百周年诞辰的音乐会上，他被卡拉扬挑选担任威尔第的《安魂曲》中的独唱。此后，这颗歌剧巨星在世界上冉冉升起，光华四射，引人瞩目，继而成为当代最佳男高音而蜚声世界。

1972年，他在纽约大都会歌剧院与萨瑟兰合作演出了《军中女郎》，在演唱剧中的一段被称为男高音禁区的唱段《啊，多么快乐》时，帕瓦罗蒂连续唱出9个带有胸腔共鸣的高音C，震动了国际乐坛。随后，在贝里尼的《清教徒》中，他唱出了高音D，从此确立了第一男高音的地位。

帕瓦罗蒂在四十多年的歌唱生涯中，不仅创造了作为男高音歌唱家和歌剧艺术家的奇迹，还为古典音乐和歌剧的普及做出了杰出贡献。帕瓦罗蒂经常举办大型的户外演唱会，无论是伦敦海德公园，还是纽约中央公园，每一次都能吸引几十万现场观众和数以百万计的电视观众。

培 根

培根（1561—1626）出生在英国伦敦的一个新贵族家庭，他的父亲是一个大法官，并且还担任过英国女王的掌玺大臣，他的母亲是一个很有学问的人，翻译过许多外国作品，思想很开明。

很小的时候，培根便受到了良好的教育，因为父亲的地位使他接触到不少上层社会的人物。有一次女王碰见了他，便开玩笑地问道："小掌玺大臣，你今年几岁了？""我比陛下的幸福朝代还小两岁。"女王听到这么好的回答当然是高兴极了，从此以后培根的聪明便尽人皆知了。

13岁那年，受过神学和语言学教育的培根便破格进入了剑桥大学三一学院学习。这是一所专门培养未来国家官员的学院，在这里，培根系统地学习了哲学、文法、修辞、逻辑等课程。在学习中培根是一个比较有独立见解的人，哪怕是看了亚里士多德的哲学书，他也会提出自己的见解来，这么一个少年竟然有如此的胆识，真是让人们佩服。

3年以后，培根离开了剑桥大学，进入葛莱律师公会，以高级生的身份研究法律。后来他到了法国，在英国驻法国使馆当了一名随员。在这里，培根了解到了许多欧洲大陆的政治状况，经常参加有各种人物讨论学问的沙龙。从此培根的眼界更开阔了，他对自己从政充满了信心。

1579年，家里传来了父亲去世的消息，在法国的培根赶紧回国去奔丧，那一年他只有18岁。父亲死后，他只分到了微薄的家产，而且父亲的去世使他和宫廷的关系疏远了，为了使生活稳定下来，他只好出去谋求职位。1582年，他考取了律师，后来又当选为国会议员。

培根的演讲口才在当时是非常有名的，不管是在法庭上，还是在国会上，只要他登台发言，便会吸引很多听众，他的许多精辟的论述很快都变成了名言。

这时候律师和议员的职务已经不能让培根满足了，他想得到更高的官职。为此，他给许多身居高位的官员写信，他还向女王信任的大臣艾塞克斯伯爵求助，伯爵很欣赏他的才能，于是便向女王推荐了培根。

1593年，首席检察长的职位空缺，培根知道后，马上给女王写信，没想到女王却以他还年轻、没有从政经验而拒绝了他。为了给这位前掌玺大臣的儿子一点面子，女王任命他为自己的法律顾问。

培根把他的大部分时间用在了争取做官上。1603年，女王伊丽莎白去世了，继承王位的是詹姆士一世，这时培根便又给国王写信谋求职务，并且还表示了他对国王的忠心。

1607年，他被任命为副检察长，6年后又成为检察长，接着，他终于当上了他父亲生前担任的掌玺大臣。这时候培根已经有很大的权力了，一年以后，他又获得了被人们认为是官场阶梯的最高职务——大法官。此后他又被授予了男爵、子爵等爵位。

正当他仕途达到巅峰的时候，有人指控他贪污受贿，结果他被免除了一切职务，从此培根便脱离了政界，专心从事学术著述。1624年培根写下了《论说随笔文集》，这是一部富有科学精神和人生哲理的精湛之作，它收入了58篇随笔，从各个角度论述了人生的问题，几个世纪以来，都得到了人们的倾心。

皮尔·卡丹

皮尔·卡丹（1922—2020）出生于意大利的威尼斯近郊。父母都是意大利人，以种植葡萄为生，第一次世界大战结束后，举家迁往法国。当时皮尔·卡丹只有2岁。

皮尔·卡丹的童年是在格勒诺布尔和工业城市圣艾蒂安度过的。他从小就非常向往巴黎。

第二次世界大战爆发时，他还不到20岁。有一天早晨，他对父母说要去巴黎，父母没有表示反对。第二天，他便带着一只破箱子，骑着一辆旧自行车上路了。

到了巴黎后，他连住的地方都找不到，于是四处流浪。当时德国人已经占领了巴黎，由于他违反了宵禁令，被关进了监狱。后来经过审查，证明他不是犹太人，才被释放了。

身无分文的皮尔·卡丹仍到处游荡，走投无路时，偶然看见一家时装店的橱窗上贴着招募学徒的广告，于是便走进去应试。由于他曾学过裁缝，所以被顺利地录取了。

这家服装店是专门出售男性服装的。和女性服装比起来，男式服装花样少些，但制衣的要求却比女式服装高。在这里，他打下了扎实的技术基础。

1945年，皮尔·卡丹转到"帕坎"时装店搞设计。当时，许多明星都在这家店定做服装，这也给了他一个得以崭露头角的机会。在皮尔·卡丹成长的过程中，法国现代派作家让·郭都和画家克里斯蒂昂·贝腊的美学思想给了他极为深刻的影响。

1950年是皮尔·卡丹事业的一个重要的转折点，他在里什庞斯街租了一间房，首次展出了他设计的戏剧服装和面具。虽然展出地点有些简陋，却仍产生了一定的影响。这小小的成功给了他更多的信心，他决心大显身手干一番。

3年后，他第一次推出了自己的女装设计，并一举成名。1954年，他的时装店正式开张了，地点在圣君子旧郊大街。

皮尔·卡丹是一个非常富于创造性的人，他具有独特的商业眼光，加之他的锐意进取精神，不久就打开了时装业的新天地。在法国，时装业本来是一个限制极严、顾客有限的特殊行业。当时的时装店只能为阔小姐、姨太太们量体裁制服装，大众却只能看，买不起。皮尔·卡丹首先意识到，高级时装只有在群众中开辟市场，才能找到真正的出路。

1953年，由于他改变了时装经营的方式，把量体裁衣、个别定做改成小批量生产成衣，并不断地更新款式。事实证明他的做法是非常正确的，给他的服装业带来了无限的生命力。小批量投放市场的时装，既不流于俗套，又能产生较大的社会影响，这无异于是给他自己的设计做广告。而喜欢他作品的女子都有可能穿上他设计的长裙，这又打破了服装的阶层局限，可以说是服装业的一次革命。

后来他继续扩大经营的范围，不仅有男装、童装、手套、围巾、鞋帽、挎包，而且还有手表、眼镜、打火机和化妆品。并且，他将自己的企业不断地向国外扩张，首先在欧洲、美洲和日本得到了许可证，打开了市场。1968年，他又增加了家具设计，渐渐形成了"皮尔·卡丹"商标的系列产品。不久他又成了拥有自己银行的时装家，在世界五大洲八十多个国家内，有他的六百多家工厂、企业，产品基本都是他自己设计的。他开始拥有了一个帝国。

普鲁斯特

马塞尔·普鲁斯特（1871—1922）生于巴黎位于布洛尼

林园与塞纳河之间的奥德伊市，父亲是名医，母亲是犹太人，信仰罗马天主教。

当时普法战争结束，巴黎投降，法国人吞下了战争的苦果。由于物质的匮乏，普鲁斯特的营养没有跟上，所以身体非常虚弱，长着一副让人担心的模样。10岁那年，他由于风寒感冒而开始哮喘，这一疾病对他终生的健康都产生了恶劣的影响，而且使他难以承担社会工作。

大学刚一毕业，他的父母又相继病故，普鲁斯特的心境处在了极度悲伤之中。为了维持生计，他当上了图书馆员，但因患有严重的气喘病，不能接触屋外的空气，足不出户，他在病痛中开始了长篇小说《追忆似水年华》的创作。

通过整整7年的艰苦创作，他完成了《追忆似水年华》的第一部手稿。但该书的出版极其不顺，屡遭出版商拒绝，最后只得自费出版第一卷《在斯万家那边》。图书出版后影响并不大。

第一次世界大战期间，普鲁斯特因病免服兵役，于是他继续创作。1919年，小说的第二卷《在少女们身边》连同第一卷的重印本同时出版，这部作品出版以后，他当年即获法国龚古尔文学奖，并一举成名。

普鲁斯特在创作《追忆似水年华》这部巨著的16年间，完全禁闭于斗室，与世隔绝，把全部精力与时间集中在回忆和写作上。

在这部巨著中展现了作家的童年、爱情、死亡；上流社会的沙龙、街头景象、外省乡村、音乐、绘画、美食、服饰；政治、哲学、医学、心理学、生物学等等，几乎无所不包，这部小说充分展示了19世纪后期和20世纪初期法国巴黎的社会风尚。

《追忆似水年华》以追忆为手段，借助超越时空的潜在意识，不时交叉地再现已逝的岁月，从中抒发对故人往事的无限怀念和难以排遣的惆怅。在艺术技巧上，通过感觉的启发和引导，使流逝的年华岁月，在刹那间得以重现。所以这部小说形式独特，以文学创作的新观念、新技巧，表现超越时空的潜意识，成为20世纪文学的伟大经典之作。

然而，这位文学巨匠只活了短短的51个年头，他在生前饱受孤寂和疾病的痛苦，并未受到应有的评价，在其生前也只出版了《追忆似水年华》四卷。可是在他死后的数十年里，世界各国纷纷出版他的作品，研究他的作品，一时间，在世界范围内掀起了一阵阵的"普鲁斯特热"，普鲁斯特的作品得到了世界人民的肯定。

普鲁斯特的特色在于他精细地描写每一个感知、每一个人物、每一个寓言，而且在他的书中你能感觉到那流动的真实感，从他的童年开始一直追寻到青年，不管是人物还是事件，都有可追踪的痕迹。一般认为约翰·拉斯金对他的影响很大，奠定了他以直觉串流写作思绪的基础。其根据意识写出的著名问卷《普鲁斯特问卷》，写出了对人生意义的思考，对后人影响甚大。

普 希 金

普希金（1799—1837）出生于莫斯科一个家道中落的贵族家庭，他的父亲当过禁卫军军官，伯父是位诗人。全家人都喜爱文学，拥有丰富的藏书，又结交了许多当时的文学名流。

他的农奴出身的保姆常常给他讲述俄罗斯的民间故事和传说，使得他从小就领略了丰富的俄罗斯语言，对民间创作发生了浓厚的兴趣。在这种环境的熏陶下，他8岁时就开始用法文写诗，得到人们的赞赏。

1811年，普希金进入贵族子弟学校皇村学校学习，年仅12岁就开始了他的文学创作生涯。1815年，在中学考试中他朗诵了自己创作的《皇村回忆》，表现出了卓越的诗歌写作才能，特别是他诗作韵文的优美和精巧，得到了广泛的赞赏。

在早期的诗作中，他效仿浪漫派诗人巴丘什科夫和茹科夫斯基，学习17—18世纪法国诗人安德烈谢尼埃的风格。在皇村中学学习期间，他还接受了法国启蒙思想的熏陶，并且结交了一些后来成为十二月党人的禁卫军军官，反对沙皇专治、追求自由的思想初步形成。

从贵族学校毕业后，普希金在外交部当上了一名下级官吏。在官场，他结识了许多十二月党人，经常与这些志同道合者聚集在一起，议论朝政，痛斥时弊，探寻国家和民族的出路。

年轻的普希金血气方刚，热情豪爽，每当他侃侃而谈时，总是习惯地甩动着他那浓密的卷发，一双浅蓝色的眼睛，更是闪射出锐利的目光。普希金从这个时候起开始了诗歌的创作。他所写的《自由颂》等诗,歌颂自由,反对专制。他的诗在青年中广为流传,沙皇政府对此感到十分恐慌。

沙皇尼古拉一世决定派他到俄国南部任职,这其实是一次变相的流放,他希望通过这样的手段使普希金屈服。可结果却适得其反,流放期间,普希金走遍了高加索、克里米亚和黑海沿岸,亲眼看到广大劳动人民的深重苦难。流放中,他创作了叙事诗《高加索的俘虏》《茨冈》和抒情诗《太阳沉没了》等,抨击俄国社会,流露出对人民的同情和对自由的追求。1825年他创作了历史悲剧《波利斯·戈东诺夫》,揭露暴政。

革命起义失败后,沙皇明白了桀骜不驯的普希金是无法压服的,于是便以取消流放企图使他驯服。然而事与愿违,被释放的普希金于1826年发表了《寄西伯利亚囚徒》《阿利昂》等诗篇,宣传革命理想。之后又写了长诗《波尔塔瓦》《青铜骑士》,长篇小说《上尉的女儿》等等,但是他在创作活动中一直受到沙皇政府的迫害。

1837年,沙皇政府收买了一位法国的亡命之徒,用卑劣的手段挑起普希金决斗。诗人为了自卫接受了挑战,最后倒在血泊之中,年仅37岁。他的早逝令俄国进步文人曾经这样感叹:"俄国诗歌的太阳沉落了。"

契 诃 夫

契诃夫(1860—1904)生于罗斯托夫省塔甘罗格市,祖辈是农奴,到祖父时一家才赎身为自由民。父亲以开杂货铺为业,1876年破产迁居莫斯科。

契诃夫于1879年入莫斯科大学医学系就读。1884年毕业后开始行医,广泛接触社会,对他后来从事文学创作产生了良好的影响。

契诃夫从大学时代起为发表作品同各种不同倾向的报刊编辑接触,

1880年，幽默刊物《蜻蜓》发表了契诃夫的两篇处女作：短篇小说《一封给有学问的友邻的信》和幽默小品《在长篇和中篇小说中最常见的是什么？》。这是契诃夫的文学生涯的开端。在前一个作品中，年轻的作者嘲笑了一个不学无术而又自命不凡的地主，在后一个幽默小品中他则表露了自己对当年文学创作中的陈词滥调的不满。

然而，19世纪80年代是俄国历史上反动势力猖獗的时期，社会气氛令人窒息，进步思想备受禁锢，庸俗无聊的书报刊物则应运而生。身处这种环境，涉世不深和迫于生计的契诃夫曾用不同的笔名发表了不少仅供消遣解闷的滑稽故事，《在理发店里》《不平的镜子》《外科手术》等便是这类作品。

但是，契诃夫不久就跳出了低级无聊的滑稽圈子。自1883年起，他以契洪特为笔名，写下了许多优秀的短篇小说，反映俄国社会的荒谬怪诞和劳动大众的苦难哀伤，如《一个文官的死》《胖子和瘦子》《变色龙》《凶犯》《普利希别耶夫军士》《苦恼》和《万卡》等。

1888年10月，契诃夫获得了俄国皇家科学院的普希金奖金。声誉和地位的日益增高，使他强烈地意识到自己作为作家的社会责任感，认真地思索人生的目的和创作的意义。他说："自觉的生活，如果缺乏明确的世界观，就不是生活，而是一种负担，一种可怕的事情。"这种思想形象地表现在中篇小说《没意思的故事》里。

从这个时期起，契诃夫开始创作戏剧。《蠢货》《求婚》《结婚》和《纪念日》等独幕轻松喜剧在内容和手法上接近于他的早期幽默作品，其中有的甚至就是他将自己的短篇小说改编而成的。而在《伊凡诺夫》中，契诃夫批判了缺乏坚定信念、经不起生活考验的19世纪80年代的"多余的人"。直到80年代后半期，他仍承认"没有"自己的世界观，并为此感到痛苦。

1890年4月，为探索人生和深入了解社会，他不辞辛苦地到政府放逐犯人的库页岛，访问了近万名囚徒和移民，同年12月回到莫斯科。通过这次8个月的远东之行，他丰富了生活知识，认识到一个作家不应不问政治，于是中断了同反动报刊的合作。不久他完成长篇报告文学《库页岛》，据实揭露了俄国专制统治的凶残。

30岁以后，他曾出国到米兰、威尼斯、维也纳和巴黎等地疗养和游览。1892年在莫斯科省谢尔普霍夫县购置了梅里霍沃庄园，在那里住到1898年，后因身染严重的肺结核病而迁居雅尔塔。在此期间，他同托尔斯泰、高尔基、布宁、库普林，以及画家列维坦、导演斯坦尼斯拉夫斯基交往密切，结下了深厚的友谊。

受19世纪末俄国革命运动高涨的影响，契诃夫积极投身于各种社会活动，1898年支持法国作家左拉为德雷福斯辩护的正义行为，1902年为伸张正义愤然放弃自己俄国科学院名誉院士的称号，1903年曾出资帮助为争取民主自由而受迫害的青年学生等等，表明了他的坚定的民主主义立场。

契诃夫自19世纪80年代初步入文坛，一直坚持小说创作。他的小说短小精悍，简练朴素，结构紧凑，情节生动，笔调幽默，语言明快，富于音乐节奏感，寓意深刻。他善于从日常生活中发现具有典型意义的人和事，通过幽默可笑的情节进行艺术概括，塑造出完整的典型形象，以此来反映当时的俄国社会。其代表作《变色龙》《套中人》堪称俄国文学史上精湛而完美的艺术珍品。

契诃夫的创作在世界文学史上占有重要位置。他的中短篇小说和莫泊桑齐名，在戏剧方面的成就堪与易卜生媲美。在中国，契诃夫的作品在他逝世后不久便开始译介过来，现在几乎所有他的小说和剧本都有了中文译本。若干名剧曾多次在中国剧院上演，拥有广大观众。

琴　　纳

琴纳（1749—1823）出生于英国格洛斯特郡伯克利牧区的一个牧师家庭。他5岁时，当牧师的父亲就去世了，他与当牧师的哥哥斯蒂芬·琴纳生活在一起。琴纳长得结实健壮，生性温和，兴趣广泛，尤其喜欢大自然。在学校他是优秀生，喜欢收集多种动植物的标本。

那时候，天花是一种让人恐怖的疾病，它的传染速度惊人，而且死亡率也很高，而幸存者也大都变成了麻子。许多人一谈到天花就谈虎色变，甚至认为，与其变成麻脸，倒不如死去。天花并不择人而染。乔治·华盛顿在1751年患上天花，虽没有因此而丧生，却从此变成了麻子。1774年，法国国王路易十五死于天花。

事实上，在那时没有麻子的脸是少见的。女人如果没有麻子，仅仅这一点，比起那些不幸的人们来，就被认为是美丽的了。

1757年，格洛斯特郡附近的一个小村庄有一人患上了天花，结果没出半个月全村的人都给染上了，还没到一个月，全村只有少数的人活了下来，其余都死了，那一年琴纳只有8岁。他就生活在这个村子里，他暗暗发誓，长大了要当一名医生。

琴纳在哥哥的帮助下，跟随外科医生卢德洛学了7年医术。20岁时，他已经是一名能干的助理外科医生了。

有一年的夏天，琴纳的家乡又流行了天花。一天晚上，琴纳刚从外面看病回来，便有一位妇人来敲他的门喊道："琴纳医生，快救救我的丈夫吧！"

琴纳赶紧背上药箱来到她家中，这位妇人的丈夫全身的脓疱已经溃烂了，这时候是最容易传染上人的，而这位妇女又没有得过天花，应该没有免疫能力。"夫人，我想你应该找一个人来替你照看一下，否则的话，你会传染上的。"于是这位妇女只好到牛奶场里去找来了得过牛痘的挤奶女工安娜。琴纳一看见安娜立即大声叫道："不行，她没有得过天花，不能照顾。"

"大夫，我得过牛痘，不会感染上的，你放心好了，我曾经照顾过好几个天花病人，都没事。"

琴纳同意安娜照看那位天花的病人，这位病人在安娜的照顾下逐渐好了起来，而且安娜本人也安然无恙。

琴纳对这件事情感到很奇怪，于是他来到了牛奶场。经过调查，他知道了牛奶场里的每一头牛几乎都出过牛痘，而这些女工在接触了牛痘的脓液后，也都会出牛痘。这些女工出牛痘以后，不仅不会再染上天花，而且皮肤仍然很好，不像得了天花病人那样，会落下满脸的麻子。

经过考察，琴纳决定给一个孩子试着接种牛痘，最后试验成功了。1798年他便因此发表了《接种牛痘的原因和效果》的论文，琴纳的方法得到了广泛的应用，并完全取得了成功，他成了攻克人类病魔的了不起的英雄。

1979年10月26日，世界卫生组织宣布：天花已经在世界范围内被消灭了！

琼·克劳馥

琼·克劳馥（1904—1977）生于得克萨斯州的圣安东尼奥，出生前父母就离异了。16岁时她已经认识了3个父亲，并从其中的一位得到了另一个名字比利·卡森。

比利小时候生活在俄克拉荷马州的劳顿，在和男孩子们玩弹子、剥猫皮之类的游戏中度过了童年的大部分时光。她和小伙伴们用一些破旧的箱子，在马棚里搭了一个舞台，还点了一盏灯来模仿舞台上的水银灯，可以说这时候，她那惊人的事业就已经开始了。

比利对贫困的体会是那样深刻，她体会过沦落异乡孤苦无助的滋味，也体会过身无分文时挨饿的痛苦，她知道从贫困中挣扎出来要承受什么样的艰辛。

比利8岁时，随母亲迁居到了堪萨斯城，母亲让她在堪萨斯城的修道院里干活。从此，她再也不能和男孩子一起玩了，当然，马棚里的演艺生涯也同时结束了。为了维持生计，她每天要打扫14间屋子，给25个孩子做菜、洗盘子，此外，她还要为她们脱衣服、伺候她们上床睡觉。她穿的是蓝底白花的粗布衣服，睡的是硬邦邦的铁床。

6年后，比利决心去接受更多的教育，于是就到密苏里州的斯蒂芬女子学校报了名，但是她手中一分钱也没有。为了免掉食宿费用，她不得不在学校的食堂里做侍者，以此维持生计。遇到手头紧的时候，她还常常向那位守门的妇女借五六毛钱作为零用。她不敢去参加任何晚会，虽然她也接到过请柬，因为她除了同学们送给她的旧衣服外，就没有什么衣服可穿了。

当时，她最大的愿望就是当一个舞女，所以，当一个露天剧团愿意给她一星期20美元的报酬让她去跳舞时，她毫不犹豫地接受了。她觉得自己的双脚已经迈到了天堂的门口。然而，两个星期后，这个剧团就倒闭了，连给她发薪水的钱都没有了。她被困在了异乡。

这样的挫折并没有摧毁她走上舞台的决心,她向人借了点路费,回到了堪萨斯城。她不辞劳苦地工作、攒钱。有一天,她决定坐火车去芝加哥。买了车票后,她身上只剩下两块钱了,她不敢花掉它,那一天连饭也没舍得吃。她在一家小酒馆里找到了一份跳舞的工作,后来又到纽约当过歌女。一位替米高梅公司物色演员的人偶然看到了她的舞姿,他觉得这个女孩不仅容貌秀美,而且浑身上下散发着青春的韵律,于是就建议她去电影公司试试镜头。结果她竟顺利地在好莱坞站住了脚,并签订了一张每星期75美元的演出合同。但是,电影公司对她的名字不大满意,于是,公司在一家电影杂志上为她登了一个征名启事,成千上万的名字寄来了,最后她成了琼·克劳馥。

当时的琼·克劳馥是一个胖女孩,一头卷曲的头发掩盖着她的羞涩。后来有一天,她终于明白,要想在好莱坞站稳脚跟,就必须有所突破。从此她开始安下心来,研究法文、英文和练习唱歌,并且开始减肥。有3年的时间,她经常让自己挨饿,除了喝些橘子汁加白开水外,基本上不吃早餐。她有时一整天就喝一点酸牛奶。

克劳馥非常敬业。有一次,她在一部影片中跳一种土风舞,不小心扭伤了踝关节。为了不让导演取消她的角色,她让医生包扎了一下,然后坚持演下去。就这样,她的报酬慢慢地多了起来。

后来随着有声电影的兴起,在一群默片明星们被淘汰掉的同时,克劳馥却因为自己美妙的声音而成为一颗闪耀的明星。

丘 吉 尔

丘吉尔(1874—1964)出生于英国的一个贵族家庭。他的祖上约翰·丘吉尔因在"光荣革命"中支持威廉三世,且又在对西班牙和法国的战争中作为军队总司令取得胜利而于1702年被安妮女王封为马尔巴罗公爵,马尔巴罗家族在19世纪英国20个王室以外的公爵家族中名列第十。丘吉尔的父亲伦道夫·丘吉尔勋爵是马尔巴罗公爵七世的第三个儿子,是保守党

"樱草会"的创办人,曾担任过内阁中仅次于首相的财政大臣。丘吉尔的母亲珍妮·杰罗姆是美国百万富翁、《纽约时报》股东之一的伦纳德·杰罗姆的女儿。

丘吉尔是一个早产儿,由于父亲伦道夫·丘吉尔忙于政治而母亲又沉湎于交际之中,丘吉尔童年时很少感受到父母的关爱,只与他的保姆结下了深厚的感情。

1881年,7岁的丘吉尔被送入圣乔治寄宿学校学习。圣乔治学校以严格而著称,在学校里学生稍不顺从,就会立即遭到体罚。淘气的丘吉尔常常因为调皮而受罚。有一年假期回家,爱维莉丝特太太偶尔发现了他身上因受体罚留下的伤痕,她立即把这件事告诉了丘吉尔的母亲,并且还在母亲耳边说了一大堆圣乔治学校不好的话。丘吉尔终于在爱维莉丝特太太的帮助下结束了在圣乔治学校的学习,而转入了另一所学校。

小学毕业后,丘吉尔进入哈罗公学。他对拉丁文和神学不感兴趣,却对历史、军事非常入迷,特别喜欢玩作战的游戏。后来在哈罗公学的最后几年里,他转到了军校预备班。

丘吉尔19岁时,便考进了桑德赫斯特皇家军事学院。军校的生活是十分枯燥的,但是他总能从中找到乐趣。英国是一个老牌的殖民主义国家,这个国家经常忙于殖民战争。从军校毕业后,丘吉尔当了一名军官。在部队里,丘吉尔因为说话口齿不清而经常受到人们的嘲弄,为了改变这种窘境,丘吉尔坚持每天清晨到附近的山村中去练习演讲。几年下来,他不仅表达流利,而且表情坚毅自信,有了一种不凡的气质。

1899年他决定去南非,于是辞去军职受雇于一家报社当记者,报道战争的消息。丘吉尔到达开普敦后,立即奔赴纳塔尔前线。可是进入战区不久,他便成了一名俘虏,被关进了一所战俘营里。

一天,他大着胆子顺利地走出了哨兵看守的大门,后来布尔人居然开价25英镑,悬赏捉这位轻易逃走的死刑战犯,并贴出告示:"该犯走路时有点驼背,红褐色头发,几乎看不见胡须,讲话鼻音很重。"丘吉尔逃脱成功的消息使他成了名人,当他回到南非德班时,受到了热烈欢迎。

此后,丘吉尔开始了他的政治生涯,1905年12月,他被任命为殖民地事务次官。以后他又先后担任过商务大臣、内政大臣、海军大臣、兰开斯特公爵领地大臣、军需大臣、陆军和空军大臣及殖民地总务大臣等职务,这些职位使得他积累了丰富的从政经验。

第二次世界大战爆发后，丘吉尔第二次出任海军大臣。不久，挪威战役打响了，英军在军事上遭到失败，以张伯伦首相为首的英国政府积极推行绥靖政策，"和平"内阁在多方的压力下宣布解散。1940年5月首相张伯伦辞职，丘吉尔当日就被召到王宫。丘吉尔接任了首相的职务，而后立即着手组建了他的战时新内阁，开始领导英国人民抗击法西斯侵略的斗争。

塞万提斯

塞万提斯（1547—1616）出生于马德里附近的一个小镇上，他的父亲是一个走南闯北的医生。父亲深知文化知识的重要，所以他常常鼓励塞万提斯多看书，有时父亲给有藏书的人去看病时，常常会借书回来给小塞万提斯看。

塞万提斯是一个爱学习的孩子，每次爸爸给他借书回来，他都会很快地把它看完了，然后又缠着爸爸再去借。慢慢地塞万提斯便变成了一个认识许多字的孩子，认字后的塞万提斯便开始写起诗来。

到了19岁的那一年，全家人在马德里定居。这时塞万提斯已经是一个才华横溢的文学青年了，他的诗也得到了西班牙大主教的赏识。

1569年的冬天，塞万提斯终于交上了好运，那就是大主教让这位文学青年当了他的一名侍从，陪着他到意大利的罗马去。塞万提斯陪着大主教游历了意大利的许多文化名城，这些地方给塞万提斯留下了美好的印象，他因此写下了许多优美的诗篇。大主教看了这些诗以后特别喜欢，他常常对塞万提斯赞不绝口，谁知这些好诗却给塞万提斯带来了麻烦。其他侍从看见塞万提斯这么让大主教喜欢，便开始对这位有诗才的年轻人进行攻击。

后来塞万提斯也感觉到自己没法在大主教身边做下去了，他便到意大利加入了一支西班牙的军队，从此从侍从变成了一名军人。

1571年，当了军人的塞万提斯参加了著名的勒邦德海战。当时西班牙王国和威尼斯共和国组成的联合舰队，与奥斯曼帝国的海军展开了激战，双方投入了几百艘战船和几万名士兵，在勒邦德海域上展开了大战。勒邦德海域上炮火连天，双方伤亡惨重。就在这场战斗中，勇敢的塞万提斯胸部和左手都受了伤，可是他仍然不顾伤痛继续参加战斗，联合舰队终于打败了奥斯曼帝国的舰队。战争胜利以后，塞万提斯胸前留下了伤痕，他的左手残废了。

1547年，28岁的塞万提斯请假回去探亲，从意大利返回西班牙的途中，在乘船经过法国的马赛海岸时，遭遇了海盗，跟他同行的弟弟和他一起被俘虏了。因为当时塞万提斯怀里揣着两封联军统帅和西西里总督写给西班牙国王的信，于是海盗就认为他们是贵族，便强迫他给家人写信，要一大笔"赎金"。为了防止"有钱"的塞万提斯跑掉，海盗给他带上了脚镣和手铐。直到5年以后，塞万提斯的家人才凑齐赎金，把33岁的塞万提斯从海盗的手里救了出来。

塞万提斯回到马德里以后，不可能再实现做军官的梦想了，于是他决定找一份能养活自己的工作。可是这个时候左手伤残的塞万提斯连工作也没法找到了，只好又捡起扔掉多年的笔写起田园小说来。就这样，他的第一部田园小说《伽拉苔亚》出版了。

写作的收入远远不能养活自己，1587年，40岁的塞万提斯终于找到了一个工作，那就是在军队里当征粮员。可没想到后来又被人告进了监狱。1603年塞万提斯出狱了，他打算写一个满怀理想的人在这个世界上的格格不入和荒唐可笑。

1605年1月，《堂吉诃德》终于正式出版了，这部作品在整个西班牙引起了巨大的轰动，而塞万提斯的大名也随着《堂吉诃德》传遍了世界各地。

莎士比亚

莎士比亚（1564—1616）生于英国中部瓦维克郡埃文河畔斯特拉特福。他的父亲约翰·莎士比亚是经营羊毛、皮革制造及谷物生意的杂货商，1565年任镇民政官，3年后被选为镇长。

由于家境富裕，莎士比亚7岁的那一年，父亲便把他送到了斯特拉福城里最好的学校去上学。莎士比亚是一个好学的孩子，他把功课学完以后，还特别喜欢看课外书籍，诗歌和戏剧这方面的书他一抱起来就总是不愿意轻易放下。在斯特拉福每年的5月，为了纪念罗宾汉，城市的露天剧场里都要上演罗宾汉的戏，每当这个时候，莎士比亚总是早早地拉着母亲，坐在第一排等着开幕。

看完罗宾汉的戏回到家里以后，莎士比亚总是要模仿着戏里的人物表演一番。有一天，他把邻居的小伙伴们招集到他家的大客厅里，然后由他开始分配角色，在他的指导下，这些小家伙便开始在大厅里演起罗宾汉来。大家演完以后都高兴得了不得。从此每当这群小孩子没有事的时候，都来莎士比亚家演罗宾汉的戏，有时大家都争着当罗宾汉，当然，大多数的时间总是由莎士比亚主演。

在学校里，莎士比亚虽然也算得上是富家子弟，但是他从来不仗势欺人，有时有钱人家的孩子欺侮穷人家的孩子，他总是学着罗宾汉的样子出来打抱不平。

父亲做羊毛生意虽然赚了一大笔钱，可是有一年由于闹旱灾，羊群大量减少，父亲的生意不仅做不成了，而且还欠了别人一大笔债。

为了帮助家里，莎士比亚到一家屠宰场去当学徒。以前他得罪过的富家子弟趁机找上门来欺侮他，可是莎士比亚并不害怕，他团结起穷人家的孩子一起跟富家子弟斗争，最后他们大获全胜。

1586年，斯特拉福的一个大庄园主突然宣布把大片森林圈进了自己的庄园里，而且还在森林的四周写上招牌"禁止穷人进入森林"。莎士比亚看到后非常痛恨，他一气之下招集几个穷人家的孩子在夜晚进入了那片森林，而且还捕杀了一头猪，把它放在一块最显眼的禁令牌下，莎士比亚还提起笔写了一首打油诗。第二天，当庄园主发现以后，便把这件事报告了地方官员。

乡亲们知道这件事以后很赞赏莎士比亚，但是他们又为莎士比亚担心，在亲人的劝说下，莎士比亚只好离开家乡来到了伦敦。

初到伦敦的莎士比亚，为了生活什么苦工都干过，后来到了一家戏院当了马夫，这个工作虽然低贱，但每天都能看到戏剧演出，由此他开始对戏剧产生了浓厚的兴趣。过了一段时间，剧院老板发现他机灵好学，而且对戏剧充满了热情，便决定让他到后台去做提词的工作，这一来使得莎士比亚熟悉了剧本的结构，也让他萌发了编写剧本的野心。他常常利用业余时间看书，埋头剧本创作。

他利用业余时间完成了他的《亨利六世》，老板看完剧本后大喜过望，立即组织排练。1591年底，莎士比亚的这个剧本终于在剧院里上演了，并获得了成功。这一次成功给了他很大的信心，于是他又接着写了《理查三世》《约翰王》，这些剧本也被剧院老板采用了。之后他创作热情更加高涨，先后又创作了《罗密欧与朱丽叶》《威尼斯商人》《哈姆雷特》《奥赛罗》等世界一流的剧本，掀起了一次又一次艺术高潮。

他一生中写下了37个剧本以及许多诗，至今世界上的许多人都在研究他的剧本。

舒　伯　特

舒伯特（1797—1828）的父亲是音乐之都维也纳近郊的一个小镇上的小学教员，虽很清贫，但全家人生活得很快乐。他的父亲会拉小提琴，使得舒伯特从小就爱上了音乐。

1808年，维也纳宫廷歌手学校在小镇上设考场招收学员，舒伯特的父亲听说宫廷歌手学校录取的学生都免费供应食宿，忙为舒伯特报了名。在上千人参加的选拔中，舒伯特被录取了，这成了舒伯特一生中的转折点，这一年，他11岁。

从此他住进神学院，成为该校乐队小提琴手，同时还担任指挥，这使他有机会接触维也纳古典乐派一些著名作曲家的名作，1813年他为该乐队创作了《第一交响曲》，后来因变声离开神学院。舒伯特为了减轻家庭负担，到父亲所在的学校里担任助理教师，同时继续创作。

1814年10月19日，他为歌德的诗《纺车旁的格丽卿》谱曲，舒伯特的这第一部歌曲杰作，打开了他创作灵感的闸门。仅一年时间，他就写了144首歌曲。除歌曲外，他还创作了1部交响曲，2部弥撒曲和其他作品。1816年，他辞去教师的职务，专心从事作曲。但作曲家并不挣钱，况且年轻人的才华也不容易被社会认可，他不得不和一个穷朋友一起租住一间四处透风的屋子，而且他们两人合穿一件外衣，白天当朋友穿着外衣去上班时，舒伯特就只能蜷缩在小屋里作曲。

画家雷德听说舒伯特在作曲的时候手头没有钢琴，于是答应将自己的那架旧钢琴借给舒伯特用。钢琴不能搬出雷德的屋子，雷德平时作画，怕受琴声打扰，便和舒伯特商定，他工作结束后就在窗户上挂一个白窗帘为标记，看到白窗帘，舒伯特就可以进屋去弹琴了。但有时雷德作画来了灵感，从早画到晚忘了休息，常常让舒伯特站在街头苦等。

生活这样艰苦，却没有动摇舒伯特的信念，他全身心地投入音乐创作中，用音乐倾诉自己的感悟，他在音乐中得到了慰藉，享受到了欢乐。但是贫穷的生活还是大大地损害了舒伯特的健康，他仅仅活了31岁就离开了这个世界。人们为了表达崇敬的心情，把他安葬在贝多芬墓旁。

舒伯特从13岁就开始了他的创作生活，到他离世的时候，已经创作了整整18年，在这18年之中，他创作了六百多首曲子。这些曲子包括交响乐、室内乐、管弦乐、钢琴曲、合唱曲和歌曲等，其中又以歌曲最为著名。所以在音乐界他有"歌曲王子"之称。

舒伯特一生中很少外出旅行，他的足迹始终流连在这个城市的每个角落。在他生前维也纳对他了解不多，死后有很长一段时间，维也纳也都没有给予这位天才应有的尊敬与重视。他的作品都有一个共同的特色，就是具有天使般优美纯洁的旋律，这也是他能在音乐史上流芳百世的最重要原因。

司 汤 达

司汤达（1783—1842）本名亨利·贝尔，出生于法国外省一个律师家庭，父亲笃信宗教，思想保守，母亲是意大利人的后裔，能阅读但丁的原著。

司汤达从小有恋母情结，但母亲在他7岁时便去世了。之后父亲再婚，把他交给一个保王党神父教育。这个横暴、虚伪的家庭教师引起他强烈的反感，以致在他幼小的心灵里埋下了仇视宗教伪善、反抗暴政的种子。他更乐意接受外祖父的影响。

司汤达的外祖父是一个医生，思想特别开放，是卢梭和伏尔泰的信徒，拥护共和派。司汤达少年时期经常住在外祖父家，在那里阅读了大量的世界名作。

司汤达的童年，是在法国大革命的疾风暴雨中度过的。13岁时进入学校学习，他喜爱文学、绘画和数学，他的雅各宾党人数学老师，使他有机会了解了大革命。并接受唯物主义启蒙哲学的影响。

1799年，司汤达以优异的成绩毕业于当地的中心学校后，来到了巴黎。原来他准备投考著名的综合工艺学校，但为革命的形势所鼓舞，他加入了拿破仑领导的军队。之后他追随拿破仑的大军征战欧洲，曾先后去过意大利、德国、奥地利、俄国，参加过一些著名战役，任过军官，受到过拿破仑的赏识。他亲眼看见了莫斯科大火和法军惨败的情景，从此对"粗鄙的、身佩军刀的人们"产生了嫌恶之情，但他对拿破仑始终钦佩有加，视为英雄，并为其写过传记。他评价说："这个伟人有他敢作敢为的气魄，他成功了；但是由于追慕表面的荣华和富丽的宫廷生活，他欺骗了民族，他自己也垮了台。"

拿破仑失败后，司汤达出于对音乐和艺术的爱好，一直侨居在意大利，其中大部分时间在米兰。他在米兰期间，读书、旅行、研究意大利的音乐和美术，与从事意大利民族解放战争的烧炭党人有所交往。

司汤达从1817年开始发表作品。处女作是在意大利完成的，名为《意大利绘画史》。不久，他首次用司汤达这个笔名，发表了游记《罗马、那不勒斯和佛罗伦萨》。又陆续发表了后来收在文论集《拉辛和莎士比亚》中的文章。1827年后他转入小说创作，发表了《阿尔芒斯》《瓦尼娜·瓦尼尼》等。

司汤达是以长篇小说名世的。他的长篇代表作《红与黑》传世一百多年，魅力分毫未减。1832—1842年是司汤达最困难的时期，经济拮据，疾病缠身，环境恶劣，但也是他最重要的创作时期，他写作了长篇小说《吕西安·娄万》（又名《红与白》）、《巴马修道院》、长篇自传《亨利·勃吕拉传》，还写了十数篇短篇小说。在1842年3月23日司汤达逝世时，他手头还有好几部未完成的手稿。

乔治·斯蒂芬孙

乔治·斯蒂芬孙（1781—1848）出生于英国北部产煤区的诺森伯兰。他父亲是个煤矿工人，在蒸汽机房里烧锅炉，一家人生活得非常艰苦。

斯蒂芬孙没有上过学，只靠他父亲利用空闲教他认识一些字，学会了一些很基本的计算。当时，小斯蒂芬孙负责给爸爸送饭。每天在父亲的锅炉房里，他都会出神地看着锅炉中燃烧的烈火，忘情地听着机器隆隆转动的声音。他很想弄明白：它们为什么可以转起来，而且力量还会这么大？斯蒂芬孙14岁时就到煤矿当了学徒，负责给蒸汽机添煤和擦拭机器零件。于是，他整天观察机器的构造，认真看师傅们拆装机器。回家后他就用泥土做成模型，反复琢磨。

一天下午，斯蒂芬孙在机器边磨蹭，不肯离开。后来，他以清洗机器内的积垢为由，把一台蒸汽机给拆开了。当他又顺利把蒸汽机重新装好后，他已兴奋得快疯了。这次成功拆装后，他对蒸汽机的了解也更加深入了。许多机器被他改进后，效率还大大提高了。因此，斯蒂芬孙立志要研制出一台最好的蒸汽机。

但要发明更好的蒸汽机，需要有许多科学文化知识。斯蒂芬孙每天晚上就同七八岁的小孩子一起读一年级。有人讥笑他是"爸爸学生"，但斯蒂芬孙毫不介意，只顾埋头识字、学算术。虽然辛苦了点，但他可以阅读机械方面的著作了。斯蒂芬孙一边工作，一边学习，还一边做试验，他的技术越来越好了。

他看到运煤工人很辛苦，就萌发了一个念头：要制造一辆既可以运很多煤又跑得很快的蒸汽机车。1809年的一天，煤矿上一辆运煤车坏了，许多机械师都修不好，他却给修好了，于是他被任命为工程师。就在这时，斯蒂芬孙听说有人想把蒸汽机用作陆路交通的动力，制造"能行走的蒸汽机"，他对这一设想发生了极大的兴趣。

经过几年的努力奋斗，他在33岁那年，终于发明了一台机车。这台蒸汽机由于在前进时不断从烟囱里冒出火来，所以人们称它为"火车"。它能拖得动三十多吨货物，但速度很慢，而且样子也很难看。由于没有安装弹簧，"火车"开起来震动得很厉害，很多人都嘲笑这辆样子像鸭子一样丑、走起路来还像地震一样响的破车。

但斯蒂芬孙毫不气馁，他不断地总结经验，不断地改进，终于在1825年研制出了世界上第一台客货两用蒸汽机车"旅行"号，并于9月27日亲自驾驶该车参加试车典礼。那天他叫人驾驶一辆最好的马车跟他的蒸汽机车比赛，看谁跑得快，结果他的蒸汽机车把马车给远远抛在了后面。

至此，火车终于得到了全世界的公认，斯蒂芬孙也赢得了人们的广泛尊重。

松下幸之助

松下幸之助（1894—1989）出生在和歌山县海草郡和佐村，松下家族在幸之助的祖父时期是很兴旺的，是江户时代的名门望族。

幸之助4岁时，松下家的没落已成定局。他们不得不离开世代居住的土地，搬到和歌山市内，开始经营一家木屐店。但由于经营不当，不到两年就关门了。后来，大哥、二哥和大姐先后因病早逝。幸之助只读到小学4年级，就被迫辍学，到大阪一家做火盆买卖的店里当学徒。在火盆店里他只干了3个月，大概主人觉得他太小，做不了什么事，便把他辞了。他又被介绍到一家自行车店当伙计，这一干就是6年。

1910年，17岁的幸之助进了大阪电灯股份有限公司，当上了一名安装室内电线的练习工，后被提升为检查员，在这里一做又是7年。

第一次世界大战时期，欧洲成为战场，物资奇缺，日本的产品就成了抢手货，幸之助萌生了独自办企业的念头，于是他毅然辞职。可是，自己的全部积蓄，加上刚领到的退职金，才只有100日元。他的两位老同事森田延次郎和林伊三郎是他的支持者，加上他的妻子和内弟井植岁男，一共只有5个人，就这样他们办起了工厂，生产幸之助设计的改良电灯灯头。

当他们历尽千辛万苦生产出一部分样品来之后，却又推销不出去。他们拿着样品，走遍了大阪的大街小巷，几乎问遍了每一家销售电灯的商店，一天最多才能卖出10只灯头；10天下来，总共只卖了100只，收入不过才10块日元。这就是他们奋斗了4个月的结果。

出师不利，两位伙伴都自谋生路去了，幸之助夫妇和内弟3个人仍苦苦地支撑着。那段时间真是非常艰难。他先后十几次将他夫人的衣服、首饰等物送进当铺抵押借钱。

然而，就在他几乎绝望之际，曾经是合作者之一的森田延次郎给他带来了一个好消息：有一家北川电器器具制造厂对他的产品感兴趣，看过样品之后，要订购1000只电扇底座，并且不需要任何金属配件。

这对松下幸之助来说真是喜从天降，绝处逢生。于是他们投入了紧张的生产，大约10天工夫就完成了全部订货。不久，幸之助收到货款160日元，扣除成本，获毛利80日元，基本收回了当初开业时的投资。第二年年初，他们又接到2000个底座的订单。幸之助预料还会有大量的电扇底座订单相继而来，小小的家庭作坊已经显得地方太小了，于是决定搬迁到大开町，租赁一座新建的两层楼房，楼上住家，楼下当工厂，并且在门口挂上"松下电器器具制造厂"的招牌，这就是后来松下电器股份有限公司的前身。

幸之助是个善于发明、善于改进的人，他紧紧抓住"研制新产品，开拓新市场"这一环节，以电灯为中心，不断地发明出一些相关的新产品。但从市场销售来看，主要产品仍是"电灯改良插头"和"双灯用插头"，这两种产品品质优良、价格低廉，其他厂家无法与之相比，因此需求量年年上升，市场渐渐扩大到东京、名古屋、九州乃至日本全国。

松下电器从此逐步发展起来了，松下幸之助不断地把新产品推向市场，相继生产出电熨斗、电炉、电热器、真空管和收音机等。他以"高于他人的质量，低于他人的成本，优于他人的服务"为宗旨，在日本国内占据越来越广大的市场。他的工厂多次扩建，并先后购买了一些私营企业。到20世纪60年代，松下电器公司一跃而成为日本电器制造业霸主。

苏格拉底

　　苏格拉底（前470—前399）是著名的古希腊哲学家，他和他的学生柏拉图及柏拉图的学生亚里士多德被并称为"希腊三贤"。他被后人广泛认为是西方哲学的奠基者。

　　苏格拉底出生于雅典一个普通公民的家庭，传说苏格拉底的父亲是雅典城中的一个铁匠，由于家里非常贫穷，母亲只好经常去给别人做接生婆，这样可以赚到一点小钱来贴补家用，而少年的苏格拉底也经常到铁匠铺子里帮着父亲干一些活。

　　家境贫寒并没有给苏格拉底造成什么糟糕的影响，相反却让他养成了许多良好的习惯。因为没钱买布，一年四季苏格拉底都只能穿着一件衣服。有时衣服脏了他便在夜晚把它洗好，然后拿到火炉边上烘干。至于鞋子，对于苏格拉底来说就是奢侈品了，他总是赤着脚走路。

　　有一年冬天，雪下得非常大，一次，苏格拉底要出门去给别人家送打好的铁器。妈妈看到地冻天寒，儿子的脚下又没有穿鞋子，于是不忍心让他出门："孩子，雪太大了，别人在这种天气也用不上它，等到雪融了的时候再去吧！""不行，我跟爸爸答应今天给人家送去。"苏格拉底顶着大雪，光着脚丫把打好的铁器送到了那个需要铁器的人家里。

　　每当苏格拉底把父亲打好的铁器送到客户的手里时，那些接到铁器的人们总会拿出好吃的来招待他。但是他们很快发现苏格拉底对这些并不感兴趣，他感兴趣的是看书。后来家里有藏书的人们都愿意把书借给苏格拉底看，就这样，苏格拉底开始了他的阅读生涯。

　　青少年时代，苏格拉底曾跟父亲学过手艺，后来研究哲学。他在雅典跟当时的许多智者辩论的哲学问题，主要是关于伦理道德以及教育政治方面的问题。他被认为是当时最有智慧的人。作为公民，他曾3次参军作战，在战争中表现得顽强勇敢。此外，他还曾在雅典公民大会中担任过陪审官。后来苏格拉底被控，以藐视传统宗教、引进新神、败坏青年和反对民主等罪名被判处死刑。他拒绝了朋友和学生要他乞求赦免和外出逃亡的建议，饮鸩而死。

苏格拉底无论是生前还是死后，都有一大批狂热的崇拜者和一大批激烈的反对者。他一生没留下任何著作，但他的影响却是巨大的。哲学史家往往把他作为古希腊哲学发展史的分水岭，将他之前的哲学称为前苏格拉底哲学。作为一个伟大的哲学家，苏格拉底对后世的西方哲学产生了极大的影响。

苏格拉底本人没有写过什么著作，他的行为和学说主要是通过他的学生柏拉图和克塞诺芬尼著作中的记载而流传下来的。

泰 戈 尔

泰戈尔（1861—1941）生于印度的加尔各答，他的祖父是商人兼大地主，属于婆罗门种姓（印度四大种姓中的最高种姓）。祖父去世后，虽然家道开始败落，但是仍不失为富裕之家。

泰戈尔的父亲、哥哥、姐姐都受过良好的教育，泰戈尔是父母的14个孩子中年龄最小的，从小受父母的宠爱和照顾。7岁时他被送到一所师范学校上学。这是一所按英国教育制度建立的模范学校。可是泰戈尔却特别讨厌这所学校，没上一年就不去了。

父亲为泰戈尔请了两名最有学问的老师，分别教他文学、数学、简明哲学、科学常识、英语、音乐和体育。老师对泰戈尔要求很严，每天天一亮就要他起床，练习摔跤。早餐后上课，直到晚上，还要做一小时的作业。然后，父亲又要他和哥哥姐姐们一道吟诗作画，学习印度古典音乐。就这样，他掌握了很多知识。

12岁时，他写了一首十四行诗，交给了老师。老师读后十分惊奇，他不相信这首诗是出自一个孩子的手笔。泰戈尔15岁之前，已经熟读了大量梵文、孟加拉文和英文名著。如印度古代两大史诗《摩诃婆罗多》和《罗摩衍那》，古代著名诗人迦梨陀娑的长诗《云使》，古代名剧《沙恭达罗》《薄伽梵歌》，深奥难懂的梵文《文法启蒙》等，他读后可以把其中的一些章节背诵如流。他还与二哥一起到农村去，看到了农民的贫困生活，了解了贵族和英国人剥削压迫人民的行为，他的爱国情感大大增强了。

17岁那年，泰戈尔遵从父亲之命，漂洋过海，来到了英国，上伦敦大学攻读法律。但是，他对法律毫无兴趣。在伦敦大学，他只读了3个月的法律，其余的时间就是了解英国的社会生活、风俗习惯，学习西方国家的文学、艺术，吸取西方国家文学大师们的创作经验和写作方法。

在英国留学期间，泰戈尔已经认识到，印度这样一个古老的大国，不如小小的、后起的英国先进，除了遭受英国一百多年来的殖民统治以外，就在于人民受几千年来愚昧落后的封建思想、习俗的束缚。所以，要使印度先进、强大起来，既要反对英国殖民统治，也要反对本国的封建制度。

泰戈尔在英国留学2年便回到了印度。这时，印度全国正掀起一场轰轰烈烈的民族解放运动，他为此激动不已，立即投入这场运动中。他接连写出了十几篇批判英国殖民主义的文章，因而在知识界引起了极大的反响。

有一个宗教组织选举泰戈尔担任书记，这个组织在泰戈尔的领导下，发表文章和演说，呼吁人民反对印度的种姓制度和封建迷信，破除童婚、寡妇殉夫自焚等陈规陋习。

这一时期，是泰戈尔文学创作的"黄金"时期，而印度的民族解放运动正处于高潮。泰戈尔创作的诗歌、小说、剧本、绘画以及所写的哲学、宗教和教育等方面的著作，充满了反对英国殖民统治、歌颂印度民族英雄、唤起人民爱国的激情。同时还写了大量的抒情诗。其中，在1910年写的一本名叫《吉檀迦利》的诗集艺术价值最高，最受人们的喜爱。

特里萨嬷嬷

特里萨（1901—1997）原名艾格尼丝·贡扎，生于南斯拉夫的斯科普。她的童年生活极为幸福，在人们的印象中，她是一个又胖、又淘气的假小子。

艾格尼丝在当地上学，学的是塞尔维亚语。12岁那年，她初次感悟到自己的职业是"帮助穷人"。于是她热心公益活动，参加了罗马天主教的一个儿童联谊组织——玛丽会社，并开始对到国外传教充满向往。

当她的哥哥拉孔尔得知妹妹要当修女的消息时大吃一惊。他极力反对艾格尼丝的行为，他说："难道你就要这样毁了自己的一生吗？"但艾格尼丝却说："我绝不是在毁掉我自己，恰恰相反我是在爱我自己，爱那些千千万万的受苦人。"

除了哥哥拉孔尔，反对她做修女的还有父母，然而，艾格尼丝不顾家中的百般阻挠，意志坚决。17岁这年，艾格尼丝加入了在孟加拉湾工作的洛雷托修女团。她先来到爱尔兰，在都柏林的洛雷托修道院学习英语，接着她出发到印度，在喜马拉雅山脚下的大吉岭山坡驻地见习，并于1937年在此正式宣誓加入洛雷托修女会。她选了特里萨作为自己的教名，以此纪念传教圣女——利西尔斯的圣·特里萨。

在大吉岭见习期满后，特里萨修女来到加尔各答的圣·玛丽中学当历史和地理教师。在这所专收孟加拉湾女孩的学校中，特里萨度过了她20年的教师生涯，也度过了她一生中最不受尘世干扰的20年的恬静生活。

1946年，特里萨乘火车前往印度东北部山区大吉岭。沿途那些贫瘠的村庄，那些骨瘦如柴、衣衫褴褛的穷人使她震惊。她决心离开与世隔绝的教会学校，去帮助社会上那些饥寒交迫的人们。

两年后，在特里萨的一再坚持下，梵蒂冈终于同意她脱离洛雷托修女会。她在印度的美国医疗传教修女会进行了3个月的快速医疗训练后，只身进入贫民区。她用仅有的一点积蓄创办了一所露天学校，专门收留失学的流浪儿童。

1950年，特里萨修女在加尔各答成立了自己的慈善传教团，旨在"全心全意无偿地为最贫困的人服务"。慈善团的修女们每天工作近十六个小时，每次她们在街上看到的都是肮脏、疾病与灾难，但当她们亲眼看见特里萨修女用破裂的手从乞丐的伤口里往外挑蛆、轻抚麻风病人残肢的情景，就会不顾劳累与肮脏，投入到工作当中去。特里萨修女还从市政厅那里申请到卡利神庙附近供香客休息的两个房间，用以收容那些街头病人、医院拒收的和无人照看的人。这里，被人们称为"纯洁心灵之地"。

在她的感召下，越来越多的人走进了这个慈善教会，那身镶着蓝边的白棉纱服也开始为全世界的人所熟悉。随着公众和志愿者的增加，她们的服务项目也逐渐增多。除了开设初中学校，她们还办了诊所、药品分发处、弃儿之家、濒死者之家、麻风病人村等等，教会甚至还提供紧急援助、参与救灾。

正是特里萨修女那无私的献身精神和一颗充满仁慈与关爱的心给她带来了无数的荣誉，人们把她称为圣母。

提　香

提香·韦切利奥（1478—1576）出生在威尼斯北部风景秀丽的山区小镇卡多莱，12岁时父亲带他游历威尼斯，后来提香再次来到威尼斯便进了乔凡尼·贝利尼的工作室学画，从此几乎一生都没有离开过威尼斯。

提香在乔凡尼画室与比他大一岁的乔尔乔内同学，乔尔乔内享乐主义的人生观、开放的思想行为、熟练的绘画技巧以及对色彩超乎常人的敏感和表现力，令提香崇拜得五体投地。乔尔乔内竟成了他心目中的上帝。提香崇拜乔尔乔内，模仿他的绘画风格，以至人们几乎辨别不出作品的作者。他们开始独立接受订画，乔尔乔内接受来的订件，大都交给提香去完成，后来乔尔乔内越来越发现在色彩创造和艺术技巧方面，提香有超过自己的可能，这使他们之间的关系开始冷淡和紧张了。从此乔尔乔内更加抑郁寡言，他把这种内心的不安发泄到更加放肆的寻欢作乐中去，使他在33岁风华正茂时，耗尽了精力，在一次鼠疫传染流行时辞别了喧闹的人世。

乔尔乔内的早逝，使提香开始了独立的艺术发展。这种艺术风格体现了威尼斯艺术的成熟。他对色彩的性能及其相互关系有着深刻的认识和理解。

提香特别善于调和颜料，被誉为"色彩大师"，尤其喜用黄金般的华丽，世人所谓"提香的金色"。文艺复兴巨匠米开朗琪罗看过提香早年的作品后评论说："如果形象再正确些，就会成为世界第一的画家。"他的笔触热情奔放，流畅自如，不拘成规；画面明亮而又和谐，洋溢着生命的活力和雄浑、华贵之美，他被称为西方油画之父。

他在38岁时，获得了威尼斯共和国首席画家的地位，后来又被封为伯爵，是教皇和国王的座上客。有人说他像法国的伏尔泰一样，对权势躬身下拜，在皇室贵族的微笑中享受恩赐；也像伏尔泰一样对宗教抱怀疑态度，和女人在一起时则万般风流。他的这种人格和心理，流露在他的艺术创造中。瓦萨利说：在意大利，没有人能和提香的绘画天才相比，无论是拉斐尔或是达·芬奇都赶不上他。

提香长期的艺术生涯和丰富的创作实践也为16世纪威尼斯画派的发展提供了最有力的推动，几乎所有威尼斯画家都直接或间接地受到提香的教导与影响。到16世纪后期，佛罗伦萨和罗马的文艺复兴艺术已趋衰微，而威尼斯画派仍继续繁荣，其中就包含着提香艺术的功绩。

托尔斯泰

托尔斯泰（1828—1910）出生在莫斯科南部雅斯纳亚·波利来纳的庄园。他家是名门贵族，其谱系可以追溯到16世纪，远祖从彼得一世时获得封爵。

一岁半的那一年，小托尔斯泰已经长得非常逗人喜爱了，母亲常常带他到花园里去散步。刚会走路的小托尔斯泰总是跟在母亲的后面指指点点，有时也跟女仆咿咿呀呀几句。托尔斯泰的母亲常常为自己活泼可爱的儿子而骄傲不已。然而没过多久，母亲却因患了一场疾病而失去了生命。

母亲去世后，教育托尔斯泰的担子便落在了父亲的身上。托尔斯泰的父亲尽管是一个贵族，但常常教育小托尔斯泰对待仆人以及仆人的孩子们都要平等，从不让他因为出身高贵而看不起下层人民。在父亲的教育下，他幼小的心灵里没有什么贵贱之分。他经常和仆人的孩子们一起玩耍，并且常常缠着女管家给他讲乡村里的故事。

9岁那年，不幸的事情又一次降临到了小托尔斯泰的头上，父亲因为一场车祸送掉了性命。父母的先后去世使得托尔斯泰兄妹4人只得由奥斯坚·萨坚姑妈监管。

托尔斯泰的这个奥斯坚·萨坚姑妈是一个心地善良的女人，她常常领着孩子们去救济贫穷的农民。这个活动是托尔斯泰最愿意参加的，每次他总是积极参与。3年以后，善良的奥斯坚·萨坚姑妈也不幸去世了，这使托尔斯泰非常伤心。这以后托尔斯泰兄妹们的监护便交由彼拉盖娅·伊里尼奇娜姑妈。而彼拉盖娅·伊里尼奇娜姑妈却是一个喜欢享受生活的人，她跟奥斯坚·萨坚姑妈截然不同，她经常在家里举行豪华的舞会，在舞会上那些贵族们频频举杯，整个庄园经常沉醉在一片歌舞升平里。

托尔斯泰对彼拉盖娅·伊里尼奇娜姑妈这种浪费的行为实在不喜欢，这个时候他常常抱着一本书独自到一片树林里去阅读。于是他便开始接触到了普希金、歌德、狄更斯等作家的作品。这些作品和作家使得托尔斯泰萌发了创作的激情。

1845年，17岁的托尔斯泰考入了喀山大学，但读了3年大学后，他为了改变农民的贫困状况，决心搞社会变革。于是放弃了攻读完喀山大学的机会，回到了家乡进行土地改良，可是他的改良却以失败而告终，只好跟随着大哥开始了他的军旅生活。

军队里的丰富多彩的生活，再次激发了他的创作热情。在军旅途中，他便开始写起了他的第一篇小说《童年》，后来这篇小说由《现代人》杂志发表，引起了文坛的轰动。

第一次的成功使得托尔斯泰坚定了文学创作的决心，接下来，他又开始创作了《袭击》《弹子房记分员》等等。

1863—1869年之间，托尔斯泰进行了《战争与和平》的创作，这部小说一出版便立即销售一空，并且还畅销到了西欧诸国。接下来他创作的《安娜·卡列尼娜》《复活》都成了旷世之作。

他的一生都同情弱小，歌颂善良与宽容，他的名字成了俄罗斯民族的良心的象征。

陀思妥耶夫斯基

　　陀思妥耶夫斯基（1821—1881）出生在俄罗斯的一个医生家庭。他的童年是在父亲的庄园里度过的，因而接触到了农奴的实际生活。

　　他的父亲是一名退休军医和彻彻底底的酒鬼，工作于莫斯科的一家穷人医院。父亲工作的医院地处莫斯科的荒郊野岭，犯人公墓、精神病院和孤儿院便是仅有的地标式建筑。这些景象给年纪尚小的陀思妥耶夫斯基留下了深刻的印象，对穷困者的怜悯深深刺痛着他的心灵。虽然父母不允许，年轻的陀思妥耶夫斯基还是喜欢去医院花园走走，看看那些晒太阳的病人，听他们讲故事。

　　陀思妥耶夫斯基患有癫痫病，9岁首次发病，之后间或发作伴其一生。16岁时妈妈死于肺结核，他和弟弟被送入彼得堡军事工程学校。在彼得堡军事工程学校期间，陀思妥耶夫斯基学习他一向不屑的数学。与此同时，他还涉猎了莎士比亚、帕斯卡尔、维克多·雨果的文学作品。

　　1842年，陀思妥耶夫斯基受命成为中尉，并在一年后从军事工程学校毕业，从此开始了他的写作生涯，一年后他完成了第一部作品——书信体短篇小说《穷人》。小说的发表广获好评。24岁时陀思妥耶夫斯基就成了文学界的名人。

　　随着对社会的认识逐渐深刻，陀思妥耶夫斯基参加了彼得堡拉舍夫斯基小组的革命活动。

　　1849年4月23日他因牵涉反对沙皇的革命活动而被捕，并于11月16日执行死刑。在行刑之前的一刻才改判成了流放西伯利亚。10年苦役、长期脱离进步的社会力量，使他思想中沮丧和悲观成分加强，从早年的空想社会主义滑到"性恶论"，形成了一套以唯心主义的宗教反对唯物主义的无神论，以温顺妥协反对向专制制度进行革命斗争的矛盾世界观。

1854年他被释放后，创作重点逐渐转向心理悲剧。长篇小说《被侮辱与被损害的》继承了"小人物"的主题。《穷人》里偶尔还能发出抗议的善良的人，已成了听任命运摆布的驯良的人；人道主义为宗教的感伤主义所代替。《死屋手记》记载了作者对苦役生活的切身感受，小说描写了苦役犯的优秀道德品质，控诉了苦役制对犯人肉体的、精神的惨无人道的摧残，无情地揭露了沙皇俄国的黑暗统治。《罪与罚》是一部使作者获得世界声誉的重要作品。他的最后一部作品是《卡拉马佐夫兄弟》。

　　陀思妥耶夫斯基擅长心理剖析，尤其是揭示内心分裂。他对人类肉体与精神痛苦的震撼人心的描写是其他作家难以企及的。他的小说戏剧性强，情节发展快，接踵而至的灾难性事件往往伴随着复杂激烈的心理斗争和痛苦的精神危机，以此揭露出资产阶级关系的纷繁复杂、矛盾重重和深刻的悲剧性。陀思妥耶夫斯基的善恶矛盾性格组合、深层心理活动描写都对后世作家产生了深刻的影响。

瓦　特

　　瓦特（1736—1819）出生在苏格兰克莱德河畔的格林诺克小镇里，他的父亲经营着一个制造、修理船用装备和仪器的小作坊，母亲出身于名门望族，是一个受过教育的女性。

　　瓦特从小身体孱弱，到了入学年龄仍不能去上学。过了入学年龄好几年，他才到镇上的学校学习。在学校里，他不喜欢与小朋友们打闹，只爱独自沉思默想。关于他的童年，曾有过一个广为人知的传说：有一天，小瓦特在家里看见一壶水开了，蒸气把壶盖冲得噗噗地跳。这种常人司空见惯的现象却引起了他极浓厚的兴趣。他目不转睛地凝视着那跳动的壶盖和冒出的蒸气，苦思冥想其中的奥秘。由于瓦特常常会面对他不熟悉、不认识的许多现象长时间地默默观察，因此别人说他是个"懒孩子"。其实正是这种好奇心和寻根问底的精神，后来引导他去努力探索世界的种种奥秘,攀登科学的高峰。

13岁那年,他对几何学发生了兴趣,15岁就读完了《几何学原理》这样艰深的书籍。后来他进入文法学校,数学成绩特别优秀。由于身体不好,他没到毕业就退学了。但是,他在家里坚持自学了天文学、化学、物理学和解剖学等多学科知识,并自学了好几种外语。瓦特17岁时到格拉斯哥的一家钟表店里当了学徒。他在业余时间刻苦学习,进一步掌握了许多科技原理。在当学徒时他曾经动手制造过技术要求较高的罗盘、经纬仪等。

21岁那年,他来到了格拉斯哥大学当教具实验员,负责修理和制造仪器。就在这里,瓦特和教热学的布莱特教授认识了,从此,瓦特便经常到布莱特教授那儿去,他从布莱特教授那里学到了很多科学理论,这对他日后改进蒸汽机有很大的帮助。

1764年的一天,学校派他去修理一台用于教学的纽科门蒸汽机,瓦特听到这个消息以后高兴极了。在修理过程中,他发现了纽科门蒸汽机的蒸汽缸非常小,但是炉子里发生的蒸汽却非常大,于是他把这个问题拿去向布莱特教授请教。在布莱特教授的指点下,瓦特计算出了水变成蒸气后体积就扩大了将近一千八百倍,根据这一计算,纽科门的蒸汽机完全可以把汽缸再制造大一些。后来瓦特又把自己计算出来的结果拿去给布莱特教授看,布莱特肯定了瓦特的研究是正确的。在布莱特教授的鼓励下,他大胆地按自己的想法设计了一个蒸汽机的模型,但是要将这个模型变成一台真正的蒸汽机,以当时的经济条件实在太难了,多次的努力都失败了,他的模型一放就是好几年,瓦特已经对这个想法失去信心了。

为了帮助瓦特,布莱特教授通过四处打听,最后终于找到了一位热心于技术开发的企业家罗巴克。罗巴克是一位专门开发煤矿的企业家和商人,当他在布莱特教授的介绍下看了瓦特的蒸汽机后,他终于跟瓦特签订了共同开发新型蒸汽机的合同。但由于工艺技术的落后,使得瓦特的蒸汽机没有成功,罗巴克却因为考虑破费太大而拒绝继续合作。这时另一位企业家博尔顿找到了瓦特,给了他经济支持。

1781年,瓦特终于发明了复动式蒸汽机和双向通气汽缸的蒸汽机。他这一发明使得科学技术有了大的发展。随着蒸汽机的诞生,蒸汽火车、蒸汽轮船便应运而生,它同时也宣告了一个工业时代的到来。

乌兰诺娃

　　加琳娜·谢尔盖耶夫娜·乌兰诺娃（1910—1998）出生于俄国彼得堡一个芭蕾世家，母亲是一位芭蕾舞演员，父亲是芭蕾舞导演和舞台监督。父母起初并没有想让乌兰诺娃也成为专业舞蹈演员，但母亲后来发现，女儿在童年表现出了一些与众不同的特质，她的动作轻松灵巧，对一切美的事物特别敏感，对音乐尤其偏爱。

　　乌兰诺娃从小就受到了艺术熏陶，然而她并不想成为芭蕾舞演员。她曾经回忆说："当一名舞蹈演员并不是我的雄心壮志，是命运之神使我成了舞蹈演员。"从小乌兰诺娃就见识了父母工作的劳累和生活的艰辛：每天都要演出，即使在寒风凛冽的冬季，也不得不穿上单薄的舞鞋和舞衣出场；回家后还得做各种繁重的家务。在她的印象中，妈妈似乎没睡过觉。在小乌兰诺娃眼里，跳舞可真是一件苦差事。所以，当父母决定让她学习舞蹈时，她本能地反抗说："我不学！"

　　然而，父母还是把她送进了列宁格勒舞蹈学校。在学校里，幼小的乌兰诺娃讨厌上课和每天苛刻的芭蕾训练，她根本不想成为芭蕾舞演员。特别是她那羞怯的天性，在各方面都妨碍着她。她在课堂上不好意思大声回答老师的问题，被老师叫起来后常常默默地站着，垂着头暗暗流眼泪。

　　乌兰诺娃很有舞蹈的天分，尽管她不喜欢学芭蕾，但是她的舞姿非常优美。在班上她经常是学得最快、跳得最好看的一个。渐渐地，芭蕾舞优美的动作、丰富的内涵深深地吸引了乌兰诺娃，她开始爱上芭蕾舞了。于是，她开始主动地、如饥似渴地学习芭蕾舞技艺。老师示范讲解时，她总是全神贯注地听着，然后细心揣摩。她总是从最单一、枯燥的动作开始，对照镜子反复审视自己的动作和舞蹈。有时一个动作就要练上几十遍，精益求精，每次练完都是气喘吁吁的。

　　乌兰诺娃很快成了有名的芭蕾舞演员。1928年，乌兰诺娃进入列宁格勒舞剧院芭蕾舞团,她仙女般优美的舞姿深深地打动了观众。成功之后的乌兰诺娃毫不放松对自己的要求,为了演好每一场芭蕾舞剧,她不断增加排练量,连续不断地一练就是好几个小时,常常衣服湿透了,脚趾磨出了泡。

辛勤的汗水结出了丰硕的果实。从1944年开始,乌兰诺娃先后主演过《天鹅湖》《睡美人》《胡桃夹子》《罗密欧与朱丽叶》《灰姑娘》《青铜骑士》等古典和现代的芭蕾舞曲。她高超的舞技赢得了国内外观众,包括中国广大观众的赞誉。1980年,她的家乡圣彼得堡为她竖立了半身铜像。

香 奈 儿

香奈儿(1883—1971)出生在法国西南部的小镇索米尔。她的父亲是个小批发商,母亲生下她不久,父亲就遗弃了她们。母亲含辛茹苦,好不容易把她拉扯到6岁。一场大病,母亲又不幸去世,香奈儿成了一个孤儿,被送进了当地教会办的孤儿院。

香奈儿16岁时,耐不住孤儿院与世隔绝的生活,在一天夜里,她勇敢地翻出院墙,跑到离家乡较远的穆兰小镇上开始了她的独立的、全新的生活。

这期间,当地有个名叫艾蒂安·巴尔桑的富家子弟,与香奈儿一见钟情,坠入爱河。20世纪初,巴尔桑把香奈儿带到了世界大都市巴黎。

到了巴黎,香奈儿为眼前光怪陆离的一切而激动不已。凭着爱美的天性,她发现巴黎女性的穿着毫无时代感,于是她决心当一名勇敢的拓荒者。

然而男友巴尔桑对她的雄心壮志既不支持更不理解,两人为此经常发生争吵,最后不得不分道扬镳。

在这关键时刻,卡佩尔向她伸出了援助之手。这个生性随和、不拘小节、家境富裕的异邦人,非常支持香奈儿开拓服装业。1912年,他出资帮助香奈儿开了一家帽子店。

"香奈儿帽子店"开门营业了。善于经营的香奈儿以低价从豪华的拉菲特商店购买了一批过时、滞销的女帽，她把帽上俗气的饰物统统拆掉，然后适当加以点缀，改制成明朗亮丽的新式帽子。这种帽子透着新时代的气息，非常适应大众化的趋势。香奈儿为顾客示范帽子的戴法时，也一反常态，把帽子前沿低低地压到眼角上，显得神气非凡。这种新颖的帽子，很快成为巴黎妇女的最爱，被称之为"香奈儿帽"。而这种别致的戴法，竟在巴黎的大街小巷成为时尚。

"香奈儿帽"的流行，使她很快还清了借款，并积累了一部分资金。初战告捷后，香奈儿的信心大增，她大胆地涉足服装业。她把帽子店改为时装店，并且自行设计，自行缝纫，投入到服装改革之中。她从布厂买来一批纯白针织布料，用这种廉价的布料做成最新样式的女式衬衫，其特点是：宽松舒适，线条简洁。没有翻上复下的领饰，没有一道道袖口花边，也没有什么缀物，领口开得较低。为便于推销，她还给这种服装起了个挺别致的名字"穷女郎"。

这种简洁、宽松的衬衫，给人以耳目一新的感觉。"穷女郎"一露面，立即得到巴黎妇女的青睐，并很快争购一空。旗开得胜后，香奈儿又陆续推出一批与巴黎妇女传统服饰大相径庭的服装。她将女裙的尺寸尽量缩短，从原先的拖地改成齐膝，这就是后来著名的"香奈儿露膝裙"；她设计出脚摆宽大的长裤，即当今的喇叭裤，成了喇叭裤的创始人。

从1919年起，"香奈儿服装店"的规模一年比一年扩大。她在康蓬大街接连买下5幢房子，建成了巴黎城中最有名的时装店。香奈儿的服装成为整个巴黎的一种时尚。大街上，"香奈儿式"的女性几乎随处可见。

1922年，香奈儿引进并按她所谓的幸运数字命名的"香奈儿5号香水"，大获成功。这种与众不同的香水原本是一位化学家在里维埃拉发明的，香奈儿慧眼独具，买下该香水的专利权。"5号香水"浓郁的芳香，令人陶醉，很快便走俏巴黎，并风靡欧美各国，成了全世界最著名的香水。

萧 伯 纳

　　萧伯纳（1856—1950）生于爱尔兰首都都柏林，他的祖上曾是豪门贵族，但到他祖父那一辈，家道衰落了。

　　萧伯纳小的时候很爱读书，7岁起就开始读莎士比亚的剧本了。他还特别喜欢音乐，许多歌剧音乐，他能用口琴从前奏吹到终曲。可是因家里穷，他没有读完中学就辍学了。母亲带着女儿去了伦敦，15岁的萧伯纳在都柏林一家地产公司当了一名小职员。

　　萧伯纳不但爱读书，还喜欢写作。在工作空余时间，他经常和一些同事作"笔头辩论"，就是设定一个问题，双方用写作的方式进行"论战"，你一篇，我一篇。这样，既锻炼了脑筋的灵活性，也使写作能力得到了提高。萧伯纳在这种"决斗"中，思维和笔谈能力迅速增强。他把自己写的一篇文稿寄给一家杂志，竟被采用了，他高兴地对朋友们说："这是我的处女作，我将来还要写大部头作品呢！"

　　在萧伯纳青少年时代，他的祖国还处在英国人的统治下，每年要向英国输送大批谷物与金钱，萧伯纳对此十分愤怒。他的第一个剧本《鳏夫的房产》就是以自己的见闻为题材创作的。他后来在剧本《英国佬的另一个岛》中还借剧中人物道出了人民的心声："爱尔兰现在之所以痛苦不堪，就是这班家伙的毒手搞出来的。"

　　1876年4月，20岁的萧伯纳告别家乡，来到了英国伦敦，他指望在伦敦找到一份称心的工作。

　　可是，在伦敦的日子并不好过。他先是在一家电话公司找了个差事，可公司不久便倒闭了；又到《大黄蜂》报写音乐评论，可报社也很快停刊了。他只好为药店写广告，挣很少的钱。穷困，逼得他要想办法生存下去。

　　他决心写小说，每天起早贪黑，坚持写20页文稿，在5年之内，他连续写了5部长篇小说，然而他没有找到一家出版商肯接受他的作品，他仍然在穷困线上挣扎。

1888年，在一次社会主义者的集会上，萧伯纳结识了英国工人运动著名活动家爱琳娜。爱琳娜邀他参加社会主义者的演剧活动，演出易卜生的名剧《玩偶之家》。爱琳娜扮演娜拉，萧伯纳扮演高利贷者柯洛克斯泰。

萧伯纳从易卜生剧作及其在社会上引起的巨大反响中体会到，戏剧可以成为"思想的工厂，良心的启示者，社会行为的说明人，驱逐绝望和沉闷的武器，歌颂人类进步的庙堂"。他于是决心从事戏剧创作，同时开始潜心研究易卜生剧作，并于1891年写出《易卜生主义的精华》一书。这本书是现代欧洲戏剧史上的一部重要的理论论著。

1892年，萧伯纳正式尝试创作剧本，写出了《不愉快的戏剧集》《愉快的戏剧集》《为清教徒而写的戏剧》3部戏剧集，他的这些作品抨击了资本主义社会，毫不留情地揭露了资产阶级伪君子们的种种劣行。

萧伯纳戏剧的上演在英国国内外引起巨大轰动。英国当局急急忙忙地禁止了其中几个剧的公演，但萧伯纳已经闻名全国了。1925年，瑞典文学院决定将该年度的诺贝尔文学奖授予萧伯纳，以奖励他文学创作中表现出来的杰出的讽刺才华，但萧伯纳没有去领取奖金，而是声明把它转赠给瑞典的穷苦作家。

小林多喜二

小林多喜二（1903—1933）出生在日本秋田县的一个贫苦农民家里。早年生活在北海道小樽市。1930年小林来到东京，担任日本无产阶级作家同盟的领导职务，加入了日本共产党。1933年2月20日，在进行地下工作接头时被捕，遭警察毒打身亡。

少年时的小林多喜二喜欢看书，也是个讲故事的能手。他非常聪明，有过目不忘的本领。在上学途中，他常边走边津津有味地给同学讲故事，如希腊神话传说啦，安徒生童话故事啦。他总是不知疲倦地讲，而且还讲得绘声绘色。同学们可乐坏了，就天天跟着他，把他叫作"小故事大王"。

小林多喜二从小就参加劳动，过着半工半读的生活。小学毕业后，在伯父的资助下，他上了小樽高等商业学校。毕业后被小樽一家银行录用为职员。他在求学时期就热衷于文艺创作，从1923年起开始在文艺刊物上发表作品。他早期写了很多短篇小说和随笔，如《龙吉和乞丐》《杀人的狗》等等。这些作品以深厚的感情描写了北海道处在底层的劳动人民的悲惨生活和自发反抗，也表现了小林多喜二探求社会出路的积极愿望。在《泷子及其他》中，主人公泷子最后放火烧掉酒馆，表现了作者消灭资本主义制度的决心。

早在1923年他就接触过革命刊物《播种人》，同时也阅读了高尔基和本国革命作家的作品，得到了很大的启发。1927年7月他参加了北海道工人总罢工，为罢工工人编写传单，开始走上与工农相结合的革命道路。不久又参加了革命作家组织——劳农作家同盟小樽支部的活动。

1927年底开始创作的中篇小说《防雪林》，是标志着小林多喜二思想创作上发生重大变化的过渡性作品。1928年是小林多喜二新的起点。当时的反动政府为了扑灭革命火焰，便制造了血腥的"三·一五"大逮捕事件，全国许多革命者、共产党员遭到逮捕和迫害。在小樽许多和小林多喜二接近的革命者连连遭到逮捕和刑讯，他们在军警特务的严刑拷打下，表现了英勇不屈的革命精神。"三·一五"事件强烈地激起了小林多喜二的革命义愤，他通过这一事件，进一步认识到了当时政府的反动腐朽，看到了献身于工农解放事业的革命志士的高贵品德。他创作了以这次事件为篇名的中篇小说《一九二八年三月十五日》。他用耳闻目睹和调查来的材料，冲破法西斯的新闻封锁，大胆地揭露了这一事件的真相，严厉地控诉了法西斯军警的暴行，热情洋溢地描写了工人运动的先锋分子和革命知识分子的英雄形象，歌颂他们面对敌人野蛮暴行而威武不屈的革命气概。

《一九二八年三月十五日》发表以后，小林多喜二成为著名的革命作家，因而受到反动当局的注意，然而他毫不畏惧，更加积极地投身到革命运动中去。这时期他参加了重建小樽工会的活动，也为小樽海员工会编辑新闻小报。他在长期与工人的交往中，积累了不少现实斗争的素材。当海员罢工时，他和工人们一起参加战斗，并且还深入现场进行实际的调查研究，终于在1929年3月创作了一部激动人心的中篇小说《蟹工船》。《蟹工船》为小林多喜二赢得了世界荣誉。原作出版的第二年我国就译成了中文版。差不多同时，俄文、法文、英文的译本相继出版，获得了世界许多国家人民的称颂。

肖　邦

肖邦（1819—1849）生于华沙郊区热拉佐瓦沃拉。父亲原籍法国，是华沙一所中学的法语教师，后来开办了一所招收外省贵族子弟的寄宿学校。母亲是波兰人，曾在一个贵族亲戚的家庭中任女管家。

肖邦幼年时向一位捷克音乐家学习钢琴，肖邦的钢琴老师不仅很会弹琴，而且他教育学生也非常有经验，在课余时间，他常常跟肖邦讲莫扎特、贝多芬等音乐家怎样刻苦成才的故事。这样一来，使得本来就有音乐天赋的肖邦，在练琴上更刻苦了。不久，7岁的肖邦便学会了作曲，那一年他创作了《波罗乃兹舞曲》。

8岁那一年，肖邦便开始登台演出了。流水般的乐曲从一个8岁小孩的手指尖流淌出来，人们陶醉的同时惊讶不已，为这位天才欢呼起来。

但是肖邦并没有沉醉在人们的掌声里，在父母和老师的教导下，他更加努力地苦练钢琴。

有一年的夏天，肖邦的父母带着他到乡村去度假，在那里他听到了好多好听的波兰民歌。14岁那年，肖邦对波兰民歌已经达到了迷恋的状态，于是他利用暑假又到乡村去搜集民歌。他常常是太阳一出来就爬到山坡上去听牧人们唱歌，然后又到田野里去听下地干活的农民们的歌声，夜晚他还跟着年轻的村民们围着火堆跳起欢快的民间舞蹈。然后他把一首首波兰民歌都记录下来。

1826年中学毕业后，肖邦进入华沙音乐学院学习，同时开始了他的早期创作活动，1829年毕业。当时正值波兰民族运动走向高潮的年代，反对外国奴役、争取自由独立的民族斗争对青年肖邦的思想产生了深刻影响,培育了他的民族感情和爱国热忱。1830年3月,肖邦在华沙演出了自己的早期代表作《第二钢琴协奏曲》(f小调),同年10月,在告别华沙的音乐会上演奏了自己的另一部代表作《第一钢琴协奏曲》(e小调),均获得成功。11月2日,肖邦携带着朋友们赠送的波兰泥土离开华沙出国深造,从此永远离开了祖国。在这期间,他创作了大量充满着波兰民族色彩的作品。肖邦的艺术才华成了波兰人民的骄傲。

肖邦一生不离钢琴,所有创作几乎都是钢琴曲,被称为"浪漫主义的钢琴诗人"。他在国外经常为同胞募捐演出,为贵族演出。1837年,他严词拒绝了沙俄授予他的"俄国皇帝陛下首席钢琴家"的职位。舒曼称他的音乐像"藏在花丛中的一尊大炮",向全世界宣告:"波兰不会亡"。肖邦晚年生活非常孤寂,痛苦地自称是"远离母亲的波兰孤儿"。他临终嘱咐姐姐路德维卡把自己的心脏运回祖国。

秀兰·邓波儿

秀兰·邓波儿(1928—2014)生于美国加利福尼亚州的圣莫尼卡。父亲乔治是洛杉矶一家银行的普通出纳员,母亲格特鲁迪斯是芝加哥一个珠宝商的女儿。

秀兰·邓波儿2岁时就对音乐产生了兴趣,3岁时在母亲的安排下进入一所叫米格林的幼儿舞蹈学校接受训练,这是好莱坞星探经常出入的地方。

秀兰·邓波儿的母亲一心渴望女儿能演上更重要的角色,而这个机会在1934年桑塔莫尼卡的一座影院门前出现了。当时词作者贾伊·戈尼正在编写爱国歌舞片《起立欢呼》,他的视线一下子被在台阶上哼哼跳跳等候妈妈的邓波儿吸引住了,当即决定为她在这部影片中安排一个角色。结果影片大获成功,5岁的邓波儿立刻得到一份7年的演出合同。

在那一年里,她在福克斯公司演出了《新群芳大会》《小安琪》《小情人》等8部影片。由于在这几部影片中的出色表演,她因此跻身于当年的十大明星之列。同时她还获得了第7届奥斯卡特别金像奖。

1935年,邓波儿又主演了3部热门影片,其中包括表现她扛枪打仗的《小叛军》。罗斯福总统邀请她去白宫做客。1938年在她10岁时,邓波儿已经是美国最具票房号召力的明星了。她的演唱、舞蹈和灿烂的笑容使无数人为之倾倒。1939年,邓波儿的片酬已超过12万美元,另外还有20万美元的红利,而当时的票价只有15美分。但在当年,与她签约的20世纪福克斯公司一再拒绝对米高梅公司借用她主演《绿野仙踪》的请求,而是安排她演出了《小孤女》。其实当时她已渐脱稚气,完全可以出演这一角色,只是福克斯公司实在不愿意放掉这棵摇钱树,结果成全了另一位好莱坞童星——朱迪·嘉兰。而相反邓波儿在《小孤女》中因为发育,她头发的曲线已被身材的曲线所代替,观众无法接受他们最喜爱的小宝贝已经长大的现实。

进入20世纪40年代,邓波儿的魅力渐失,她自己也开始对演艺生涯产生了厌倦。之后她便结婚生子,她把料理家务看得比好莱坞更重要。在演艺圈干了19年以后,邓波儿正式决定退出,从此她再也没有演过一部电影。

进入中年的秀兰·邓波儿主持过有关她以及她电影的一些回忆性电视节目;以共和党发言人的政治形象进入了政界,并且成为活跃的政治家。她曾担任美国驻联合国代表团代表和美国驻加纳大使,任期两年。她回忆说,这段时间是她生活中最幸福的一段时光。两年后任福特总统的礼宾司司长,成为第一个担任这一职务的美国妇女。

秀兰·邓波儿是电影史上一个特殊年代的传奇人物,她在每个国家所赢得的好奇心是其他任何人都无法相比的。

亚里士多德

亚里士多德(前384—前323)出生于色雷斯的斯塔基拉,他的父亲因医术高明而被马其顿国王指定为宫廷御医,亚里士多德家也因此而地位显赫起来。这一年亚里士多德刚满10岁。

父亲希望儿子今后也能继承自己的职业,不仅让他学习医学的基础知识,而且还对他进行严格的实践训练。在学习医学的过程中,亚里士多德遇到很多有关生命奥妙的问题,这些知识引发了他对生物学以及整个自然界的浓厚的兴趣。

亚里士多德对医学怀有兴趣,而对哲学、数学的兴趣更浓。在学习期间,他还广泛涉猎各门学科,他对政治学、戏剧学、文学、物理学、医学、心理学、历史学、天文学、伦理学、自然历史学、数学、修辞学、生物学等学科都有颇深的研究。

公元前367年,也就是他17岁的那一年,他决定前往雅典最著名的学校之一——阿卡德米亚学术院求学,这所学院是由柏拉图创办的,而另一所有名的学校则是柏拉图的老师苏格拉底创办的。这两所学校对于亚里士多德来说都非常具有吸引力,比较起来他对柏拉图的学院里的探索自然的学风更加向往,因此,他便选择了阿卡德米亚学术院。

柏拉图创办的阿卡德米亚学术院和苏格拉底创办的修辞学院的学生由于互不理解,常常发生一些激烈的争议,他们往往是以已所长,攻彼所短。在公元前360年,这两所学校展开了一场闻名全城的大论战。

在这场论战中,亚里士多德崭露头角,他写了《格里努斯》《忠言》等对话,有力地批判了苏格拉底的学校过分注重实用,使得理论思想贫乏。亚里士多德的论述气势纵横,论及的知识广博,说理透彻,因而为柏拉图的学校争得了荣誉。此后,他便成了学校里的明星人物。

柏拉图曾经这样评价他说:"我的学院可分成两部分——一般学生构成它的躯体,亚里士多德构成它的头脑。"可想而知亚里士多德当时的地位和名气有多大了。离开雅典学院后,亚里士多德被马其顿国王聘请为太子亚历山大的老师。

后来他在雅典办了一所叫吕克昂的学校,被称为逍遥学派。他主张教育是国家的职能,学校应由国家管理。他首先提出儿童身心发展阶段的思想,赞成雅典健美体格、和谐发展的教育,主张把天然素质、养成习惯、发展理性看作道德教育的3个源泉,但他反对女子教育,主张"文雅"教育,使教育服务于闲暇。

亚里士多德一生勤奋治学,从事的学术研究涉及多门学科,写下了大量的著作,他的著作是古代的百科全书,据说有400—1000部,主要有《工具论》《形而上学》《物理学》《伦理学》《政治学》《诗学》等。他的思想对人类产生了深远的影响。他创立了形式逻辑学,丰富和发展了哲学的各个分支学科,对科学作出了巨大的贡献。马克思曾称亚里士多德是古希腊哲学家中最博学的人物,恩格斯称他是古代的黑格尔。

易 卜 生

易卜生(1828—1906)诞生于挪威东海岸的斯基恩,他的父亲是一位木材商人,他财运亨通,远近闻名。易卜生的母亲是一个恬静温柔的女人。

可是没过多久,父亲突然破产了。父母索性偷偷地搬到一个偏僻的乡村,过起了默默无闻的平民生活。

易卜生在父母身边过了8年富贵豪华的生活,又过了7年穷苦的日子。16岁时他到格里姆斯塔镇上的一家药材店当学徒。工作之余,他经常阅读莎士比亚、歌德、拜伦的作品,随后自己也动手写诗,并学习拉丁文。艰苦的学徒生活培育了他的斗争精神和创作兴趣,这在他一生中是一个重要阶段。

易卜生20岁那年,一场革命风暴席卷了欧洲大陆。易卜生所在的偏僻小镇也沸腾起来了,涌现出一批革命组织。革命的形势使易卜生异常振奋,他一改往常少言寡语的脾气,加入了青年组织,兴高采烈地参加集会,慷慨激昂地发表演说。他痛斥封建专制制度,热情赞扬资产阶级民主政治。时代的激情引发了易卜生的创作灵感,他写出了三幕历史悲剧《凯特莱恩》。

22岁那年,易卜生离开格利姆斯塔的小药铺,同他的好友施勒路德一起来到首都奥斯陆。与克里斯坦尼亚大学学生协会取得了联系,并被聘为学生刊物的编辑。他一边从事编辑工作,一边撰写文艺作品,靠微薄的稿酬维持生活。克里斯坦尼亚大学向来是倡导挪威民族文化的中心，聚集了不少进步的文艺青年。易卜生在这里结识了一批有识之士，同时在思想和艺术修养方面也得到了很多收获。

不久为了复兴挪威民族文艺，易卜生勇敢地尝试使用挪威本民族的语言创作戏剧。他用挪威语把早些时候创作的《诺尔曼人》改写成了《勇士的坟》。在朋友们的帮助下，这个剧终于被搬上了克里斯坦尼亚剧院的舞台。在观众们潮水般的掌声中，易卜生激动得热泪盈眶。这是他第一次看到自己的剧作上演，并受到欢迎。这也是他首次尝试使用本民族语言进行创作，并获得成功。

在音乐家奥尔·布尔的竭力推荐下，易卜生喜出望外地得到卑尔根剧院的青睐，做了那里的编剧兼舞台顾问，从此他终于有机会大展宏图了。他一连创作了《圣约翰之夜》《厄斯特罗特的英格夫人》《奈尔豪格的宴会》《渥拉夫·克列克朗》等好几部剧作。

后来的《社会支柱》《玩偶之家》等剧本，使得他闻名遐迩，成了备受人们尊重的文学大师。

英迪拉·甘地

英迪拉（1917—1984）的祖父是北方邦安拉阿巴德的一名讼务律师，也是印度国民大会党在前甘地时期一位举足轻重的人物，曾担任主席一职。父亲则是一位受过高等教育的律师，也是印度独立运动的领导人之一。

1919年，英迪拉·甘地2岁时，印度历史上爆发了震惊世界的阿姆利则惨案。惨案发生之后，印度各阶层人民都参加了声势浩大的反英斗争，尼赫鲁家族更是全身心地投入到争取印度独立与自由的反英斗争中。这对年幼的英迪拉·甘地的思想和生活产生了极大的影响。她在5岁时便投入到抵制英货的斗争中，她把心爱的、欧洲进口的洋娃娃付之一炬。

12岁那年，英迪拉便申请要求加入国大党，结果由于年纪太小而遭到拒绝。于是她便成立了自己的组织——"猴子队"，为反英斗争积极地散发传单，张贴标语。

1936年，她的母亲去世了，当时英迪拉只有19岁。她在童年时期并未享受过一段稳定的家庭生活，这对她日后的性格发展产生了很大影响。其后，英迪拉进入印度、欧洲和英国的著名学府读书，如桑蒂尼盖登、牛津大学等，攻读政治、行政和社会管理学等学科。她广泛地阅读有关艺术、考古学、建筑学及宗教思想方面的书籍，博览群书大大开拓了她的眼界。

她在旅居欧洲大陆和英国的时候，邂逅了同在英国留学的印度青年费罗兹·甘地，并于1942年3月26日在故乡结婚，改名为英迪拉·甘地。当时正值独立运动爆发的前夕，英迪拉与她的丈夫因参与独立运动而被逮捕入狱。

英迪拉·甘地真正进入政界，是在他的父亲成为印度第一任总理之后。1947年，贾瓦哈拉尔·尼赫鲁成为独立后的印度第一任总理，英迪拉便成为他的得力助手和贴身秘书，开始参加各种会议和政治活动，并且跟随她父亲出访了许多国家。她参加了英国女王伊丽莎白的加冕典礼，并出席了1955年的第一届万隆亚非会议。所有这些活动，都大大地开阔了她的视野，使她积累了丰富的政治和外交经验。

1955年，英迪拉·甘地角逐国大党主席成功，使她在政治生涯中迈出了最重要的一步。1966年，英迪拉依靠其家族的影响以及个人出色的政绩，成为印度第三任总理。上任之初，人们对这位女总理的治国能力抱着怀疑的态度，甚至有的新闻报刊把这位事事小心谨慎的女总理称之为"哑巴娃娃"。

由于印度历史上遗留的许多政治问题和经济困难，1977年，英迪拉在印度大选中遭到惨败。但是她并没有气馁，而是不断地努力，深入农村，关心人民疾苦，争取广大人民的支持。这样，在1980年，她终于取得了大选的胜利，再次成为印度总理。多年来她始终强调印度国家的统一和团结，主张发展印度的民族经济。印度独立37年之后，食品基本达到自给，工业也取得了令人瞩目的发展。

英迪拉·甘地是印度一代传奇人物，她在任期间政治方针相当硬朗、立场坚定，被后人称为"印度铁娘子"。

雨　果

　　雨果（1802—1885）出生在法国东部的贝桑松市，他的父亲参加过法国资产阶级革命，由于作战勇敢，得到拿破仑的赏识，几年内由一个上尉升为将军。他的母亲是个船主的女儿，拥护波旁王朝。父母在政治观点上的对立，以及由此而引发的争吵，对雨果思想产生了很大影响。童年的雨果受母亲影响很大，同情保王党，对革命充满了敌视情绪。

　　雨果童年的大部分时间都是在意大利和西班牙度过的，1812年，10岁的雨果跟随母亲回到法国，在巴黎上学。他很有文学才华，少年时就开始写诗。14岁时写出诗体悲剧《伊塔梅恩》。第二年，法兰西学士院出诗题进行征文比赛，他以《读书之益》一诗获奖，被誉为"卓绝的神童"。17岁那年，雨果同两个哥哥合办了刊物《文学保守者》，开始创作小说，写作了中篇小说《冰岛魔王》。20岁时，他把少年时代的诗歌以《颂歌和杂诗》为名出版，受到国王路易十八的称赞，每年赏给一千法郎的年金。

　　少年时代雨果深受母亲影响，思想倾向封建复辟王朝，但残酷的封建统治使他日益醒悟。一次，他在巴黎街头目睹的一件事激起他强烈的人道主义情感。那天，在法院门前木柱上缚着一个年轻妇女，旁边的告文上公布着她的罪行是"仆役盗窃罪"。行刑的时间到了，一个壮汉把她的衬衫在后背撕开，从炭火中抽出一块烧红的烙铁朝她赤裸的肩上烫去，随着"噬噬"声，是一阵凄惨的叫喊。这阵阵喊叫声刺痛了雨果的心，激起了他对统治阶级残暴的反感。

　　雨果一生都很感激母亲，因为是她引导自己进入了文学的殿堂，是她教给了他做人的道理。1821年，他的母亲患肺炎去世，第二年哥哥又患了重病，这时同母亲分居的父亲已穷困潦倒，他回来照料患病的儿子。雨果在和父亲朝夕相处中对这位老将军有了了解，他开始改变以往的偏见，写下了《献给我的父亲》一诗。

　　1826年，雨果思想的变化在创作中体现出来，他和大仲马、缪塞等作家组织"第二文社"，反对为复辟王朝效劳的古典主义。他的《短歌与民谣集》《东方集》和小说《死囚末日记》，揭露了封建专制统治的黑暗。

　　雨果从小崇拜法国早期浪漫主义诗人夏多布里昂。他曾说过："要么成为夏多布里昂，要么什么也不是。"1827年，雨果发表了韵文剧本《克伦威尔》和《〈克伦威尔〉序言》，"序言"被称为法国浪漫主义戏剧运动的宣言，是雨果极为重要的文艺论著。1830年他据序言中的理论写成了第一个浪漫主义剧本《爱尔那尼》，它的演出标志着浪漫主义对古典主义的胜利。接着他发表了第一部大型浪漫主义小说《巴黎圣母院》和后来的《悲惨世界》。现代大作家高尔基说：雨果"像暴风一样在世界上轰鸣，唤醒人心灵中一切美好的事物"。

　　雨果的一生几乎经历了19世纪法国的所有重大事变，写过多部诗歌、小说、剧本、散文和文艺评论及政论文章，是法国具有重大影响的人物之一。他去世时，人们高唱着《马赛曲》，护送他的灵柩到法国伟人的墓地，他享受到了法国历史上有史以来的伟人们所得到的最高的礼遇。

约瑟夫·普利策

　　约瑟夫·普利策（1847—1911）出生在匈牙利一个叫马科的小镇，他在家排行老二，父亲是个有教养的犹太商人。富足的家境使普利策从小就受到了良好的教育。他在家庭教师的教导下熟练地掌握了德语和法语，他的棋艺尤其精湛。

　　普利策像其他家境富裕的孩子一样，在无忧无虑中度过了自己快乐的童年时光。但幸福并没有陪伴他一生，这一切都随着父亲的去世而结束了。母亲为了生活不得不改嫁，普利策与继父的关系并不好，这使他在家里吃尽了苦头。因此，他从小便立志一定要离开这个家，一定要独立。

普利策17岁时毅然离家出走，想去参军成为一名奥地利军人，但因为年纪太小、身体瘦弱、视力差而遭到拒绝。普利策并不灰心，他又找到外籍军团，但他们都拒绝了他的参军请求。后来，普利策又来到了德国汉堡。在那里，一个德国人对他说："小伙子，我可以让你坐船到美国去，在那里你会成为一个真正的军人。"这对普利策来说简直是一个天大的喜讯。于是，普利策将自己身上所有的钱都交给了那个德国人，并在他的帮助下偷渡到了纽约。

在纽约，会骑马的普利策如愿以偿地成为"林肯骑兵队"的一名骑兵，是骑兵队中最年轻的一名战士。但是，普利策的军旅生活并没有维持多久，随着美国南北战争的结束，他不得不离开军队，变得一无所有。普利策和许多无家可归的士兵一样，决定留在纽约。

战后的纽约，大批退伍军人使原有的失业大军更加庞大，只要有一个工作机会，就会有几百人前往应聘。普利策虽然可以讲一口流利的德语和法语，但是他的英语水平不好，又没有什么专长，这无疑加大了他找工作的难度。他的生活越来越困难，甚至外套有了破洞都没钱买件新的。

纽约并不是所有人的天堂，普利策决定离开这座让他失望的城市到美国西部去，他想，那里总会有自己的一席之地。于是，普利策带上他仅有的几个硬币前往美国西部城市圣路易斯。在圣路易斯做过骡夫、行李员、侍者等零工的同时，他一头扎进圣路易斯的商业图书馆，学习英语和法律。

他事业的最大转机很独特地发生在图书馆的棋艺室里。在观看两位常客弈棋的时候，他对一步棋的精辟论断使弈棋者大为震惊，并和他聊了起来。这两位弈者是圣路易斯的社会名流——《西方邮报》的老板，尤其是苏兹，他是共和党创始人之一，曾帮助林肯竞选过总统。通过交谈，他们得知普利策当过骑兵，精通德语、法语，并且有着丰富的社会经验。于是，他们邀请普利策加入《西方邮报》。从此，普利策成了该报的一名记者。

普利策很快就展现出了他在新闻事业上的杰出才华。25岁时，普利策成为一个出版商，此后一系列精明的商务决策，使他在1878年时成为《圣路易斯邮报》的老板，以一个前途辉煌的人物出现在新闻界。

一次，他在国会听说法国人塑造了一座自由女神像，献给美国人民当礼物。这座女神像已塑造好，正等着装运到美国来。可是国会却迟迟通不过拨款预算，致使女神像无法运送。于是，普利策通过《世界报》

呼吁大家捐款,消息刚发布出去,立刻有了反应。1886年10月,当自由女神像矗立在纽约港口时,普利策与各地名流政要一同站立于主持仪式的行列中。

卓　别　林

卓别林(1889—1977)出生于英国伦敦南部地区的一个演艺家庭,父母都是艺人。

在19世纪末的伦敦,艺员的地位相当低贱,收入也十分微薄,他们通常只能居住在贫民窟里。

卓别林出生的时候,正值英国的经济处于萧条时期,父亲因失业而整天借酒消愁,不久便郁郁而死。哥哥雪尼和他便经常吃不饱饭,他们俩常常穿着妈妈的鞋子去领取救济汤。

聪明的卓别林经常把捡回来的一些废品做成一些小玩意去卖给那些稍微有钱的孩子,挣上几个便士然后买一些食物来与哥哥一起充饥。

父亲死后,母亲也染上了饮酒的习惯。一天,母亲带着卓别林到游戏场去演出,卓别林便躲在侧幕里看母亲演出。上场演出的母亲打扮得漂亮极了,她的声音也非常好听,可是母亲刚唱了两句就唱不出来了,台下一下子乱得一塌糊涂。有的观众甚至于高叫退票,剧场老板一看势头不好,于是只好到处找人替场,谁知找了一圈也找不到合适的人,这时卓别林站了出来。

"老板,我来代替妈妈演唱。""你这小家伙能行吗?""能行。"

老板看着卓别林自信的眼神便同意卓别林上台试一试,结果他在台上又是跳又是唱,把观众们逗得很高兴,歌刚唱了一半,居然好多观众都向台上扔去了硬币。卓别林一边滑稽地捡起钱,一边唱得更欢了。在观众的欢呼声中,卓别林一下子唱了好几首歌。

那年卓别林只有5岁,从那以后,母亲便开始教卓别林唱歌和表演,模仿力很强的卓别林一学就会了,于是他经常到街上去卖艺挣一些钱来帮助家里。

7岁时卓别林上学了,他在学校成绩很好,特别是他的朗诵,在学校里非常有名,老师经常让他到别的班级去表演朗诵。一年后,由于生活所迫,卓别林离开了学校进入了儿童戏班学艺,经常到各地去巡回演出。

在儿童戏班里老板常常要他跳木屐舞,他对这个角色非常不满,所以他总是在偷偷地学丑角的角色,哪怕在街上看见一个丑角在表演,他也会驻足观摩。

有一年圣诞节的时候,法国著名的丑角明星马塞林来到儿童剧团和大家同台演出,当时马塞林的节目中需要一个演员演一只猫,由于马塞林的名气太大,当时演丑角的好些演员都不太敢接受这个角色,可是卓别林却自告奋勇地接受了这个角色,大家都为他捏了一把汗,谁知他却和马塞林配合得非常默契。

这次的成功表演,使卓别林真正地走向了丑角的艺术生涯,几年后便顺利地加入了当时在法国很有名气的卡尔诺亚剧团。加入剧团后,他一有空隙便抓紧读书,他特别喜欢莎士比亚的剧本和狄更斯的小说,由于他的勤奋学习,使得他的表演才华也得到了提高,逐渐成了剧团内的重要角色。

有一年,卡尔诺亚剧团到美国巡回演出,卓别林表演了自己的《拿手好戏》,这出戏的上演引起了纽约市的轰动,好莱坞电影制片商马上跟卓别林签订了拍摄喜剧短片的合同。

在这部影片中,卓别林成功地塑造了流浪汉夏尔洛的形象。一时间卓别林在美国家喻户晓,成了"世界丑角"喜剧大明星。

卓别林一生拍摄了八十多部影片,而且大多是他自编自导的,至今这些影片我们看起来仍然大笑不止。他用他毕生的精力给全世界的人民以欢乐,人们永远忘不了这位伟大的幽默艺术大师。

左　拉

左拉(1840—1902)生于巴黎,他的父亲是移居法国的意大利工程师，在左拉7岁时因病去世。母亲是希腊人。

1859年，左拉参加中学毕业会考失败，其后两年，备尝失业辛酸，也因此体验了劳苦大众的生活，为日后的文学创作准备了条件。1862年他进入阿歇特出版社工作。

24岁那年，他的第一部短篇小说集《给妮侬的故事》出版了，次年写了一部自传体小说《克洛德的忏悔》，因内容淫秽，引起警方注意，翌年被迫辞职。

随着工业革命出现的19世纪社会变革，促使了现实主义作家描写社会生活的各个方面。左拉把这种现实主义手法提高到更新的阶段。他强调资料考证和客观描写，从科学的哲学观点去全面解释人生，从纯物质的角度去看待人的行为与表现。1867年，左拉首次把他这种科学理论付诸实践，发表了令人毛骨悚然的小说《黛莱丝·拉甘》，第二年又写了另一部科学实证小说《玛德莱纳·菲拉》。

左拉从19世纪60年代中期开始提出自然主义创作理论，主张以科学实验方法从事文学创作，按生物学定律描写人，无动于衷地记录现实生活的一切方面。从1871年开始，左拉发表了长篇连续小说《卢贡—马卡尔家族——第二帝国时代一个家族的自然史和社会史》的第一部《卢贡—马卡尔家族的命运》。随后他的创作进入了高峰，每年出版一部。1877年，第七部研究酗酒后果的《小酒店》问世，左拉一举成名，从此踏上了成功之路。

左拉笃信科学，是科学决定论者，认为自然主义是法国生活中固有的因素。他自称他的方法来源于19世纪生理学家贝尔纳的论著《实验医学研究导言》，他在论文《实验小说论》中说，作家可以在虚构的人物身上证明在实验室新获得的结论。他相信人性完全决定于遗传，缺点和恶癖是家族中某一成员在官能上患有疾病的结果。这种疾病代代相传，一旦弄清楚了原因，便可以用医疗与教育相结合的办法予以克服，从而使人性臻于完善。这就是贯穿于《卢贡—马卡尔家族》中的主要观点。